U0527291

茶马古道

马帮的传奇生涯

CHAMAGUDAO

李旭 著

青海人民出版社

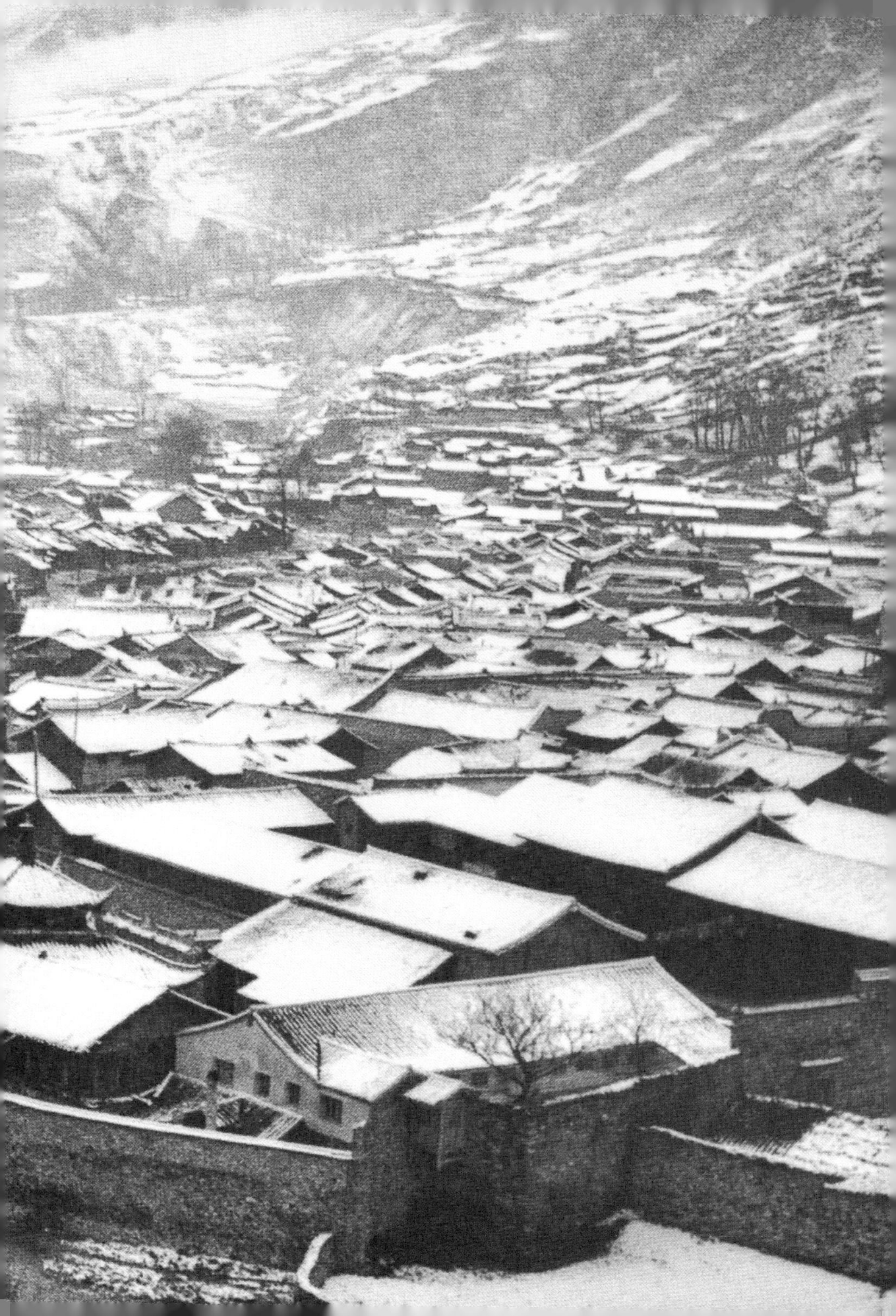

图书在版编目（CIP）数据

茶马古道：马帮的传奇生涯 / 李旭著 .-- 西宁：青海人民出版社，2024.1
ISBN 978-7-225-06589-2

Ⅰ.①茶…Ⅱ.①李…Ⅲ.①古道—研究—西南地区 Ⅳ.① K928.6

中国国家版本馆 CIP 数据核字（2023）第 162487 号

茶马古道
——马帮的传奇生涯

李旭　著

出 版 人	樊原成
出版发行	青海人民出版社有限责任公司
	西宁市五四西路 71 号邮政编码：810023 电话：（0971）6143426（总编室）
发行热线	（0971）6143516/6137730
网　　址	http://www.qhrmcbs.com
印　　刷	陕西龙山海天艺术印务有限公司
经　　销	新华书店
开　　本	890 mm × 1240 mm　1/32
印　　张	12.125
字　　数	280 千
版　　次	2024 年 1 月第 1 版　2024 年 1 月第 1 次印刷
书　　号	ISBN 978-7-225-06589-2
定　　价	66.00 元

版权所有　侵权必究

前　言

　　那是 1986 年的事情：我在一无所知的情况下被派遣到我更一无所知的滇西北迪庆高原支教，在那儿生活、工作了一年。我为此感恩不尽。那一年改变了我整个的人生轨迹。第一眼我就爱上了那片高原，我确信那是我前世的生息之地。高原上的一切造物都在讲述着它们各自的故事，许许多多非常令人心驰神往的故事，尤其是几位当地朋友所讲的他们的祖先赶着马帮走西藏雪域的故事深深吸引了我。在我看来，那完全是一部只属于过去时代的传奇和史诗。

　　我爷爷过去也赶过马帮，他的小马帮走的是滇东北一线到四川驮布匹及日用百货，有时则是走滇南一线驮运盐巴、棉花和大烟。土匪的一次抢劫使他沦为了城镇小商贩，再后来他戒掉大烟成了一个手工业劳动者——裁缝。由于种种原因，他从未提过他的马帮经历，一直把它们带进了坟墓。也许是因为遗传，我在大学时代就迷上了马帮那种在路上的感觉，几乎每个假期都尽可能地四处流浪（那时还没有旅游、旅行之说），只要兜里有一点点粮票和钞票即可，后来就干脆晃着膀子走起来。

1989年，我独自一人或步行，或扒在颠簸的卡车车厢里，行程近万里，第一次穿越横断山系、喜马拉雅山脉和唐古拉山脉，领略了在世界屋脊上行走的生死感。

1990年，为探查"茶马之道"（木霁弘1989年提出）的秘密，木霁弘、陈保亚、徐涌涛、王晓松、李林和我6个志同道合的朋友，在中甸（今香格里拉）集结，搭一辆破旧客车到滇藏交界的德钦升平镇，雇了一支有7匹骡子的小马帮，由马锅头多吉赶着骡马，驮着帐篷和锣锅，踏上了数十年来就没有人全程走过的马帮古道，在大山大川里走了近百日，将滇藏川大三角区域转了一圈，回来后余悸未消、兴奋未平地出了本《滇藏川大三角文化探秘》，首次将那条由云南和四川通往青藏高原的道路命名为"茶马古道"。我逐渐意识到，我们走过的是一条曾经辉煌过的古道，在这条古道上曾经有过一种神奇的、或许已经永远消失的人生。

笔者1989年于然乌湖

1992年，我在同宿舍同事王四代的带领下，去到他的家乡，也即著名的普洱茶的真正故乡——西双版纳易武、攸乐（现基诺山）等六大茶山探访，初识了普洱茶的深厚意味和茶马古道的云南起始地。

1993年，我又单车独骑整月，将川藏公路北线慢慢踏勘了一遍，以某种现代方式体验当年马帮的艰辛。

　　此后的 30 年间，我陆续不断地以各种方式行走茶马古道，走尽了它在中国境内的绝大部分路段，直至中国与不丹、锡金、尼泊尔、印度和缅甸交界的口岸，有时也走出国门探访，直到泰国北部的清迈、清莱和湄赛，老挝的琅勃拉邦，越南的老街、海防和西贡，缅甸的仰光、腊戍和曼德勒，印度的阿萨姆和加尔各答，还有孟加拉国的达卡，尼泊尔的加德满都谷地及其喜马拉雅山地，逐一探访了各大茶区将茶叶外运外销的道路，访谈了各地各个历史时期奔走在这条路上的各种马帮人众。

　　只有实地亲身走过这条道路，才能真正感受马帮所经受的艰险困苦。我已不记得曾经翻越过多少高山雪岭，跨过多少江河峡谷，经受过多少路途的精疲力尽和可怕的危险。沿途很多地方人烟稀少，而那些僻远的村落至今仍很少有外人到过。要搞一点新鲜菜蔬吃的话，得用所带不多的红糖、罐头等实物与老乡们交换。他们常常不接受对他们来说几乎用不出去的钞票。当然，我们也充分感受到古道沿途老乡们的朴实美好。有的老乡甚至会用自己的帽子兜着家里老母鸡刚下的还热乎乎的鸡蛋追上老远送给我们。对我来说更为重要的是，行走茶马古道，成了我认识马帮，以及它所包含的人生意

1993 年笔者独自骑单车入藏考察，在青藏、川藏公路纪念碑前留影

义的方式。

1996年丽江大地震后，我在古城大研镇的纳西古乐会上认识了赵鹤年（字应仙）老先生。当时年已80多岁高龄的赵老先生仿佛想印证他的名字，身体康健，精神矍铄，银发闪闪，美髯飘曳，令人自然而然想起"鹤发童颜"这几个字。老先生早已赋闲在家，守着古城里那院古色古香的院宅悠哉养老。那宅院还是他祖上拎着脑袋赶马帮奔波于茶马古道所攒下的血汗钱盖起的。每天晚上，老先生还去镇上的纳西洞经古乐会，为四面八方慕名而至的游客演奏动听的音乐。演出时，能言善道的主持人宣科都要首先向大家介绍赵老先生是老马锅头，是走茶马古道的"藏客"。

丽江古城老马锅头赵应仙先生

也走过这条要命的古道的我就赶快认识了这位老前辈。赵应仙老先生不仅身体康健，而且记忆力特好，当年的一切，仿佛都还在他的眼前。从20多岁起，他就踏着他爷爷赵怡、他伯父赵育杨的脚印，十多年往来于茶马古道，最远甚至到过不丹、锡金、尼泊尔和印度卡里姆邦的噶伦堡，以及西孟加拉邦的加尔各答。但他最为苦恼的是，没人相信他在茶马古道上的马帮生涯，甚至连他的儿孙们都认为，他所讲述的他在茶马古道上的种种经历纯属天方夜谭。

幸运的是，除赵老先生外，当时还有不少老人健在，他们或是曾经亲自参与过马帮的运输贸易活动，或是见证过茶马古道曾经的繁荣兴盛。我曾多次对有过类似经历的马帮商号老人，如云南的张乃骞、黄钟杰、袁基宏、王茂本先生等，在西藏赶"骡帮"走过茶马古道的边多、格桑旺堆、丹增旺堆、噶玛丹增和德高望重的印藏贸易见证人尊杰先生等，以及在四川制茶、背茶走过茶马古道的姜琳、李攀祥先生等，进行了深入的访谈。2018年，我在普洱市文化局副局长张永磊的带领下，还采访到了整个普洱地区仅存的最后一位马锅头杨春林老先生。当年的一切，仿佛都还在他们的眼前。当我一跟他们提到马帮，提起茶马古道上的事情，老人们马上兴奋得眼里放出光来。在那样的时代，在那样的情形下赶马帮走过茶马古道，肯定是一个人一生当中最难以忘怀的经历。

现在这些人大多故去，茶马古道和许许多多在古道上冒死往来的马帮的故事，随着岁月的流逝已成为遥远的梦幻，随着马锅头和赶马人的一个个逝去而尘没烟消。专栏家三七在推读陈渠珍的《艽野尘梦》时写道："自古牵骡负橐，为生计所驱，辗转于无途之途者，十九为普通百姓，死于道者，又不知有几百千万，特无人作传耳。"

要是时光倒转，在我还没有将自己的脚步踏上茶马古道之前，我也不会相信赵老先生和其他马帮的故事，那里面充满着太多难以置信、难以想象的际遇。对很多人来说，就从未听说过什么茶马古道，更没有见识过马帮，它们仿佛根本就不存在。

然而茶马古道以及行走其上的马帮确实存在过，从遥远的、开放的唐代，直到1950、1960年代滇藏和川藏公路修通。至今，在短途区域里，它们仍在运作。在半个多世纪前轰轰烈烈的抗日战争中，尤其在1942年缅甸陷入日本侵略军的魔爪，中国当时唯一的一条国际交通道路滇缅公路被截断，从丽江经西藏再转道至印度的茶马古道，顿时成为抗日战争中后期大西南后方主要的国际商业通道，一时间沿途商号林立，成千上万的马帮络绎不绝于途，其繁忙景象非我们今日所能想象。

很少有人留意到这条商业通道，更少人在意西南山区特有的交通运载工具——马帮。但当时在丽江执行国际"中国工业合作协会"工作的俄国人顾彼得，在他生动的《被遗忘的王国》中浓墨重彩地提到了这些马帮的艰辛冒险和这场马帮运输的壮烈伟大：

"据估计，战争期间所有进入中国的路线被阻时，这场'马帮运输'曾使用了八千匹骡马和两万头牦牛。几乎每周都有长途马帮到达丽江。生意如此兴隆。甚至多雨的季节都无法阻止那些具有冒险精神的商人。这是极大的冒险，由于他们的贪婪，他们才这样干。西藏的雨季很可怕，在边界上所有的马帮和香客来往交通通常停滞一段时间。山路变成泥潭沼泽，江河暴涨，大山为云雾所笼罩，冰雪崩落和滑坡与其说是意外，不如说是常规。许多旅行者被永远埋在几十吨重的岩石下或葬身于急流中。"

顾彼得接着深情写道："印度与中国之间这场迅猛发展的马帮运

在丽江工作过9年的顾彼得

输是多么广阔和史无前例，但是认识它的重要性的人极少。那是独一无二非常壮观的景象。对它还缺乏完整的描述，但是它将作为人类的一个伟大冒险而永远铭记在我的心中。此外它非常令人信服地向世界表明，即使所有现代的交通运输手段被某种原子灾难毁坏，这可怜的马，人类的老朋友，随时准备好在分散的人民和国家间又形成新的纽带。"马帮在人类的生存史上立下了名副其实的汗马功劳。

我觉得，是来记述这一经历的最后时刻了。据我所知，无论是顾彼得，还是那些走过古道的当事人，都没有为这段历史，为这样一种交通生活方式留下完整的记述。

赵应仙就是这支广阔而史无前例的马帮运输队伍中的一员。他20岁出头就到德钦，在著名的李达三开设的达记商号做生意，后来更长期往来于丽江、西藏与印度之间，经历了茶马古道上无数的风霜雨雪和困苦艰辛。像有他这样经历的马帮老人已经寥寥无几。两年里，我五次前往丽江专门拜访赵应仙老先生，每天与他朝夕相处，促膝交谈，记下了赵老大量珍贵的回忆，录下了1500多分钟的录音。

在我自己于1989年、1990年、1993年及以后数十年间数十次以徒步加搭便车、赶马帮和骑单车、自驾等方式，沿当年茶马古道的线路穿越世界屋脊之后，在长期收集研究一切与马帮有关的材料之后，在对赵老和其他马锅头及赶马人询问了我能想到的一切问题之后，总算对那一段艰苦卓绝、神奇伟大的马帮生涯有了鲜明的印象和深入的了解。

那的确是一次独一无二的伟大冒险。我能看到成群结队的马帮行进在茫无涯际的大草甸上，能听到清脆的骡铃在肃穆冷峻的雪峰间回荡，我还能从他们在河谷林间烧起的炊烟里嗅到酥油茶的浓香味儿，我更能从中感悟到人类为了生存所激发出的无畏勇气，所付出的难以想象的努力，和世世代代都能够激动人心的精神。正是这勇气、力量和精神，使得人类生活有了价值和意义。

在茶马古道和马帮这里，印证着人类学家詹姆斯·斯科特所揭示的：文明的褶皱处所滋长的生存智慧，以另一种方式捍卫着人性的存在。

现在，这条也许是世界上最为艰险，也最为壮丽的道路引起了

行进在深山峡谷中的马帮驮队

越来越多的人的浓厚兴趣。然而,滇藏、川藏公路早已取代了过去蜿蜒在大山、河谷及连接起一座座村寨的茶马古道,传统意义上带着帐篷、锣锅和枪支,响着铜铃,唱着赶马调走遍天涯的马帮也早已不复存在,只剩一些日益剥蚀褪色的记忆留存在一些日益稀少的老马锅头和赶马人的脑海里。"现在连过去那种用纯铜做的铜铃都没有了!"赵老先生感慨万千地说。

人有时候非常需要听到过去的声音。

我是怀着十分钦佩和激动的心情记录下赵老先生他们当年的故事的。我主要以赵应仙老先生所讲述的亲身经历为线索,同时穿插和引用另一些走过茶马古道的老人的讲述,如云南恒盛公商号的张乃骞先生,铸记的马家夔先生,仁和昌的黄钟杰先生、袁基宏先生,西藏的边多老师,以及走迤南道的郑育和、杨春林先生,等等;当然也包括对此有过真实记录、做过研究的先辈们的文献,如主要在迤南经商的马泽如先生,如深入藏地的刘曼卿女士,如在藏地修法和工作多年的邢肃芝先生,等等;自然地,在写作这本书的时候,我也掺入了自己无数次行走茶马古道的感受和体验。我想尽可能真实而有血有肉地再现出那一段历史和那一种生活,为那些可歌可泣的马锅头和赶马人,为那一条让人魂牵梦绕的路,为那一种可能永远不会再有的生存方式。因为,那里面有那么多的东西值得人们记取。

目 录

开篇　茶马古道及其马帮　　001

在春暖草长时出发　　021

天各一方　　029

告别丽江古城　　036

生存发展之路　　050

商号与马帮组织　　063

马锅头与马脚子　　072

骡马经　　083

马帮行头　　092

"高原之舟"与马帮　　100

马帮之精神　　109

货物的运输与交易　　121

吃香的云南茶　　137

走夷方上茶山的马帮　　146

滇川马帮道　　159

无尽的行程　　173

架起帐篷和锣锅　　191

脑袋挂在马背上　　203

夏贡拉和怒贡拉	211
老嘉黎的茶马往事	221
可怕的土匪强盗	234
把命拴在溜索上	241
苍蝇，蚊子，豹子和鱼	252
鼠鸟同穴及延寿果	260
"藏客"和"主人家"	271
变"客"为主，安居异乡	280
丽江杨家在西藏的传奇	288
奇特的俄桑措一家	303
人神同欢共乐的节日	317
从拉萨到印度	328
冰天雪地返故乡	344
别了，马帮生涯	353
主要参考文献	363
后　记	368

开篇　茶马古道及其马帮

一、历史悠悠的古道

每次打开地图,我的视线立即会被亚洲大陆中部的奇异地貌所吸引。这里高山群峙,大江汇集,山川皆呈南北纵向,仿佛是地球母亲紧蹙的眉头,这就是著名的横断山系。山系西侧,是世界屋脊青藏高原,北面是中华文明的摇篮黄土高原,东边是奇妙的云、贵、川地区,南面是地理气候文化迥异的东南亚、南亚诸国。令人难以置信的是,在横断山系的险山恶水之间,在横穿世界屋脊的山野河谷之中,绵延盘旋着一条神秘古道。这条古道还与长江黄金水道相连,也与扇形面海的东南亚、南亚相通。这是我们这个星球上最令人惊心动魄的道路之一。千百年来,无数的马帮、牛帮,成群结队在这条道路上默默行走。

踏上古道,古道石板上嵌有的两寸多深的马蹄印历历在目,欲说风尘；道旁的嘛呢堆上刻画着各种神佛像和宗教箴言，几经沧桑；那些跨越江河连接古道的铁索吊桥和原木架成的悬臂桥，大多是由马帮们的血汗钱架设而成；深山的洞穴中、陡岩下，时时可见森森白骨，我将在本书中写到的主人公赵应仙老先生，当年就见过整架整架架在大树上的白骨，那是雪山洪水卷走骡马后留下的杰作；许多岩洞、道旁被火烟熏得黝黑的巨石在默默倾诉无数代马帮风餐露宿、如歌如泣的传奇经历；沿途上了年岁的老人喝着酥油茶，用苍凉的声音向我们讲述着千百年来茶叶入藏的故事……

茶马古道上的马蹄窝

这，就是世界上地势最高远最险峻的商贸及文明文化传播古道——茶马古道。

中华民族拥有一个地理上自成格局的生存空间：西、北部有雪岭大漠，东、南部临无际沧海，西、南面则是大山大江横亘。要发展，要交流，就必须突破地理环境约束。茶马古道作为中国西南地区连接地域文化，打通对外交流途径的道路，起到了不可或缺的作用。

我一直在想，两千多年前西汉的张骞出使西域时，在那里突然看到产自中国汉地的蜀布、邛竹杖等，会是怎样的惊讶？他据实地见闻，提出：在陆路交通方面，除了从敦煌至哈密，由天山南北两路达葱岭、大月氏和大夏等地这一通道外，在西南还存在另一条对外交通途径。于是，雄才大略、好大喜功的汉武帝于公元前109年、105年两次用兵西南，试图征服阻挠他实施交通印度计划的昆明夷，设置永昌郡，大理、洱海一带也随之归顺，使这一带第一次纳入中央王朝的势力范围。而其实，早在公元前 1000 年左右，藏族先民及氐羌族系中的各族群已经分布在滇藏川大三角地带，各族先民之间早已经由山间谷道来来往往，并已存有共同的文化因素。唐时，樊绰在其《蛮书》中就清楚提到了由滇入吐蕃的道路，有关由康入藏的记载就更多。以后随着茶文化的兴起和传播，随着茶马互市的兴盛，这条道路便成了名副其实的茶马古道。

云南本是山茶科植物的家乡，是茶树的原产地。在西双版纳勐海县南糯山、巴达山及勐腊县易武、象明山区，在临沧以及思茅一带发现的一批家培或野生的被人们称之为"茶王树"的大茶树证明了这点。它们的树龄大多在 800 年以上。1980 年在巴达发现的野生

临沧云县白莺山二嘎子茶王树　　　　　镇沅千家寨 3 号千年野生茶树

大茶树，初步鉴定树龄达1700年，临沧镇沅县的一株野生大茶树据称树龄在2700年以上。而据历史文献记载，1200多年前南诏时的银生、开南节度辖区（今云南元江以南地区）已盛产茶叶，是闻名遐迩的普洱茶产地。

四川西部的蒙山一带，也有上千年的产茶历史，向藏地输送的茶叶甚至是云南普洱茶的10倍以上。

也就在这一时期，生息于雅鲁藏布江流域的古代藏族逐渐兴起，向东发展的一支到达喜马拉雅山南麓、四川西部和云南西北部。据藏族古代典籍记载，他们那时已经获得许多中华内地的名茶。茶叶一经传入西藏，它所具有的助消化、解油腻的特殊功能，顿使它成为肉食乳饮的藏民族的生活必需品，上至王公贵族，下至庶民百姓，饮茶成风，嗜茶成性，纷纷竞相争求。于是，一地产茶，一地需茶，联系两地之间的茶马古道便应运而生。这正如丝绸之于丝绸之路。

二、流动的血脉

中国大西南山高水急的自然条件使水上航行成为纯粹的噩梦，而山道的险峻崎岖，又根本无法行驶车辆，只适合马帮的徒步运输，这也正形成了茶马古道的与众不同之处：这完全是一条用人和骡马的脚力踩踏出，用有血有肉的生命之躯铺就成的道路。《续云南通志长编》的交通卷就称："全省水道，俱为各大河源。水险滩激，无舟楫之利。又全省万山盘结，鸟道纡曲，在滇越铁路未通前，除各小盆地间短程运输间有牛马车外，一般商货均赖（马帮）驮运。"

大致上，马帮运行的茶马古道主要线路有两条：一是从云南的普洱茶原产地（今西双版纳、普洱、临沧等地区）出发，经大理、丽江、中甸、德钦，到西藏的左贡、邦达、昌都、洛隆、边坝、嘉黎、工布江达、拉萨，再经由江孜、帕里、亚东分别到尼泊尔、不丹和印度；一条是从四川的雅安、天全、邛崃等川茶产地出发，经大相岭或二郎山、泸定、康定、理塘、巴塘、察雅（或甘孜、德格、江达）到昌都，再到洛隆、嘉黎和拉萨，最后通达尼泊尔和印度。在两条主线沿途，还有无数大大小小的支线蛛网般密布在这一地带的各个角落，将滇藏川大三角区域息息相关地联络在一起。

大量来往的马帮商队踩踏出了西南山川间的茶马古道

1990年，跟着多吉赶的小马帮在滇藏川大三角区域一趟100天走下来，我才真正领略到茶马古道的魅力。那异常险恶的生存条件，那长达数千公里，来往一趟需耗时四五个月的漫长旅途，造就了马帮们为人称道的冒险精神，这种冒险不仅仅是拿生命财产作孤注一掷，而且需要非凡的胆识、坚忍的毅力、勇敢的气魄和卓越的智慧以及亲密无间的合作等等一系列美德。马帮身上不乏这些东西，这也正是茶马古道的迷人之处。

当然，马帮们冒死来往茶马古道，主要是为了贸易获利。人们为了生存，为了发展，总得进行相应的贸易交流，于是，为了丰厚的经济实利，马帮们不惜以生命为代价，与恶劣的自然环境作卓绝的抗争，翻越千山万水，年复一年不辞辛劳地往来供需各地，形成了独一无二的马帮运输的壮观景象。这正像著名史诗《格萨尔王传》中所录藏族古谚所唱的："来往汉藏两地的牦牛，背上什么东西也不愿驮，但遇贸易有利，连性命也不顾了。"就是这千千万万马帮抛家别子，风餐露宿，常常逾年不归地来来往往，从一个山谷到另一个山谷，从一个村寨到另一个村寨，一步一步踏出了一条山道，终于"流淌"成各地间相互沟通的生命大动脉，成为大西南地区的经济文化联系纽带，成为中国与外面世界沟通的又一条通道。这些马帮集中

因茶马互市而兴盛起来的康定城（孙明经摄于1939年）

驻足停留，进行商品集散的驿站，往往就成了后来的城镇。像云南的丽江古城、四川的康定都是如此。

过去我们对经济需求对人的行为所产生的巨大推动力认识得太不够了。在民间，这样的相互交流要比官方记载或人们所想象的丰富得多。

三、古道隐苍茫

1992年初，我来到作为普洱茶六大茶山重要集散地并作过勐腊县（镇越县）府的易武乡，从乡长任上退下后主持地方志编撰的张毅先生，给我讲述了他少儿时候所见并记忆犹新的一件事情：由于滇西抗战和东南亚战事的影响，茶马古道被长期阻断，藏族地区严重缺茶，战争才刚结束，来自中甸、德钦的藏族马帮就蜂拥而至，一个马队就有100多匹牲口，将六大茶山的茶叶搜罗一空，甚至连多年的老茶叶也全部买走，他们付的藏银洋多得无法计数，只好堆码在桌面上一摞一摞地数个大概，闪烁的油灯下，那些沉甸甸的银洋压得桌子嘎吱作响……

易武及普洱一带的人们都把马帮来往运茶的道路称为"茶叶之路"，它由易武起始，经由曼罗、麻黑、曼撒、曼松、倚邦、小黑江（罗梭江）、勐旺、普文到思茅和普洱。许多路段都由当地有名的茶庄茶号出面出钱，当地民众出工，修桥铺石，从道光二十年（恰恰是鸦片战争爆发的1840年）始修，历时五年方才完成。它在山间密林中蜿蜒伸展，经过景谷、景东、南涧、巍山和大理下关直达远方。在茶叶上市季节，每天往来驮茶的骡马多达八九百匹。这些路至今盘桓在滇南的山峦丛林间。

其实早在唐代，茶马古道已开通。宋代，茶马互市已经成为汉藏间的一件大事。及至元世祖忽必烈分两路由西昌、丽江奔袭大理国，进一步打通了滇、川、藏间的道路，加强了各民族间的联系。明代，茶马互市有空前发展。明末，云南各族人民进行了17年抗清斗争，因战乱，对西藏的茶叶供应少了，后来一俟清兵入滇，达赖喇嘛立刻遣使要求恢复茶马贸易。清代则是茶马古道贸易的鼎盛时期。据记载，仅顺治十八年（1661），滇茶销

茶马古道至今仍时隐时现延伸在滇南的山岳丛林中

往来于滇南茶山的马帮

藏就达三万担。滇藏山道已名正言顺地成长为一条"茶叶商道"。

民国年间,据《云南边地问题研究》记载:"普思边沿的产茶区域,常见康藏及中甸阿墩子的商人往来如梭,每年贸易总额不下数百万之巨。"由此我们可以想见当年的茶马古道是何等的繁忙和热闹。

抗日战争中后期,这条古道更成为中国大西南后方唯一一条陆上国际商道,难以计数的物资通过世界屋脊源源不断地流来淌去。

就这样,由于广大民众的需要,加上统治者的提倡,形成了茶叶的大量运输,造就了茶马古道。而古道上经济物资的大量交流,必然带来相应的其他文化的传播和相互影响,更由于行进在茶马古道上的马帮这种极特殊的载体,使得茶马古道逐渐形成了联系沿途各地区的政治、经济和文化之纽带。

但由于各种缘故,主要是由于茶马古道不可思议的艰难险阻和遥远漫长,这条古道被人们忽略忘却,对它的认知开发几乎为空白,古道在静默中浸透各种神秘苍茫,曾经在古道上来来往往的马帮马锅头和赶马人一个个故去,他们独特的人生早已掩埋在逝去的时光中。

在这条路上,数千年的岁月积淀了无与伦比的文化宝藏,期待着人们去探索它那无尽的奥秘。

四、尚未打开大门的宝库

我多次循着马帮阵阵悠远的响铃,走过长达数千公里,串联起无数山谷、平坝和村寨的古道,它让人体味到一种中国西南部特有文化所具有的一种摄人心魄的内核:那从远古至今延续着的原住民血脉文化,那包容着那么多元的民族文化,那么厚重的宗教文化,那么多丰富而复杂的"个体"文化及"混合"文化……那多彩而神奇的文化现象令人瞠目。

许多专家学者对此有不少精彩论述。费孝通先生认为，滇、川、藏藏彝走廊蕴藏有十分丰富珍贵的古代文化遗存和中华民族多元一体的线索，应该花大力气去做；俄国著名藏学家罗烈赫也指出："西藏麇集了许多族源不同的民族"，其"文化具有多元性和复杂性"；尤其是童恩正先生曾反复论证，中国的西南部，特别是西藏及其邻近地区，很可能是从猿到人进化的摇篮——这是人类至今未能解开的谜。

从考古发掘可以看出，从四川甘孜藏族自治州的丹巴、道孚、雅江，凉山彝族自治州的盐源、木里，到云南德钦、中甸以及丽江，构成了一系列石棺墓葬带，无论葬式还是随葬器具都基本相似。也

山谷间的藏寨及正在收割的青稞地

就是说，从新石器时代早期开始，滇藏川大三角地区的文化就已经相互联系，并接受了来自黄河流域古文明的深刻熏陶，从而成为中华民族古文化在西南边疆发展的一支。与此同时，由于地缘的关系，它又感受到来自西亚、南亚、东南亚诸地文化的影响，同时它也将自己的优秀文化元素通过山间古道流传远方。

茶马古道正是这样一条不同部族集团及文化板块之间文化交流的主渠道。研究这条古道及它所产生的广泛影响，将有助于我们对亚洲古文明形成过程的进一步认识，有助于对多民族关系的认识，也有助于我们对西藏地区与祖国大家庭关系的认识。

从文化人类学的角度看，这一区域地形极为特殊，气候、物产也因之相差甚异，在这种情况下，人们如何使自己的文化适应复杂多样的自然条件，狩猎、采集、农业、畜牧业如何在不同的生态环境中发生发展，与此相适应的艺术、宗教、风俗习惯、意识形态等等又带有什么样的特点，这些都是有待探索的问题。

许多谜底可能就在茶马古道上。

五、通往圣地的天梯

1932年，刚刚15岁的益西旺秋就离开云南永宁美丽的泸沽湖，离开湖畔那座他已待了整整七年的黄教小寺，离开家乡的父母亲人，由为永宁土司经商的大哥带领，跟随一队马帮商队，沿茶马古道踏上了前往拉萨学经念佛的漫漫路途。他是家里九兄妹中最小的一个。家人之所以把他送往遥远的圣城，是觉得他在拉萨当僧人可以提高家庭的荣誉和地位。益西旺秋根本没有意识到，那条艰辛曲折的茶

自小跟随马帮到拉萨学经有大成就的拉让巴格西益西旺秋

滇藏交界处的卡瓦格博是人们崇奉的神山之一

马古道，那在茶马古道上经历的各种人生洗礼，后来竟是他踏上追寻来生道路，一心一意将整个灵魂皈依于佛法全过程的一个缩影。苦修了将近半个世纪后的1976年，59岁的益西旺秋在拉萨传召大法会的考僧辩经中，获取了藏传佛教格鲁派最高等级的拉让巴格西学位的第一名，成为西藏佛教界的一件大事。从此，这个从茶马古道跟着马帮走来的摩梭人成了西藏佛学界的一个权威象征，后又成为西藏佛教协会副主席。

益西旺秋的故事不过是茶马古道上富有传奇色彩的宗教文化的一个亮点。每次行进在茶马古道上，我都倍感其宗教传奇色彩的浓烈。

在滇藏交界的茶马古道上，我们可目睹大批来自四川、西藏乃至青海、甘肃的信徒前来朝圣被视为藏地八大神山之一的卡瓦格博雪山，崎岖蜿蜒的山道上善男信女们牵羊扶杖，络绎不绝……卡瓦格博集原始自然崇拜、民间信仰和佛教精神于一体，熔铸沉积了丰富而复杂的

茶马古道沿途经常可见磕长头的朝圣者

遍布茶马古道沿途的寺院和嘛呢堆

宗教文化意蕴。

自古至今，每年秋冬之际，通往圣城拉萨的各条道路上更是随时随地可见虔诚的朝圣者，他们有的成群结队、扶老携幼而行，有的踽踽独行，有的更在乡亲伙伴的后勤支援下，全身匍匐在地，磕着等身长头前往心目中具有极神圣意义的拉萨。他们磕得四肢溃烂，面额鲜血淋漓，但眼睛的虹彩中却洋溢着宁和而确凿的信仰之光。

茶马古道与转山朝圣的路线几乎是重合的。今天，在茶马古道上仍处处可见难以计数的嘛呢堆、转经房和大小寺庙，它们肃穆地立在每一道山梁、每一条路口、每一个村头，时刻炫示着古道那沧桑的岁月和宗教的神秘与超凡。

茶马古道所经地域的宗教文化，可以说是世界宗教文化的一片神奇而罕见的天地。由于特定的地域环境及历史沿革，更由于众多民族生息于斯，于是造就了这一带宗教文化的多元性、民族性、地方性、扩散性和融合性等特点。仅就作为主体的佛教文化来说，藏传佛教各教派、内地禅宗、巴利语系即上座部佛教都在这一带留下了深刻的影响；甚至外来的天主教和基督教，以及伊斯兰教也在这里扎下了根；世世代代生息在这片高原上的20多个民族更是各取所信，又各自保留了本民族传统文化中的原始宗教、民间信仰等，加上各地各民族间密切的往来，茶马古道上的宗教文化就如万花筒般缤纷杂呈、气象万千。

六、民族文化大走廊

在金沙江边作为茶马古道一大"码头"的云南德钦县奔子栏，

我们为所看到的景象惊讶万分。过去，奔子栏以出最能干的"马脚子"（赶马人）而闻名于茶马古道，他们一人就能赶八九匹骡马，甚至多达15匹，像赵应仙老先生这样在茶马古道上奔波的马锅头，都很愿意雇用奔子栏的马脚子，这些藏族马脚子也就跟随各族马帮走遍天涯，带回了各民族的文化。

居民全为藏族的奔子栏并不像其他藏族地区一样盛行过藏历新年，而是隆重地欢度农历的春节，这一节庆活动热闹非凡，使人感到似乎是中原内地某个农村的春节，其实里面更包含了多民族的文化习俗：年三十阖家团聚，喜过年关；初一访亲拜年，给压岁钱；初二到喇嘛寺拜佛，初三、初四上坟（这里还有土葬习俗）祭祖；初五、初六则庆山神、敬山神……其中将汉族、藏族、白族、纳西族等民族文化中的佛教、东巴教、自然崇拜、祖先崇拜以及许多民间信仰都融合在了一起。奔子栏的藏族服饰也与其他藏地大异其趣：普米族式的大包头，蒙古族式的夹袄，彝族式的百褶裙……显得十分的独特美丽。

显然，茶马古道沿途是多民族大交流、是各民族文化

茶马古道上的大码头奔子栏的藏族服饰明显有多民族融合的特征

大融合大贯通的传送带。地理生态环境总能在一定程度上决定并制约民族及文化集团的个性。茶马古道延伸在海拔四五百米至四五千米的广大区域内，纵贯十多个纬度，横跨二十多个经度，众多的民族就分布在不同的海拔高度上，再加上河流的切割，山脉的纵横交错以及气候的垂直分布，构成世界最奇特的地形地貌，因而形成独具一格的地理单元，大大地塑造了不同民族独特的民族文化。之后，这些民族文化又因茶马古道的贯通，于是相互影响，相互吸纳，相互包容，最终作为中华文明的一个有机部分而被吸收。也就是说，这一区域自然形成的生态格局，给予了各民族及文明文化制约与丰润的机会，而茶马古道的贯通，又使这种种文明文化相互渗透，相互影响，相互交融，使得这一地区成为丰富多彩的民族文化的熔炉

有浓烈印度、尼泊尔风格的壁画

和杂烩火锅。

茶马古道沿途地区至今仍生息着二十多个民族，其语言、文化不仅非常独特，又有共通的成分，何以如此？这片广袤的地域，在历史上曾受到过众多民族集团文化的冲击，最突出的如印度文化、中原汉文化以及西北氐羌文化、东南沿海的百越文化，中南地区的百濮文化等多种文化。这些区域又出产稻米、茶叶、丝绸、蔗糖等，因而又形成了相应不同的文明，这些曾改变过世界的文明又在茶马古道上汇集在了一起。

今天，在藏族的碉楼院房中，五音阶的丝竹旋律隐然有傣家凤尾竹的婆娑之声；在西藏左贡县甲朗村藏族村民世世代代传唱的歌里，其衬词反复咏叹着苍山洱海的明月；雪山脚下，还有着纳西族先人留下的村寨城堡遗址和水利旧迹；遍及各地的寺庙壁画上飞动着印度、尼泊尔文化及汉文化的色彩和线条；河谷地带、半山坡上，可以见到许多十分相近的岩画和石棺墓；村落深处、小路尽头，还存有许多被现代文明遗忘的奇风异俗……

七、确证生命的真义

攀登了世界上最高的12座山峰，探察过世界上最危险的15条河流，到过世界上几乎每个国家，研究过260个原始部落，探险总里程超过100万英里相当于环球45圈的美国探险家约翰·戈达德说得好："人们往往度过了一生却从不知道挖掘巨大的勇气、力量和忍耐是怎么回事。而我发现，当你想到你肯定要死去的时候，你会突然发现尚未发掘出的力量源泉和你从来没有梦想过要拥有的支配权

茶马古道上的珍稀植物塔黄

茶马古道上常见的高原精灵藏原羚

力。当你再发掘它们，那就可能使你的灵魂得到升华。"对我来说，每次踏访茶马古道的历程，就是一次找死的旅行，茶马古道超乎寻常的艰险，正可以使你发现自己身上巨大的勇气、力量和忍耐，正可以使你的灵魂得到升华，正可以确证你生命的真义。

茶马古道串联着的几大经济区域不仅对那些经商者具有强大的吸引力，它所包容的异常丰富多彩的人类学和民族文化也不仅仅令学者专家瞩目，这一地带那沧海桑田变化万千亘古未语的神奇地貌和植物花卉同样会令地质学家、生态学家们着迷；茶马古道沿途地区的动植物及各类物产特别丰富和奇异，格外令人神往，是博物学家们梦寐以求的宝地。

但最根本的是，这一大片地域别具魅力，令人心醉。茶马古道不仅拥有亚热带的莽莽丛林和美如仙境的湖泊、变幻无穷的云海和超逸缥缈的山岚，更横跨汹涌咆哮和姿态万千的澜沧江、金沙江、怒江、大渡河、岷江、雅砻江、雅鲁藏布江等世界著名的大江

茶马古道途经的雪峰

大河，经过气势恢宏、惊心动魄的虎跳峡，神秘莫测的雅鲁藏布江大拐弯和无数雪岭冰峰及冰川，最后转上我们这个星球上最高的地方。

那是一个令人顿生虔诚的宗教感情和泛起各种奇思妙想的地方。在那儿，轻易便可沉入一种超然的静寂，在那静寂中能听到自己的心跳、呼吸和热乎乎的鲜血在体内奔涌的声音。循着山谷间和草原上浓重的泥土味儿，就能碰撞到一串串古老而新奇的谜语，那里面有鹰，有雄健的牦牛，有高山牧场里噼啪作响的火苗，有山腰间翻卷迷蒙的云雾，有满天云雀的啾啾鸣叫，还有酷峻的雪峰后闪闪烁烁的星星……

最令人兴奋激动又令人宁静安和的是那澄净的蓝天、宁静的湖泊、峻峭的雪峰和那五彩斑斓的原野，因为它们具有这样一种能力，最能让人体味到人生的真谛、生命的崇高和人的各种潜能及价值。

　　这是一片令人惊讶和振奋的大地，是一片能够无边宽容和无限赐予的大地……

　　茶马古道就在这片大地上穿过。它像血管一样使这片大地富于生命和活力。人们往往忽略了这条古道网，因为它实在太不可思议太艰险了，艰险得让人们极少去接近它、认识它。

　　茶马古道正在呼唤着人们的了解和重视，正在逐渐吸引着人们惊奇的视线。

　　曾在这条古道上活跃过的马帮的生活，也将以其传奇色彩，以其冒险精神，以其激动人心的事迹，永远流传于世。

在春暖草长时出发

端午节一过，海拔 2400 米左右的丽江坝已经生机盎然。经过一个漫长冬天的休整，在赶马人精心的照料下，骡马在崎岖山路上伤损的蹄子得到了恢复，体膘也长起来了，各家商号和待在家里的马锅头们再也待不住了，他们开始张罗准备各色货物，特别是茶叶，即将再次踏上那遥远而艰难的旅途。

大多数走西藏的商号和马帮办货都在丽江。另有别的马帮，像大理的白族马帮和滇南的马帮将茶叶等西藏需要的货物运到丽江来。当然，也有大量的藏族马帮带着山货和从印度运进的外国货涌到丽江来。那时的丽江商业繁华，各地的人们纷纷汇聚丽江，在丽江几乎就能办好一切所需的货物。有点多年后游人如织的感觉。

丽江纳西族走西藏草地的马帮都知道，五月端午过后上路正好，因为前去的沿途冰雪开始融化，人和骡马饮用的水有了，新草也冒出来了，他们可以一路慢慢地走去，让骡马尽情享用鲜嫩的青草，

丽江古城四方街集市（洛克摄于1930年代）

以使心爱的骡马保住体膘，这样才能够勉强支持到顺利返回丽江。有这样的进藏时令："正、二、三，雪封山；四、五、六，泥没足；七、八、九，正好走。"但七月出门就晚了，他们最迟必须在夏至前出发，否则他们就无法在严酷的冬天来临之前回到温馨的丽江坝。那样的话，他们甚至可能把骡马和他们自己的性命永远留在那条可怕的道路上。

那一年赵鹤年还不到30岁，正是做事的年龄。他第一次走这条路时已27岁，当然，在这之前，他经常来往于丽江和德钦之间，早已习惯了在山野中行走的生活。27岁以后，他已经在前往西藏草地的道路上走过好几趟。

像那个时代的许多丽江人一样，赵鹤年不仅有名，还有字，叫应仙。熟悉的人都叫他赵应仙。即使在五六十年后，仍可以看出赵应仙当年相当英俊而健壮：挺直坚韧的身架；红润的脸膛，眼睛发亮，那是高原上明亮的太阳和清澈的风映照吹拂出来的；一双灵巧而有力的大手，那是一双让雕塑家和钢琴师羡慕的手；当然，像大多数纳西族和藏族一样，他还有相对于汉人来说有些硕大而笔挺的鼻子，现在有许多人都想借助现代医学技术垫出那样的鼻子。

每次出门上路，赵应仙都要自己翻黄历看看，选一个黄道吉日，不是黄道吉日就暂时不动。马帮们全都是这么做的，不管信还是不信。与其信其无，不如信其有。有的还要到寺庙里举行专门的祈福仪式。一旦出门在外，就要不停地赶路，也就管不着什么黄道吉日不黄道吉日了。

马帮出发前的祈福仪式——火供、撒龙达

赵应仙每次出门上路，还要佩戴银制的护身符"左贡"，那是一个真正的宝贝。在藏地，男男女女每个人都戴这么一个左贡，一般叫"噶乌"，戴在胸口贴心的地方。那其实是一个精工制作的便于携带的小型佛盒，上面镂刻有佛像和各种佛教图案，盒子里面塞着佛教经文或活佛加持过的符咒。特别珍贵的噶乌，里面则有达赖喇嘛的袈裟片片，或是头发。赵应仙的噶乌里只有达赖喇嘛的一片衣服，

佛盒噶乌

马锅头和赶马人都要佩戴的噶乌

但那已经弥足珍贵。赵应仙在茶马古道上来往了很多趟，虽然没有发什么大财，却还算平安顺利，尽管他自己并不完全相信那是他的噶乌护佑的结果，但他每次出门都要把它佩戴在胸前。那里的人们都是这样子的，赵应仙不想在这上面别具一格，大胆冒险。入乡随俗，这是每个出门人都懂得并遵循的道理。

1949年后，茶马古道上的丽江马帮全都结束了他们的赶马生涯，赵应仙就把自己的噶乌卖给了一个德钦的藏族。那时他就隐隐约约知道，他大概永远不会再用到它。从那以后，他和其他在这条路上讨生活的马锅头一样，再也没有走上这条让他们终生难忘的路。到如今，他甚至没能为那段惊心动魄的生活留下任何纪念物。没有马鞭子，没有马鞍子，没有马铃铛……没有任何东西还能使赵应仙和其他的人们想起那艰难而伟大的马帮生涯。

当然，当年在出发的时候，赵应仙还要将一支十响的小手枪别在腰里，他并不知道那枪是什么牌子的，他们把那枪叫"十子"，可以装十发子弹。他雇请的赶马人"马脚子"也都有枪，他们一般带的是能装五发子弹的长枪，有的是用叫"辛格伦巴"的狮牌枪，有的是用叫"明都伦巴"的花牌枪，大概都是英国、比利时很早以前生产的。这一路过去野兽很多，熊和豹子随时可见，还有贪婪而凶残的强盗，刀枪必带不可。那时的马帮都是全副武装。护身防卫是一方面，另一方面还可以打猎改善生活，也为艰辛的旅途增添许多乐趣；而最主要的是，刀和枪在那片广袤野性的高原上，是男人们的标志和象征。只要是男人就要有把刀有条枪，似乎没有刀枪的男人就不是真正的男人。至今那里的男人仍然嗜刀枪如命，他们愿意不惜一切代价搞到一把好刀和一条枪。

腰插长刀、手持叉子枪的康巴汉子

在漫长的路途上，赵应仙还有自己的乐趣。他小时候上过几年学，有相当的汉文化修养，很喜欢看书，所以他的行囊中，还有几本他最喜欢看的《三国演义》和《西游记》。在路上歇息的时候，赵应仙会抽空在帐篷里读上几段。在那高原荒野上伴着马铃铛的响声和松明火把读《三国演义》《西游记》，肯定别有一番趣味。马帮之行程，本身就是一趟趟充满艰辛和奇遇的"西游"。那以后许多年，在赵老给我讲述他们西行的故事时，他还经常会用上一些文雅的词句，那可能就是从古书上来的。

在某种意义上，这些西行的藏客也是些虔诚的经历无数磨难的朝圣者，只不过他们没有取得什么"正果"，没得到什么功名，利禄也没有多少，而且在以后的岁月里，一切都成了遥远的过去，几乎什么痕迹都没留下，甚至连他们无数次踩踏过的道路也湮没不见，更没有关于他们的《西游记》。

那么长时间出门在外，要准备的东西还很多。得带上铺盖行李、餐具和部分主要的吃食，如腌肉、面条、糌粑之类，以及在漫长的路上必不可少的一切东西。帐篷和炊具什么的也是必带的。说起来好像并不复杂，但真正动手准备起来，那就等于你几乎要把整套的家当都带上。那毕竟不是到什么度假村去休闲，而是要在远离文明的荒野之中度过大半年的时间。

赵应仙的行囊里还会带上一些药品，主要是一些治疗感冒、拉肚子的草药，尤其是类似今天仍在使用的"十滴水""藿香正气水"药液，那时他们都管那十分难喝的药水叫"圣灵水"。据说它非常管用，赶马人常常靠它救了性命，所以它也就有了一个有着宗教色彩的名称。万金油也是必带不可的。那是福建永定客家人华侨胡文虎、胡文豹兄弟生产的万金油。他们的父亲胡子钦早年在缅甸行医，创设中医药永安堂，两兄弟子承父业并发扬光大，在仰光设永安堂虎豹行，后将总部搬迁至新加坡，并先后在新加坡、马来西亚及中国香港各地广设分行。他们聘请中西医、药剂师专家，反复研究和试验，研制出丹、膏、丸、散等成药上百种，经过精心选择，最后制成"万金油""八卦丹""头痛粉""清快水""止痛散"等五种"虎标"良药。在东南亚、印度和中国等地，虎标良药以其价廉物美、服用简便、功效迅速、携带方便而深受大家青睐。而生产万金油的原料，像麝香什么的，又是赵应仙他们这样的马帮从西藏运来又转销到缅甸或新加坡的。在那个时代，各种物品已经通过最原始的运输方式在上万公里的距离之间相互流通。多年后，我曾两度到福建龙岩永定，参观过其后人在虎豹别墅上捐修的胡文虎纪念馆，那里现在已经是世界文化遗产福建土楼的重要组成部分。

胡文虎建于福建永定老家的虎豹别墅

福建永定的虎豹别墅现在成了胡文虎纪念馆

出发的时候，赵应仙已是一身藏族装束——宽袍大袖的楚巴，用一根腰带束紧，右臂袒露着。行囊里还有兽皮帽、羊皮袍和藏靴。俗话说入乡随俗，在雪域高原上，也只有藏装才能适应那里的气候，也便于骑马。走西藏的藏客都有整套漂亮的藏装。去到西藏境内，赵应仙他们甚至要换掉从丽江穿出来的丽江当地生产的皮靴，那对于西藏的大山来说过于笨重，用布和毡子做的藏靴则十分合脚，且暖和又轻便，连袜子都不用穿，光着脚塞到藏靴里就行。不过话说回来，他们那时也没什么袜子可穿。

我后来采访到的大理鹤庆恒盛公商号的张乃骞先生也是如此装束。

跟有些地方的马帮不一样，纳西族、藏族马锅头和赶马人都没有文身的。

每个走西藏的藏客不仅穿的是藏装，而且大多讲得一口流利而地道的藏话。赵应仙至今还能讲一口流利的藏话，一讲到西藏，一串串的藏话就迸了出来，尽管他已经50年没进过藏地，没跟藏族人打过交道。赵应仙还识得一些藏文，如今还能像我们熟读汉语拼音一样，能将藏文的30个字母唱念出来："噶咔噶哪，扎查扎哪，沙萨阿雅……"正因为有这种语言及生活习俗方面的便利，纳西族马帮才得以在藏地通行无阻，就像在自己的家乡一样。而且，当他们穿藏装讲藏语，以藏族身份进出印度、缅甸的海关时，可享受免税待遇。

年轻时一身马锅头装束的张乃骞先生

其实，藏族与纳西族的关系，跟茶马古道一样源远流长，甚至更为深远。两个民族都属于氐羌族群，他们的人种体格完全一致，里面流着相同的血液。他们的祖先同为游牧民族，都生活在高原上。

这些有利的条件，使得丽江纳西族马帮成了这一区域里各个民族之间交流的中介，使得他们义无反顾地走向那片广袤的雪域草地，走向那众山之巅，走向那众水之源，走上我们这个世界的屋脊。

天各一方

像以往每次出门一样，赵应仙那病弱的妻子都要默默地送他到院子大门处，看赵应仙从门口小溪边的拴马石上解下他那匹名叫"红比"的马，一直到马蹄的嘚嘚响声消失在小巷外，她还继续倚在大门门框上。赵应仙在走出妻子视野的时候，照样要回过头来，朝眼泪巴巴的妻子挥挥手，示意让妻子回家。然后就去与他管辖的马帮队伍汇合，浩浩荡荡穿过丽江古城那狭窄的街巷，经过拥挤的四方街的广场和店铺，离开别有情致的古镇翻过狮子山的山梁，经过拉市海，出邱塘关后，迎着从金沙江峡谷里吹来的已经暖融融的风，沿着一条条从玉龙雪山上流下来的清澈无比的溪流，走出开满了野蔷薇花的丽江坝。

一开始赵应仙并不想骑到他的坐骑红比那浑圆的背上，自己一步步走出丽江坝会使他觉得心里好受一些。红比很懂事地跟在主人后边，连响鼻都没打一个。那是赵应仙供职的达记商号配备给他的

当年马帮出入丽江坝的邱塘关（徐霞客也由此出入）

专用坐骑，它已经跟他在西藏走了很多趟。赵应仙在哪儿，红比就跟到哪儿。红比是一匹铁青色的骟马，温驯听话。"红"在藏语里就是铁青色的意思。人们往往用牲口的毛色来给它取名字。像所有丽江马一样，红比个头不大，甚至在小个头的丽江马中也只算中等，但它很结实，四蹄很粗硕，尾巴也很粗，鬃毛长长的，一直垂到脖子上。在走西藏草地的赶马人看来，鬃毛越长越好看，也不知出于什么道理。所以，丽江的骟马都不兴修剪鬃毛，只有没骟过的"驹子马"才修鬃毛。但是"驹子马"不能走西藏，它们的性子太怪了。在西藏那险峻的山路上，马儿要使点性子，那就足以要人的命。

然而，此时此刻，就是懂事的红比也无法理解赵应仙的心情。这么一走，就意味着离开家乡和亲人大半年。细心而温情的赵应仙永远忘不了多年前他第一次离开妻子时给他留下的遗憾。

丽江马矮小结实，善走山路

赵应仙因家里的变故，20岁出头离家到德钦谋生活，起初他在著名的达记店铺里当学徒和小伙计。干了几年后，赵应仙已经成人，家人给他带信说已为他在丽江选定了结婚成家的伴侣，要他回丽江成家，支撑起一个家庭。赵应仙很快结清了在德钦的一切事项，匆匆赶回家乡。他甚至完全不知道家里为他娶了个什么样的妻子。在丽江，年轻人的婚事完全由父母做主，自己是没有选择伴侣的权利的。赵应仙作为家里的独子，更没有任何选择的余地。他只有相信自己的父母会为他安排下一门能使他满意的亲事。事情也果然如此，赵应仙结婚后并没有觉得有什么不对头。大多数的年轻人都是这么过来的。

然而，仅仅跟新婚燕尔的妻子在一起生活了大半年后，赵应仙就踏上茶马古道去为一家人的生活奔波。家里的经济条件不允许他

别有情致的丽江古城

待在家里过儿女情长的日子。一个男人总不能就守着老婆过一辈子。再说,那时茶马道上中国云南、西藏与印度之间的贸易正处于如火如荼的时期,大家都希望在那条路上获得利润和收益,已担起一家人生活重担的赵应仙自然不能例外。赵应仙没想到的是,他第一次走茶马古道,一去就是两年。等他从西藏回来,这才知道妻子已为他生了个儿子,而且差点在难产中死去。

赵应仙就只有这么一个儿子,现在丽江大研镇中医院工作。由于妻子身体单薄,生产困难,赵应仙夫妻就没再有其他孩子。如今赵应仙就与儿子一家生活在一起,大孙女已经出嫁,大孙子在丽江玉龙皮革厂工作,小孙女还在广州中山大学上学。

在半个多世纪后的今天,赵应仙提及可怜的妻子还觉得有些负疚和寒心。现在他简单的卧室里端正地挂着他已去世老伴的黑白照片,他把它放大了装在镜框里。就是这位瘦小的女人在赵应仙走茶马古道的时候,在丽江撑持着一个家庭,上要侍奉老人,下要抚养孩子。她还要主持着将家里自己无力耕种的十几亩土地出租给别人耕种,从而得到一些租粮,另外自己又在家里夜以继日地织布出售,换一点钱,同时还在家里做一点酒卖。这在当时的丽江,几乎是家家户户最普通的生存方式。当然,养猪养鸡更是一个家庭的必需,她甚至还像有些人家一样,在家里养马生骡子。那时的丽江,一头骡子就是一笔相当大的财富。我想,大约只有像纳西族妇女这样具有吃苦耐劳精神和富有爱心的女人,才能承受那样一种沉重而艰难的生活。更极端者,男人在家里只玩玩琴棋书画、遛遛鸟,家庭生计和体力活全由妇女承担。顾彼得曾在其风趣的《被遗忘的王国》中提及这种男女倒置状况。后来的时代把妇女称为"半边天",但对于纳西族来说,妇女早已经是大半个天。

有赶马调这样唱道:

> 桃树开花红艳艳,
> 有姑娘莫嫁赶马哥。
> 日子好像流浪汉,
> 一年守寡半年孀。

同样的赶马调还多得很:

> 砍柴莫砍葡萄藤,
> 养囡莫嫁赶马人,

> 三十晚上讨媳妇，
> 初一初二就出门。

走茶马古道的赶马人不会过年时出门，但他们走的路却格外漫长而危险。在路上，他们只有用丰富多彩的赶马调，将路途的惊险恐惧，将对亲人的思念，将赶马人应有的道德准则，将赶马人中的豪杰义举，将贪婪者、背信弃义者、昧良心者的恶行，将赶马人的各种遭遇和故事，一一在赶马调里呈现出来。一方面排遣了路途的单调枯燥和担心，另一方面弘扬正气、提振精神。是啊，路途是那么漫长险恶，一切的一切都是未知数。天晓得有什么在前头等着赶马人。家人从此开始长得难耐的担忧和等待，而在丽江的家人也让上路的人放心不下，这是真正的天各一方。相互之间在大半年里不可能有任何联系，也听不到一点音讯，只有没完没了的担心和思念。那响过茶马古道的铜铃声不知牵动着多少人的心。

马帮还没有走出丽江古城，一个赶马人忽然扯着嗓子唱起了赶马歌：

> 玛达咪，
> 赶马出门的人呵，
> 备好了马匹，整好了行装。
> 离家三步三回头，
> 拱手三次别故乡。
>
> 山间小路像根皮带，

忽隐忽现伸向远方。
沿着这凸凹不平的小路，
一天翻过三个山垭口，
三天爬过九座大山梁。

弯曲的马路无尽伸延，
山垭口的嘛呢堆把路分成段。
每当我思念家园，
真想把马路向后扭转。
……

告别丽江古城

丽江古城被人马多年踩踏得光可鉴人的街道

赵应仙牵着"红比"走过长长的有点斜坡的小巷道。巷道虽然窄仄,却也是店铺毗连,一个个皮匠、银铜匠、成衣匠、鞋匠埋头在自己的店铺里忙碌着。赵应仙并不是太羡慕他们能够天天待在家里,待在老婆孩子身边。再说,除了会拉拉胡琴自得其乐一下,赵应仙并不会其他技能。他的祖上只传给他赶马帮走茶马古道做生意这门糊口谋生的本事,他只有上他的路。

巷道尽头一个急拐弯后,就是丽江城里著名的大石桥,石桥因年代久远而斑驳陆离，平缓的桥面也因为人马多年的踩踏而光滑如镜，过了桥，很快就到丽江城的中心——四方街。滇西北人习惯上将城镇中心的市场称作"四方街"。在这片好几亩大的大致四方形广场周围，聚集了数十家商号和店铺，形形色色的货物从四面八方汇集到这里，又从这里流淌到四面八方。从这里越过东干河，翻过狮子山，就是通往西北方向的大雪山的茶马古道。也有马帮不向北去中甸，而是直接西下到金沙江第一个大拐弯处的石鼓镇，经金沙江畔山清水秀的巨甸、塔城，再到维西，沿温和的澜沧江河谷，径直向北穿行到滇藏交界处的商贸重镇德钦。

离开丽江古城并不是一件容易的事情。赵应仙一家和数万纳西族人一样，世世代代生活在像片大砚似的窝在金沙江臂弯里的丽江城里。这是座让人无比留恋的古城。它西有狮子山，北有金虹山，背西北而向东南，避开了西北方向来的寒气，接迎着东南暖风，占尽了地利之便；而且，从雪山冰川融化而下的玉河泉水入城后，一分为三，三分为九，再分流成无数的小溪流经全城，使得古城主街傍河，小巷临溪，十分洁净并充满活泼的生机，而且生活用水非常方便。传统的纳西族三坊一照壁的古朴院落就沿着街巷及河渠，以四方街为中心放射到坝子里，加上光滑的五花石板路、木头桥和石桥，以及各家庭院里的花草树木、游鱼鸣鸟、琴棋书画，使整个古城显得十分美好和谐。

丽江古城的形成，尤其它那独特格局的形成，就与历史上的茶马古道有着密切关系。它既不像中原文化所产生的城市格局，如以权力机构为核心，并形成中轴线，然后严格按有关规矩和等级制度，东西南北，上下左右，大小尊卑有序排列，左右对称。它也没有任

20世纪30年代的丽江古城（洛克/摄）

何欧化的影子。

丽江古城以四方街广场为中心，街道呈蛛网状衍生出去，既不规则，也无中轴线，更没有对称，而且没有中国古城都有的那圈城墙。历史上作为丽江统治者的木氏土司，其府署位于城南一隅，远离城市中心位置，但它却处在丽江全城出入外地的关口上。这说明丽江城的建筑与道路是分不开的。

丽江纳西人把丽江古城叫作"巩本知"，"巩本"在纳西语里是仓廪之地的意思，"知"就是"街子"，也就是集市。也有一种说法：纳西话称马为"公"，"公本知"，就可以解释为"做骡马交易的集市"。由此可知，像云南的许多城镇一样，丽江古城也是由道路驿站而逐渐

用五花石子拼成吉祥图案的院子

形成的物资骡马集散市场，最终人烟辐辏，成为远近经济、文化和政治的中心。

导致丽江成为城市的道路，就是茶马古道。

从地理上看，丽江位于滇、藏、川的交接点上，"踞全滇之上游，通巴蜀之要塞"，"外控蕃藏，内敝滇西"，"自内地入藏，必以丽江为正路"，所以，它历来是这一区域经济文化交流走廊的重要关口。历史上的滇、藏、川贸易，及宗教、民族文化等的交流都在这里汇集。无论是唐宋时期，还是元明清和民国时期，丽江都是南来北往的茶马古道的大码头。而由于这一区域特殊的自然条件，舟车无法通行，骡马成为这一区域唯一的运输工具，马帮就是这一带唯一的运输方式。丽江古城的形成直接与马帮的活动有关。

据《三国志》记载，早在汉晋时期，纳西族先民就同巴蜀汉商交换布、帛和盐、铁、畜产品；唐宋时期，丽江与吐蕃及南诏、大理国的交往更加频繁，《云南志·蛮书》中有"博易三千二百口大羊"的记载；在用象形文字书写成、被誉为纳西族百科全书的古老《东巴经》里，也有"'聪本'（藏商老板）马帮九兄弟，赶着九十九个驮子来"的记述；到了元明和清初，丽江已形成较大规模的市场，市场上充斥着从各地来的马帮，有本地做生意的"古劳本欣"和赶马帮走四方的"阮当吨欣"。明代，木氏土司势力强盛，它携带着先进的生产力，不停地向西北藏地扩张，进一步加深了两地间的联系。

清初，经济逐渐发达起来的纳西族地区与邻近藏族地区的物资贸易尤其兴盛。清嘉庆年间（1796—1820），丽江纳西族中的藏客崛起，开始大规模前往西藏经商。从那以后，丽江人自己和其他人就把那些赶马帮来往藏地做生意的人叫作藏客。像大研镇人李萌孙就将商

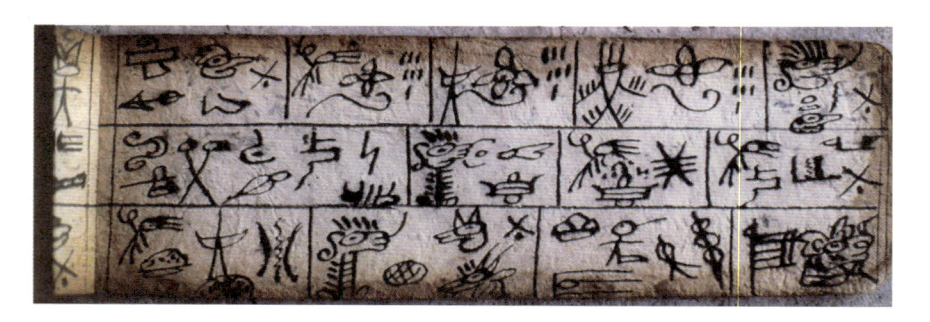

古老的东巴象形文字经书

号设在拉萨,在拉萨坚守信誉,并资助清廷驻藏大臣,同时对各大喇嘛寺举行布施,数额庞大,远近闻名,被藏族人尊称为"聪本余"(生意官、大老板之意)。此后,纳西族商人到藏地经商者越来越多,以销内地茶叶、丝绸、铜器皿为主,不仅遍及西藏各地,而且进入了缅甸、尼泊尔、印度等国家和地区。丽江仁和昌第二代掌门人赖敬庵及其拉萨分号经理杨超然曾回忆:"(往西藏)运送货物为茶、糖,其次是布匹、铜铁器、酒,以至一针一线,皆仰给予纳西族商人。"这样说虽不免夸大,但也足见丽江纳西族商人在西藏地区的经营规模和重要性。较大的商号有杨家的永聚兴和丽丰号,李永兴、李达三父子的永兴号和达记,赖家的仁和昌,王少萱家的聚兴祥,牛家的裕春和,周家的德广通和恒德和,赵紫垣的恒和号,等等,后来,具相当规模的更发展到30多家。据《纳西族简史》统计,抗日战争时期,丽江在滇、藏、印茶马古道上做生意的大小商户竟有1200家之多!

与此同时,西藏及各地的商家也纷纷到丽江设店开号。大批西藏的马帮将丽江作为进入内地贸易的中转站,而各地的马帮也将丽江作为进入中国西藏与印度的中转站,像大理喜洲帮的永昌祥,保山、腾冲腾越帮的洪盛祥和茂恒,鹤庆帮的恒盛公,中甸帮的铸记,都在丽江开设分号。据《纳西族社会历史调查》的初步统计，当时每年来往于中国丽江、西藏与印度等地之间的马帮货物约有25000驮之多！丽江古城一时间沸沸扬扬，热闹非凡。浩浩荡荡的马帮及其货物的来往流通，必然对丽江古城的建筑格局和人们的生活产生巨大影响。

丽江市场上琳琅满目的铜器器皿

恰好，丽江坝子背风向阳，用水方便，而且城周围还有大片的开阔地，特别便于放养骡马，是马帮滞留和宿营的最佳场所。马帮从各个方向、各条道路汇集这里，买卖货物后又从这里走向新的目的地。于是，古城便渐渐形成以四方街广场为中心，四周店铺客栈环绕，由数条道路放射而出的格局。而无数来来往往马帮那用生铁打就的马蹄掌，才将古城用五花石铺成的街道踩磨得那么光滑。又因为商旅云集，才使得丽江坝子里原本是一些各自相对独立的村落逐渐连接在一起，合拢成一座颇具规模的城市。过去，丽江城的街道大都叫什么什么村，如乌伯村、乌托村（现今福慧路、民族广场一带）、积善村、双善村等。现在，这些地方虽然不叫村了，但当时一些村名沿袭到今天，就成了现在街巷的名称，如"积善巷""现文巷"，等等。

各地来丽江的马帮习惯性地聚集在一个个已经连成一片的村里。像城北的双善村，就是藏族马帮最喜欢落脚的地方。而大理来的行商，一般就住在叫"建洛阁"的巷子里。纳西语将大理称为"建洛"，"建

丽江古城大理商人常住的"建洛阁"

洛阁"即大理行商住的巷子。

甚至，由于大量马帮蜂拥而至，古城的积善村中段还专门形成了卖马草的场地，面积近一亩，纳西人将之称为"汝起丹"。每天，都有四面八方的人到"汝起丹"卖马草，这些人一般是城里无固定职业的居民，他们从野外割来青草出售，以求糊口度日；也有附近村子里的农民背来青草卖掉，为家里换点油盐钱。那些无人放牧骡马的马帮，或缺夜草的赶马人，都到"汝起丹"来买草饲养牲口。

相应地，古城中的马店也兴旺起来。

据李瑞泉先生回忆，大研镇北的双善村，成为主要接待藏族马帮的村落，仅那一片地方就有17家旅马店，从业人员40多人。其中著名的玉龙旅马店于清代中期就已开业，随着茶马古道上经济贸易的兴衰而时兴时衰，它先只有位于河西的两间楼房和一个天井的店房，只能容纳三四十匹骡马和相应的旅客，后来生意越来越红火，又在河东扩建成三坊一照壁的院子，马店的接纳能力大大增加，马店主人进而做起生意，发展成为元德和大商户。瑞春旅店也是一家老店，店主人是赵宗英老人，他带儿子边开店边学藏语，数年后已成为精通藏语的纳西人，发展成拥有20多匹驮骡的马帮商人。不幸的是他儿子后来在一次进藏经商途中遭土匪袭击中弹身亡，这是后话。

大研镇里的现云阁也有13家开设旅马店的，从业人员约30人。他们大多以空房和走廊作为火塘，由旅客围火塘做饭住宿，天井就作为拴马场。

而在大理行商落脚最多的"建洛阁"，盛传着开店经验丰富的女店主阿余命妈的故事。据说阿余命妈能说藏话、白族话、汉话和

当年丽江马店使用的马灯、油壶和酒罐

纳西话，而且说得都比较好；她待人诚恳、热情，能体贴马帮困难，收取的店钱比较低，开水、盥洗水早晚都不缺；而且她对大研镇的商铺、商情都很熟悉。马帮托她采买东西，经常能帮助带去看货，一看就是三四家，能保证买主挑选到价廉物美的货，托她卖货也能通知买主到店看货还价。由于她能说多种语言，且尽心为买主选好货，

为卖主选好顾客，这样年久日深，阿余命妈就成为马帮交易的实际中介人，经纪费也只求随意赠予，不曾开口要价。因此，她在行商中的信誉日增，住店马帮也愈来愈多，她的生意也越来越好。

另外，大研镇兴仁街也有十几家旅马店，从业人员近20人。其中老龚店的规模较大，落脚的行商也较多，住这里的大多为四川盐源、盐边、木里的马帮商人。这里还有一家藏族商人阿吉庆开设的吉庆店。阿吉庆原是由藏地来丽江做生意的马帮商人，赚钱后就在丽江建了一院新房，用来边开店边做生意，后来也就成为在丽江落籍的藏族店主人。在漫长的岁月中，许多外地马帮商人就这样在丽江安家落户，一直居住到现在。现在赵应仙家紧隔壁，就是一家藏族人，他们在丽江生活的时日与赵家差不多一样长。

在丽江直通永胜的梓里一线，直通中甸、宁蒗的束河、白沙一线，直通鹤庆的木家桥一线，都有难以计数的旅马店，丽江大研镇只不过是一个中心而已。

在大研镇，马帮和店家之间形成了约定俗成的规矩。如同康定著名的"锅庄"一样，丽江的客栈老板或老板娘，往往就是马帮商人之间的中介。藏族马帮一来，所驮运的货物一概先交给店主（藏语称"乃聪"）照管，由店主介绍出售，老板（聪本）只作成盘（成交）的决策人，要买进驮走的货物，也是由店主一手操办。不论卖出与买进，店主都按照成交的货款数字收取一定的佣金（藏语称为"八赠"）。所以，开设马店是一桩收益较大的买卖。但店主所要负的责任也较大：首先他（她）要保证货款如数收清，其次要懂得鉴别货品的真伪，保证买进好货；最后还要能够合理配搭主次品，比如买进10驮普洱茶，就要搭上最少1驮原山茶（勐库一带出产的乔木老叶子茶）。因为原山茶是普洱茶中的道地货，醇香味浓，活佛、高僧、贵族都爱饮用，所以特别的珍贵。另外，在藏族马帮商人前来投宿的那天，店主人要以大瓶酒、大块肉和鸡蛋面条热情款待，包括赶马人（藏语叫"腊都"）以及打杂人也都全数一起招待，痛痛快快吃喝上一顿，第二天以后就各自吃自己备的糌粑和酥油茶。在做生意期间，除决策的大老板、二老板外，其他人就到附近的山坡、坟坝放牲口打野。店里的睡床，一律不搭高铺（马帮在野外睡地上惯了），就在楼板上和地板上歇息，但床边都烧有火塘，以便赶马人盘腿坐在床边念经、喝酒，或以酥油茶下糌粑吃。

店主人还要特别留意藏族马帮启程回去那天，切不可打扫他们的住房和睡床。马帮们认为扫地出门是不吉利的，店家必须严格遵守这一规矩。临行时，马帮要在大门口烧起天香，出门动步时，要一面念经，一面启程。他们下次再来时，一般也就来到原店，宾至如归。倘若店主不守规矩，客人走后马上就扫地收床，马帮们知道

进驻丽江古城的龙泉皮毛皮革店

了，下次就不再来住此店了，如果在路上遇到不吉利的事情，他们甚至还会来找店主人算账。像赵应仙这样住在家里的人，出门那天，家里也是不兴扫地的。

随着马帮运输业的兴盛，跟马帮有关的行业也发达起来。由

昔日兴盛的丽江骡马会

于丽江的铜器深受藏族和其他民族的欢迎，丽江就出现了一条铜匠街——金鑫街，专门制造各种铜器，如锅、勺、盆、火锅和著名的"丽锁"（丽江铜锁）等，一条街每天叮叮当当响个不停。即使在前些年，这些铜器仍然很受当地人和外地游客的欢迎，摆满了四方街，琳琅满目，连国外的游客都非常感兴趣。不过，现在那些铜器是邻近的鹤庆人搞的。丽江纳西人的铜和铜匠早在"大跃进"年代就没有了。丽江人太过老实听话，在"大跃进"中把所有的铜器全交了出去大炼钢铁，连门上的铜门扣都扭下来交出去，结果什么都没剩下，被一锅炼掉了。

在今天的丽江街头，也还可以看到不少的缝纫铺、皮革加工店和制鞋店，那也是祖祖辈辈流传下来的。当时马帮需要的各种皮制马具以及人穿戴的藏服藏靴，等等，就由这些店铺生产出来。

当然了,只要马帮需要什么,那时的丽江都有相应的行业,像打制马掌马钉、缝制马垫、做皮条,等等,应有尽有,几乎大部分的丽江人都在从事与马帮有关的劳作,即使是家庭主妇,也会在家里养上一两匹母马,与毛驴交配,以便生养骡子出售,或养大了就由家里男人赶着上路。茶马古道马帮的兴盛,为丽江人的生活带来了前所未有的繁荣。

历来就有名的一年两度的丽江骡马大会更是热闹非凡,尤其是7月的骡马会,特别熙攘活跃,每次会期都有几千匹骡马上市。对此,1932年第二次进康藏调查的民国政府特使刘曼卿有生动记述:"每年当七八月之交,例须举行骡马会。康、藏商贾云集,名驹绝足来自远方,吉日良辰,驰骋乎广野之间。本县官绅,列坐土阜之上,定月旦之评,以分驽骏。

创设丽江骡马会的熊廷权先生

斯时也,帷幕四张,少长咸集,士子遗巾,佳人堕珥,神骏追风于内,万人喝彩于外,往往兴尽归来,曾不知红日之暮也。"如此描绘,已神似徐霞客游记。

生长于昆明,后移民香港成为著名学者和作家并长期主持香港中文大学中国研究服务中心的熊景明女士,满怀深情地记述了其曾祖父熊廷权的传奇生涯。熊廷权是晚清进士,曾三度以军官身份入藏,

在骡马会上选购骡马

影响其一生。他后来当过丽江知府，勤政爱民。至今，丽江黑龙潭公园象山半坡上仍立着有关熊廷权的石碑：《功德碑》《乌斯藏哀辞》，以及《丽江太守熊公仲青先生遗爱碑》，碑文曰："熊公讳廷权号仲青，籍昆明。民国初元以名进士来守丽江。政通人和。廉知丽地骡马德力兼优，生产丰富，可霹利源，呈请省政府创办马市。蒙批照准，则选址于狮山后面作骡马市，会期定古历七月十八日起，至八月初三日讫。不数年市集辏逐成地方大宗利益，人民受福不浅，后处逐渐繁盛，是诚和于有功德于民者，则祀之。之谓于低因世故多变，卅余年未及刻石纪功。深滋愧焉，告曾参与其事，乃年久不能详其委曲，特撮要追叙数言，以谂来者。"可见，熊廷权是丽江骡马会的创办者，为茶马古道的兴盛繁荣，贡献极大。

20世纪90年代，我到过丽江的骡马会，那场面的确壮观，来自全省甚至外省的骡马和骡马贩子，以及前来选购骡马的人，挤满了一条路和一大片山坡，县里专门在城南建了一个骡马市场。但随着现代交通的发展，丽江的骡马交易已大不如前，一匹上好的骡子只卖到两三千元人民币，还很难卖出去，而在前些年卖到上万元的都有。进入21世纪后，骡马会完全消失，当年的骡马会场成了宾馆酒店和旅游车停车场。而在赵应仙他们赶马帮的年代里，一匹可作头骡的好骡子要值一百七八十云南半开银元，一般的也要一百多，是一个像赵应仙这样的马锅头一年的工钱，换句话说，是一个普通家庭差不多半年的生活费。这可不是个小数目。

抗日战争时期的丽江城，大概正处于它历史上最为辉煌、最为热闹繁忙的一个阶段。现在的人们已很难想象当时的景象。只有一些老人还记得那时的情景，也有些学者文人用文字记下了一些当时的情况。奥地利裔的美国学者和探险家洛克先生也用他的相机拍下了几个画面。当然，许多当年的痕迹意外地遗留了下来，那曾做过店铺的木板房屋，那被无数马帮踩踏得光可鉴人的石板路，古城那奇特的放射形格局，最近一些年才开始萧条并消失的骡马会，使我们在今天来想见那一番光景还不至于太困难。

优雅而又较完好地保存了古风的丽江古城，包括附近的束河古镇，现今仍然是许多游子心目中的理想境地。它之所以具有那种别的地方都已经缺乏的怀旧情调，大概跟已经消失的马帮有着某种深刻的联系。

生存发展之路

渐渐地,亲切的古城和美丽的丽江坝消失在石板铺成的道路的尽头。家越来越远了。赵应仙的心头照样又冒出一股很难受的滋味。每次出门这种滋味总是压抑不住地会冒出来。要不是生活所迫,要不是为了生存,谁愿意离开自己的家乡,离开自己的亲人,去走上这条要命的路呢?谁都不会觉得,风餐露宿的日子会比得上自己家里温暖的火塘和干燥舒适的床铺。

然而一切似乎已是命中注定。人与土地的紧张关系在一个世纪前就已有端倪。丽江坝子里的人口在不停地增加,每个家庭都在膨胀,土地却不会像孩子一样生出来,再不停地变大;而且光靠那点有限的土地,即使饿不着,也不可能使生活有所改善。在 20 世纪末期才使得中国人不得不正视的生存和发展问题,在赵应仙还年轻的时候就已经摆在眼前。

由于地域关系,世世代代居住在丽江坝的纳西人要生存,要发展,就只有进入西北方的藏地，用贸易，用交换，来扩展生存空间，来提高生活质量。他们很难到山下，进入内地寻求到他们的市场。生性耿直质朴而又为人老实的纳西人，很难跟内地那些精明、奸猾的商人打交道，甚至连语言都很难沟通。他们在内地找不到钱，赔本贴钱的风险相反要大许多。所以，在历史上，纳西人的生意大多往西北藏地发展，那儿才是他们驰骋的天地，那儿才是他们如鱼得水的市场。用他们的老话来说，这叫"熟门熟路，找钱更易"。

自古以来，以丽江为中心的纳西族生息地区，东北部居住有彝族，西北部毗邻藏族，南部与白族和汉族相接，丽江就正好处于汉、藏、白、彝四大经济势力圈的交错地带，其间还杂有傈僳、普米、回族等民族，这是对夹缝中的纳西族生存能力的考验，也为纳西族提供了极其有

束河老皮匠张绍李先生
（当年丽江束河人一根针闯遍茶马古道，为来往马帮制作一应器具）

利的经贸条件。

分居各地的各民族从各自的需求出发,自然而然要做各地间农作物以及其他各种生产生活用品的交易,尤其是生活在高原特殊地域里的半游牧半农耕的藏族,特别需要与内地的交易活动,仅他们每日不可或缺的茶叶一项,就完全靠内地输入。于是,在这一地区的大山大川之间,骡马作为大量运输物品的交通工具而受到重视,马帮商队也就在这种翻山越岭、过河渡江的商业交易活动中应运而生,并日益发达起来。

然而,西藏的马帮来到丽江,就再不可能继续前行,自己到山下的内地去。那些地方对他们来说是完全陌生的。他们语言不通,生活不习惯,更适应不了山下那燠热的气候。他们只能走到丽江为止。而内地的商人也难以进入西藏,他们面临的正好也是藏族面临的问题:语言不通,生活习俗迥然两样,高原的寒冷缺氧让他们望而却步。

丽江自古至今都是上下交通内地与藏地的大中转站

所以他们也只能走到丽江就止步。于是，处于内地与藏族地区交界地带的丽江，成了藏地与内地之间交易的中间地带，成了这一带各民族中转交易的大驿站。生活于丽江的纳西族人一方面了解熟悉内地的情况和文化，也熟悉西藏草地的语言、气候、风土人情和生活习惯，在汉藏、白藏、纳藏等贸易交往中，纳西族马帮就起到了得天独厚的作用。

更何况，由于抗日战争的爆发及其长年延续，中国各出海口全被封锁，更由于日军侵占东南亚，中国唯一一条通往同盟国的滇缅公路于抗日战争中后期被截断，从滇西重镇丽江和西康康定经由西藏拉萨转道至印度噶伦堡、加尔各答的茶马古道，一时间成为抗日战争期间大西南后方主要的国际商业通道。尽管这条道路遥远险峻，数月的行程千辛万苦，但由于能赚到很大的利润，许多商家和众多民众便无所畏惧，纷纷涌上这条道路寻求发展，在滇西北商业上掀起了"拉萨热"的高潮，只要是有点能力的人，大多踏上了这条吉凶难卜的道路。

抗战初期，沿海沦陷，滇缅公路成了全国唯一的对外交通运输线，被誉为"抗战输血管""抗日生命线"，各大商号纷纷抢运物资，形成"走印度、跑缅甸"的格局。抗战中后期，一些过去在缅经营的滇侨商号在缅甸沦陷后，便到丽江买骡马，组织马帮由印度转运商品。即便抗战时期云南通往缅甸、四川、贵州等几条公路干线已修通，马帮仍在云南全省经济活动中占据重要地位，对战时物资保障的运输出力甚大。马帮的发展，使当时云南省骡马存栏数也高达50.7万余匹。

这样看来，天时、地利、人和，这几种中国人所认为的成功的条件，都落实到了丽江纳西族头上。1984年出版的《纳西族简史》记载了这一段历史："20世纪30年代，抗日战争爆发后，滇藏贸易十分活跃，维西、宁蒗等纳西族地区，成了重要的商道和过往马帮们的歇脚地。各种货物由内地经过这里远销我国西藏乃至印度，这就使纳西族中原来从事季节性赶马活动的人，逐渐转入以赶马经商为主要职业。由于赶马经商获利甚厚，引起了人们的羡慕和向往。不仅大多数家庭抽出男子从事赶马运输，就是那些缺乏骡马的人户，也有人通过押出土地来购买骡马，以便从赶马经商中谋取利益。'汉人发财靠买田地，摩梭发财靠买骡马。'这一当地民谚，生动地反映了纳西族对赶马运输业的重视。连永宁土司和总管也派有家奴和佣工，组成马帮商队，常年从事商业活动。据1956年的统计，在宁蒗的永宁和维西的永兴等地，约有三分之一以上的家庭主要成员兼营赶马运输业。赶马运输业的兴起和繁荣，给纳西族社会和家庭带来了深刻的影响。"1945年，著名的汉人喇嘛邢肃芝（藏族名洛桑珍珠）在拉萨哲蚌寺精研藏传佛教8年而成为汉人的第一位拉让巴格西，后跟随永宁总管亲自带队的有数十名骡夫、90多匹驮骡的马帮，经由滇藏道返归内地。邢老沿途亲见，由云南而来的滇茶驮队，大的约有数百驮，绵延数里，小的也有数十驮，一路络绎不绝。

其实，在这场"拉萨热"之前很久，赵应仙的祖上早就在这条古道上走动了。他的祖上本姓杨，后来过继给赵家才改姓赵，于是赵应仙的爷爷赵怡就将自己两个儿子的名字取作赵育杨和赵根杨，既不忘赵家的养育之恩，也不忘杨家的根。赵应仙的爷爷赵怡几乎在茶马古道上走了一辈子，这条路不仅使他在丽江古城里盖起了两院房子（位于今五一街）留给他的两个儿子，而且还置了十几亩田地给后人作衣食饭碗。从那以后，赵家两兄弟分住紧邻的两院，小儿子赵根杨，也就是赵应仙的父亲，在家坐镇，照顾田地和家人，而大儿子赵育杨则继续在茶马古道上经营生意，打理家里在德钦的店铺，并养了一些牦牛打酥油卖，将挣到的一点钱带回丽江老家养家，力图使家人过上好一点的日子。

那时，丽江的大部分人家都是这样安排一大家人的生活的。种地的种地，经商的经商，里外配合，构成了当时丽江纳西人的生活格局。在那一时代，丽江人不可能还有别的生活方式。

然而，这样的生活格局并非一成不变、牢不可破。赵家很快就面临极大的麻烦。爷爷赵怡早早去世后，在云南与西藏交接处的德钦做生意的赵育杨撇下在丽江的老婆，在当地娶了一个藏族姑娘，在那儿重又安了一个家。但这并未能使他继续好好做生意。"那是良心不好的一个，一下子就把家当造光了。"多年后赵老先生愤愤地说。

他伯父赵育杨在德钦做了几年生意后，开始喝酒、跳舞，过起了花天酒地的生活，不久就将全部资本和家产糟蹋个精光，不仅不能给家里寄钱接济老家的生活，反而搞得连自己的生活都没有着落，丽江老家的人去接他他也不愿回丽江，最后潦倒死在了德钦。他所生的纳西和藏族混血的女儿后来嫁到丽江，才把赵育杨火化后的遗骨带到丽江老家安葬。而他遗弃在丽江的妻子一直跟赵根杨一家生活在一起，很多

丽江达记商号老板李达三

年以后才去世，是由赵应仙他们做的孝子。

由于家里有了这样的衰落变故，20岁刚出头的赵应仙就不得不拾起祖上的衣钵，又踏上茶马古道去谋生。

一切又从头开始，赵应仙踏着前辈的脚印从丽江去到德钦，在茶马古道上赫赫有名的李达三家的达记商号里当小伙计，学着做生意。

在丽江和德钦之间，早就有密切的贸易往来。1920年左右，丽江纳西族周尚德在德钦设立德广通商号，并在任德钦商会会长期间，筹建了第一所丽江与德钦经商点，盖起德钦的第一座瓦房，同时塑了一尊纳西族"三朵"神像，成为纳西族与藏胞交往之地，每逢纳西族传统的二月八"三朵节"，那个地方就热闹非凡，对当时的通商及各民族间文化交流起到了很好的作用。李达三最早也是从德钦起家的。

赵应仙在德钦一干就是三四年。在那儿他学会了一口流利而标准的藏语，见过了一些世面，学会了怎样辨别山货货色，学会了怎样讨价还价，尽管这似乎不怎么用得到，因为茶马古道上的商人都很守信用，大家都很讲规矩。

不少丽江人就这样在这条路上找到了衣食饭碗，有的人还从此兴旺发达起来。有名的仁和昌商号的创始人赖耀彩就是大家都看得见的样板。赖家祖籍福建汀州府，其始祖云丽公于清乾隆初年经商至丽江，见丽江山水秀丽、人情质朴，就定居下来。后来子孙繁衍，至赖耀彩为七代孙。由于人多负担重，迫于生计，赖耀彩10岁就弃学跟随父亲到中甸做小商贩经营，待父亲奉养回家，13岁的赖耀彩就主持业务，兢兢业业，勤俭朴实，虚心学习，逐渐信誉卓著，到民国初年，已具有相当资本实力，分号设至四川木里、康定，业务蒸蒸日上。1930年传至其子赖敬庵手上时，又恰逢抗日战争造成的局面，古老的滇藏商道焕发生机，赖敬庵抓住机遇将赖家的仁和昌分号布局扩展至大理、昆明、昌都、拉萨，直至印度的加尔各答，苦心经营，成为"拥有巨万，富甲一县"的大资本家。据1943年的盘存，其商号仅流动资金一项就有滇银币60万元，骡马近200匹，成为滇西著名富商之一，西藏人更称之为"赖家昌"，也就是大资本家的意思。在整个西藏地区，私人商业称"昌"的，仅寥寥可数的几家。

赖家的成功无疑是丽江许多人家的梦想。人家都这么发达起来了，自己为什么不能试一试呢？况且他们也没有更好的出路。于是，赶马帮走草地走茶马古道就成了丽江人的生存发展之道。

抗日战争期间，这条古老商路又有了蓬勃的商机，各国各民族的商人们纷纷涌到这几条路上，进行繁忙的运输贸易。云南帮的几家大商号，都在这条路上经营。一些小规模的马帮，有时也会在这条路上跑几趟，只要有生意有利润。丽江以北、云南中甸铸记马铸材家的商号马帮，就大量在滇、藏、印路上走动。丽江以南的鹤庆恒盛公张家的马帮，也都全力投入到这条路上运营。在滇、藏、印一线大规模经营并在印度定居做生意的，大理鹤庆恒盛公的张家最为著名。

铸记在拉萨的店面和经理

青壮年时期张乃骞先生
曾多次往返藏地

著名恒盛公商号旅印35年的
张乃骞先生

说起来，我与恒盛公的缘分最深切，而恒盛公也是经营茶马古道生意时间最长、投入收益最大的一家。1999年春，经云南省社会科学院前辈赵橹老先生介绍，我就拜访了恒盛公的第三代后人张乃骞先生。张乃骞先生出生于1923年，属猪，时年77岁。他从幼小到壮年，亲身经历并曾主持过张家恒盛公的生意。张乃骞成人后，就多次来往于云南和西藏之间，当然，更多的是在印度和中国拉萨之间奔波，经营恒盛公在这一带的生意。张先生清晰的记忆和鞭辟入里的讲述分析，使我得以在某种程度上复现那一段历史。从张先生那里，我听到了许多精彩的滇藏、滇印马帮贸易故事，甚至获得最初的外贸、汇兑知识。张先生的眼界、胸襟、学识和人品，令笔者十分钦敬。仅语言，他就通汉、藏、英和印地语四种，而他在印度1961年排华时不得不离开他生活工作了整整35年的侨居地，回到祖国，搞过翻译、下过乡、当过工人，最后竟以工人身份于2008年绝尘离去。笔者平生最遗憾的一件事，就是没能紧追张先生，将他及他家恒盛公的事迹完整记录下来。

恒盛公的马帮用的大多是云南迪庆奔子栏的藏族赶马人，中间也夹有几个其他地方的，比如溜筒江的，西藏嘉玉桥边的，也有拉萨的，但属极个别。恒盛公商号最多时有200匹骡马，分作三队走，一来一往岔开了走。三队马帮有三个锅头，最得力的叫仁青，是中甸的藏族，另一个是奔子栏的，叫囊谦，还有一个是张家的亲戚，鹤庆鲁甸村人，张乃骞只知道三哥三哥地叫他。他们一队马帮有三四十匹骡马，有时六七十匹。这些马帮在茶马古道上一直走到西藏解放的时候。后来，马锅头仁青在西藏参加了解放军，因为他通藏语，汉语又讲得好，又熟悉当地的道路情况和风土人情，进藏部队正大量需要这样的人。像这样丢下马鞭子、脱下马甲参加解放军的马锅头和马脚子，绝不仅仅是仁青一个人。

在与丽江一水之隔的中甸，也有人以同样的方式发达起来，其中最著名的要数马铸材先生。马铸材名金品，字铸材，而他的藏族名字叫荣坤·次仁桑主，其祖先是来自陕西的回族，后来就自然而然融入中甸的藏族社会。马铸材于光绪十七年（1891）生在中甸中心镇（现称为"独克宗古镇"）。由于农村破产，家境贫困，他少年失学，到一家汉族商号公和昌当店员，从事沉重的店务劳动，接受旧式商店的学徒教育。由于他勤奋好学，三年

茶马古道上著名的
铸记老板马铸材先生

后就基本掌握了山货药材及来往账目的知识，并以其诚实聪明、胆大心细为东家赏识。刚成年，马铸材就替东家承担极其艰苦冒险的走草地马帮贩运，足迹遍及国内的滇、川、青、康、藏等地区，以及境外的印度等地。在茶马古道上，他历经了盗匪抢劫、军阀地霸绑架，以及大自然的种种挑战，终因本人勇敢机智、吃苦耐劳而幸免于难。马铸材后来经常说：我是天当帐篷地当床，霜做枕头雪做被，九死一生闯过来的人。就是这种在茶马古道上练就的勇于冒险、刚毅勤劳和富于诚实信义的品格使他成就了一番事业。后来，他逐渐摸索，来到拉萨落脚。从1915年起，马铸材马不停蹄地与家乡的马帮结队运茶到西藏，又将西藏的金边帽子、服饰用的金边，以及毛织品、染料等运销中甸，来回都是高利润的生意。所以在中甸有"进得西藏回，金银满袋归"的说法。不到两年，马铸材就已经还了本钱，

邦达多吉主持修建于芒康邦达昌老家的家庙

还有结余，于是又在中甸城里租下商铺一间，售卖自己进来的热销货物。1920年，马铸材进而侨居印度噶伦堡经商，经营印度与中国西藏之间的马帮贩运，扩大经营茶叶、羊毛、土产等侨商贸易，通过充满血泪、充满冒险与智慧的劳作，逐步累积起一定的资本，创立铸记商号，生意日兴，信誉日隆，成为茶马古道上信誉卓著的大商人。

马铸材老先生直到1962年才返回祖国，1963年病逝，葬于昆明黑龙潭畔，现迁葬于昆明西山山麓滇池畔。这是后话。

在与云南山水相连的西藏芒康邦达，亦诞生出西藏近代最大商家邦达昌。邦达昌大老板邦达养壁的爷爷原先只是个很小的"聪本"，有几匹骡子和24两藏银的本钱，为他赶骡子的"腊都"是一个云南中甸的藏族。养壁的爷爷就靠那几匹骡子，做起从云南德钦到西藏

西藏富商邦达家族老三邦达多吉（前中）一家

芒康之间贩盐之类的生意，后来发展到藏东重镇昌都，路子也越走越宽。到养壁父亲邦达尼江这一辈，他将生意做到了中国拉萨乃至印度，并正式立起邦达昌商号。随着印度和中国西藏之间商埠的开通，邦达尼江将邦达昌开到了噶伦堡和加尔各答。法国学者卡洛尔·梅可葛兰指出："来自于康区的邦达仓家族在拉萨获得了巨大的成功。他们家族游历于印度、中国内地、康区和拉萨，涉及领域包括西藏的经济、贸易、世俗和寺院政治，与中国国民政府及英印当局建立了各级公开与秘密的联系。"邦达昌不仅在达赖喇嘛的大力支持下独家承包经营羊毛和贵重药材多年，还建立了全藏最大的商业机构和经营网点，固定和流动商号遍布藏族地区城镇和农牧区。据说，邦达昌在全盛时期往来于茶马古道各条线路上的马帮达2000多匹骡马，以至各地分号骡帮相互不识，途中斗殴现象时有发生。其赶骡人常常这样说："地邦达，天邦达"，其中以老三邦达多吉最为著名。从19世纪末期发家，到20世纪中叶结束生意，邦达昌马帮的叮当铃声，在茶马古道上响了半个多世纪。柯羽操在其1935年出版的遗著《柯羽操游记》（续）中记载："拉萨城中之邦达昌商号，为藏中经营商业致富之第一家，远近咸知，势耀轩赫，俨然据有操纵西藏商业之地位。其所营之汇兑业与进出口货物贸易，几占全藏贸易总额之半，势力之大，可想见也。"

在这些成功的马帮商人身后，还有更多人赶马帮涌上茶马古道，赵应仙只不过是其中之一而已。

商号与马帮组织

马帮拉成一条直线逶迤盘桓在山路上，挂在骡马脖颈上的铜铃随着骡马的迈步而有节奏地叮当作响，宁静的山涧回荡着清脆、悠远的铃声。马蹄铁踏在石头上的声响则沉闷而厚重。这铃声和马蹄的嘚嘚声几乎就是茶马古道的标识。世界上恐怕很少有别的道路像茶马古道这样行走的几乎全是马帮。马帮是茶马古道的一大亮点，是一种道道地地的原生性文化。

赵应仙一行二三十匹骡马，五六个人拉成一条直线走在山路上。在狭窄的山路上，马帮只能以这样的方式行进。在茶马古道上，这算是最小的马帮了，路上经常会遇上有三五百匹驮骡的大马帮。赵应仙虽然名为这支马帮队伍的最高管事，拿马帮的行话来说，就是这支马帮的锅头，但这支马帮并不属于他本人所有，他只是他所受雇的商号的代理人，用商号的马帮，负责将货物在滇藏茶马古道上运来运去。骡马和它们所驮运的货物，自有赶马人照料，他不用过问马帮本身的具体事务。

马帮有自己严格的规矩。在当时的云南，商号与马帮之间已形成了具有现代特征的商业关系。这也是茶马古道马帮的一个特点：马帮与工商业主之间建立相对固定的依存互利关系。因贸易需要，商号一般都自己养有马帮，形成自己的运输力量，少则二三十匹，多则二三百匹，甚至有上千匹的，来往贸易全靠骡马一站站、一程程地把货物在产地和需求地之间来往运送。在力所不逮时，商号便会雇用专业马帮。

云南地处祖国西南边陲，地势高拔，为众多崇山峻岭簇拥，又为众多大江大河切割，交通向来艰险不便。云南西北侧，是世界屋脊青藏高原，北方经由难于上青天的蜀道和一系列江川与中华文明的摇篮黄土高原相通，东北边也是多山的黔贵、蜀川地区，通过长江水道与中下游相连，东南隔十万大山与两广毗邻，南面是富饶丛林中的东南亚诸国。这一区域高山群峙，大江汇

大西南山高水急的地理环境，
过去主要靠人背马驮作为主要交通方式

山涧铃响马帮来

集,山路崎岖陡险,难以通行车辆;江河湍急,航运基本无从进行。千百年来,这里主要以人背马驮的原始方式交通四方。从清末至民国初期,云南官办驿运的衰落大体已成定局,而随着商品经济的发展,各地间的商品运输流通需求大大增长,民营的商团化马帮便迅速发展起来。

茶马古道之所以四通八达,有其物质基础和历史及现实的迫切需求,也是国家边疆开发的要求。云南在汉代就出著名的"越赕骏"。南诏、大理国时期,云南马驰名国内,称"大理马"。云南马以善走崎岖山道、耐力负重而闻名。明代以前,云南马主要供骑乘和征战之用,之后,骡马才多用于货物运输。因为自明代以来,随着大量内地汉族移民进入云南,云南的商品生产迅速发展,人口也急剧膨胀,随之而来的各类消费也同步增长,特别是云南的铜、盐、茶的

昔日的马帮商人马子商先生

大量生产，促进了骡马运输的迅猛增长，以驮运货物为主的马帮商队应运而生，供他们行走的茶马古道也在不断拓展延伸。因而，自明清年间，直至现代交通相当发达的今天，云南的交通就有这样的突出特色：骡驮马运，充路塞道。据解乐三先生1964年撰文介绍："一九一一年至一九三二年为马帮极盛时期……公路未通以前，云南马帮，总计不下一万头牲口，为城乡物资交流、繁荣经济、扩大市场起到了很大的作用。"专门从事大宗货物长途运输的马帮，骡马多者有数百匹，有的甚至多达数千匹。在一些小范围地区之间，更有无数小马帮营建起蛛网般的运输线，将物资的运输交流几乎覆盖到每一个村寨。有的马帮在川、滇、藏、黔间作跨省运输，有的甚至常年往返于印度、缅甸、老挝、越南和泰国等国家，有的在省内外、国内外与火车、汽车和海轮进行货物接转运输。于是，马帮形成为有特定组织形式和营运管理制度，以及约定俗成的运作方式的专业化运输集团，类似于今天的物流运输公司。有人甚至将一些规模庞大的马帮称为"马帮托拉斯"。

马帮商团化的出现，明显地具有近代化运输生产的特征，同时也有着浓厚的传统行会的特色。

一队马帮一般来说由锅头、赶马人和一定数量的骡马组成。马帮首领俗称为"锅头",他既是经营者、赶马人的雇主,又大多是运输活动的直接参与者。赶马人是锅头的雇佣劳动者,可以按成文或者不成文的契约,自由地参加或脱离各个马帮。马帮中赶马人所使用的骡马,有的属于商号所有,由锅头经营管理,有的是锅头自己所有。在这两种情况下,赶马人就纯粹是雇工。但也有这样的情况:有的赶马人是自带骡马入伙,加入马帮中,这样他们就兼有了雇工和股东

一辈子将马帮视为商号衣食父母的永昌祥老掌柜严子珍

的两重身份,同时赚有属于他们的两份收入:一份工钱,一份红利。

马帮商团化还有一个特点,马帮与工商业主之间建立有相对固定的依存互利关系。马锅头经常与商号密切合作,互成大富。像云南著名的巨富永昌祥商号创始人严子珍,最早就由一骡一马起家,终生不忘马帮对他发迹的促进作用,常常告诫他的后代,要把赶马人视为"衣食父母"。

商号与马帮在产销和运输之间形成的专业分工与依赖合作关系,这对双方扩大再生产极为有利,也是马帮运输业的一大进步。有些马锅头在搞运输发了财以后,也将资金用于兼营工商业,形成了自产、自运、自销的经营方式,虽然规模无法与大商号相比,但与那些家大业大、专业化、商团化的马帮一起,对云南社会经济产生了相当

2005年作者访谈云南通海昔日的
马帮商人马子商老人

大的影响。

早在清代，丽江纳西族李悦、杨永蠖、李鸿旭、杨恺（开）、王树桐、李继斋、赖耀彩、李鸿芬、和瑛、周景汤、杨子祥、李达三、杨崇兴等人的商号和马帮就已经形成规模，资本都在云南半开万元以上，有的多达五六十万元之巨。抗日战争时期，丽江的大小商户计有1200多家，有的还将商号开设至下关、昆明、中甸、德钦、康定、成都、昌都、拉萨，甚至国外的缅甸、新加坡、尼泊尔、加尔各答、苏门答腊等地。

赵应仙就是受雇于李达三家的达记商号，负责为其管理一支有二三十匹骡马的小马帮，有时骡马数目也会增加到四五十匹，最多时会达到七八十匹，视货物运输量而定。

一般来说，云南马帮的组织形式有三种。一种是家族专业式的，全家人都投入马帮的事业，骡马全为自家所有，而且就以自家的姓氏命名，如赵应仙为之效力的李达三家的马帮就属于这一类，他家的马帮就叫"达记"，头骡身上插有达记的旗帜，人们望之即知是李达三家的马帮。达记拥有的骡马最多时达300匹。行走于滇藏茶马古道上的马帮大多属于这种家族式的马帮组织。这样的马帮更适合长距离长时间的远程贸易运输。

马帮的第二种组织形式是结帮，有的地方也叫"扎帮"。一般是同一村子或相邻村子的人，每家出上几匹骡马结队而行，各自照看自家的骡马，同时选出一名德高望重、经验丰富的人为总负责的马锅头，由其出面联系生意业务，到结算分红时可多得两成左右的收入。这样的马帮一般无法跑像茶马古道这样漫长的线路，主要接一些季节性的、短期短途的运输活计。

第三种我们暂且将之称为"搭帮"。这种马帮没有固定的组织和营运线路，相互之间也没有严格的规矩和责任，只不过因为走同一条路，或是接受了同一宗业务，或是因为担心匪患而临时走到一起，共同搭伙，形成了临时组合的马帮，然后推举一个负责人为锅头，走完这一趟生意就散伙。

这几种组织形式常常会搅和在一起，成为复杂而有趣的马帮组织。

走西藏草地的马帮一般都是家族大商号的马帮。结帮或搭帮之类的很难走西藏。大商号的马帮往往又分成班。像元德和就有好几班马帮，一个班有两三百、三四百匹骡马，光自己要带的伙食骡马就要二三十匹，或是三四十匹。这样的大马帮一出动就要消耗许多给养，有时候他们在进西藏的路上就要将一些食物存放好，以便回程时再去找来吃。因为回来时已是秋冬季节，骡马的饲料和人的食物都难以寻觅。像赵应仙管理的这种数十匹骡马的小马帮，一般就到沿途熟悉的"主人家"搞食品和草料，有时在进藏时就跟主人家打好招呼，请他们备好相应的粮草，而马帮也会先留下一些茶叶给主人家作为准备粮草的定金。

作为商号"掌柜的"老板，有时也随马帮上路贩运，尤其是在

昆明城里的马帮雕塑

早期创业阶段，或是在大宗贵重货物运输交易时。但他们基本不用管马帮的具体事务，在马帮行进队伍中，他们穿着华贵的衣服，骑乘着好马，还有马脚子专门服侍他们，给他们扎帐篷，烧开水、做饭就更不用说，全是马脚子们的事情了，甚至，他们还可以吹上几口大烟。而像赵应仙这样的马锅头，虽然也有自己的坐骑，不用直接照料骡马和货物，只是起到管理作用，但在其他方面都跟马脚子差不多，吃在一起，睡在一起，更多的时候走在一起，等于是商号雇用的工头。当然，如果他有自己的骡马，驮上自己的货物，那他也就是小股东。

　　从古到今，在许多中国人的心目中，生意人不是见利忘义的小人，就是重利轻义的家伙，但据我所知，在马帮里，尤其是在走茶马古道的马帮里，很少有这样的人。走西藏雪域的马帮，由于他们特殊的经历，往往造就了他们重义气、讲信用的品格，也锻炼了他们明辨是非的能力。他们虽然是生意人，同时也是探险家，是必须凭自己的智慧、胆识、品格和能力等才能生存的人。在茶马古道上，没有投机取巧的可能，更不可能瞎混日子。一切都是靠真本事。

　　就凭自己的本事和运气，有人从马帮运输活动中发了家，成为商号掌柜，有的继续做他们的马锅头或赶马人，但规矩和原则并没有改变。正是这些严格的规矩和原则，使得马帮在人们的心目中有了他们应得的信誉和尊严，有了高大而美好的形象。有的马帮，除了他们客观起到的社会作用外，还会主动、自发地为社会和他人做一些有益的事情。云南德钦升平镇人李子芳就是其中的一个。

李子芳的祖上是江西人，移民到云南后，就用在内地掌握的冶金技术发家，后来在德钦落脚办起了银厂，变成比较道地的藏族。到茶马古道贸易兴盛起来，李子芳也进商号做学徒，在著名的丽江赖家仁和昌总经理黄嗣尧先生手下做事，当然也赶马帮。后来李子芳发达起来，自己成了个小掌柜，在滇藏茶马古道一线很有些名气。1950年解放军由西康向西藏进军时，在藏东重镇昌都与阿沛·阿旺晋美率领的藏军大战了一场，5000藏军几乎被全歼，阿沛·阿旺晋美带着总管府全体人员撤离昌都，在距昌都不远的地方宿营，观察动静。这时，跟阿沛素有交情的李子芳被解放军派去找到阿沛，对他做了许多工作，直接促成了阿沛与解放军和谈，最终作为西藏地方政府的全权代表到北京进行西藏和平解放谈判，签署了"十七条协议"。马帮商人李子芳立了大功。西藏和平解放后，李子芳被任命为昌都民族贸易公司总经理。

李子芳还不仅仅是一般的马帮商人。他少时曾经做过有名的纳西族女作家赵银棠父亲的弟子，跟着读了好几年书，跟赵银棠也算是师兄妹关系。赵银棠的父亲去维西教书，李子芳一直跟了去学习。后来赵银棠以一女子之躯，走过许多纳西族地区，写出精彩的《玉龙旧话》一书，但在当时没有经费出版，还是由李子芳出资刻印出来。

赵应仙他们都认识李子芳，他会讲藏话、纳西话和汉话，学识很好，能力很强，是个非常好的人。

马锅头与马脚子

抗战时在昆明读西南联大的汪曾祺先生见过云南的马帮。他在其散文《跑警报》中这样写道:"大西门外,越过联大新校门前的公路,有一条由南向北的用浑圆的石块铺成的宽可五六尺的小路。这条路据说是古驿道,一直可以通到滇西。路在山沟里,平常走的人不多。常见的是驮着盐巴、碗糖或其他货物的马帮走过。赶马的马锅头侧身坐在木鞍上,从齿缝里咝咝地吹出口哨(马锅头吹口哨都是这种吹法,没有撮唇而吹的),或低声唱着呈贡'调子':

哥那个在至高山那个放呀放放牛,
妹那个在至花园那个梳那个梳梳头。
哥那个在至高山那个招呀招招手,
妹那个在至花园那个点那个点点头。

这些走长道的马锅头有他们的特殊装束。他们的短褂外都套了一件白色的羊皮背心，脑后挂着漆布的凉帽，脚下是一双厚牛皮底的草鞋状的凉鞋，鞋帮上大多绣了花，还钉着亮晶晶的'鬼眨眼'亮片，这种鞋似只有马锅头穿，我没见从事别种行业的人穿过。马锅头押着马帮，从这条斜阳古道上走过，马项铃哗啷哗啷地响，很有点浪漫主义的味道，有时会引起远客的游子一点淡淡的乡愁……"

赶马人穿过的羊皮背心

1926年，着迷于漂泊的四川文学青年艾芜徒步经云南前往缅甸，虽对马帮着笔不多，但也勾勒出马帮的某种情调："整天走着，望不见一所烟火人家，但有时，却可以听见铃声远远地摇曳过来，等到峰折路转的时候，驮着洋线子洋油之类的马队，便汗流气喘地一匹匹出现，又带着铃声响到远山去。"

这都是对云南马帮的极好写照。但是，走西藏雪域的马帮没那么悠闲浪漫。20世纪初年远征过西藏的清军管带（营长）陈渠珍曾有诗句："冰敲马蹄铃声细，雪压枪头剑气寒。"这位后来的"湘西王"认为，此才是对人马驮畜行走雪域的纪实写真。

而且，赶马人并不等于就是马锅头。

在茶马古道上，人们习惯于将赶马人叫"马脚子"（藏语叫"腊都"）。马脚子们大多出身贫寒，为生计所迫才走上赶马的路。在当时，

纳西族赶马人

丽江束河老马锅头王茂本先生

赶马人可以说没有什么社会地位，在有些人眼中，他们就是些没有其他能力，只会出卖苦力的人。走西藏草地虽然很艰苦，但毕竟还找得到一点钱，那总比在地里什么都刨不出来强，况且有些人连自己的地都没有。于是许多人就穿起马褂，抬起脚板，走上茶马古道几千里漫长的路途。

马脚子必须听从马锅头（藏语"聪本"，生意官、老板之意）的指挥，马锅头就是他们的"头儿"，是一队马帮的核心，他负责各种采买开销，联系业务，甚至在野外开烧吃饭时，也要由马锅头掌勺分饭分菜。较大马帮的马锅头一般不用具体负责马帮的日常事宜，他还有自己的专用坐骑。在茶马古道上，骑着高头骡马的马锅头，是人们羡慕的英雄，也是女性心目中的理想对象。赶马人只是马锅头雇用的小工。但马锅头与马脚子之间并不仅仅是雇主与雇工的关系。马锅头，尤其是一些小马帮的锅头，大多是自己参加赶马帮的劳动者，与众多赶马人同吃一锅饭，马锅头的名称就由此而来。有的赶马人经过一段时间的努力，挣到一些钱，也会拥有属于自己的一两匹骡马，上路时将自己的骡马加入马帮，赚取自己的一份运费；如果再有一些本钱，更可以备上一些货物驮上，自己也就有了一份商业利润。如此发展下去，不少马脚子后来成了小马锅头或小老板。

在滇、藏、印一线经营的大商号和马帮都有这么一种扶持帮助赶马人的规矩：除每次赶马的工钱外，给商号马帮赶上三年马，商号就要分一匹骡子给马脚子，这匹骡子的开销费用由商号出，而这匹骡子所挣的钱全部归赶马人。这样有了三五匹骡马后，有的赶马人就会脱离马帮不再干马脚子，而是自己赶自己的骡马，做起锅头来。那些大掌柜、大马锅头也是这么一步一步发达起来的，他们知道这其中的艰辛和不易，知道这是用血汗换取的，所以才有了那么一种关照赶马人的规矩。我以为这是一种比较公平合理、比较有道义的商业运作方式。

这样，只要吃得起苦，加上有一点运气，任何人都可能有自己的骡马，成为老板。

当然，也有人干了一辈子马脚子，到头来仍是两手空空一把拳头。后面我们还要讲到这样一个倒霉家伙的故事。说实在话，有些赶马人素质不高，挣到一些钱后，就吃喝嫖赌抽大烟什么的，结果就什么都没剩下。那完全是老舍先生写的骆驼祥子故事的马帮版。当然，赶马人们所处的社会环境，远没有祥子那么复杂。

马锅头与赶马人组成马帮，多以家族、民族、乡邻、伙伴等关系为纽带。因此，赶马人与锅头之间的关系往往十分融洽密切，行动容易协调，运输效率也就比较高。走西藏草地的丽江马锅头大多找滇藏边沿的藏族做马脚子，他们之间的关系也相当好。这些藏族赶马人，能跟赵应仙这样的马锅头用藏语交谈沟通，而像奔子栏、

滇藏边沿的康巴人是最好的马脚子

盐井这些地方的藏族，多少也会说一些汉话，会讲纳西话的也有，他们也需要从丽江马锅头这里讨到饭碗。只有藏族马脚子才吃得起走西藏草地那样的苦。这样双方就形成了相互依存的关系。

如果是一两百匹骡马的大马帮一次行动，那就要有一个大马锅头，他手下管着七八个小马锅头，再由这七八个小马锅头具体管理下属的赶马人，赶马人再负责照管自己所属的骡马和货驮。

走西藏草地的马帮，一个马脚子最多照管 12 匹骡马，这当然只有少数极能干的赶马人才能做到，主要是奔子栏的马脚子才赶得起，他们最得力了。一般的赶马人通常负责七八匹骡马。而走夷方的马帮，一个赶马人只需照看三五匹骡马。一个赶马人和他所照管的骡马及其货物就称为"一把"。这样几"把"、几十"把"在一起就结成了马帮。

马脚子们赶一趟马下来，如果顺顺当当回到商号交了差，就能挣到他的一份工钱。这工钱的数量是不一定的，勤快能干的就多一点，懒散蠢笨

奔子栏的阿努老人
昔日就在茶马古道上当马脚子

的就少一点。一般情况，赶七八匹马的，走一趟拉萨回来有 80 个云南半开银元的收入，赶 12 匹马的，一趟 100 元多一点。马帮实行的是按劳分配原则，绝非吃大锅饭。马锅头的费用又比马脚子多一点，但相互之间的悬殊并不太大，所谓"同锅吃饭，就地分钱"是也。马锅头和马脚子的工钱，都由商号掌柜的一并发放。

像赵应仙这样的马锅头，等于是达记商号的一个经理人，负责用达记的马帮为达记运送货物。他只管运输，并不管生意上的事。生意上亏不亏与他无关，但路上的损失当然就要他负责。他这一趟驮了多少驮子，有多少货，要开出清单来，到了拉萨或回到丽江就一样一样地由商号点清楚验收，管得很严。路上要做点手脚，下次就没有饭碗了。赵应仙就听说过有的马帮就那样乱干，一路吃吃喝喝把货物折腾得七零八落的，到站就说是被抢了或是掉到山下江里去了。马帮里有这样的人，但做了一次就再没有下一次。赵老先生认为，做人做事不能为了点小便宜，那毕竟不是长久之计。只有好好地做事做人，才有人来请你，你也才有自己的立足之地。现在也是这个样子，老实做人总是好的。这是赵老先生一贯的信念。

这样，赵应仙就算是达记比较高级的员工，老老实实在达记干了许多年。路上吃的、住的，都算在商号的账上。当然，马帮在路上的开销大家都有数，赵应仙要记个账目跟商号交代清楚，买了多少草料，人吃喝开销了多少，都要有账，商号要过目，开销过大就要从他的工钱里扣，省下来有结余就算是自己的。自己在伙食之外的开销，像烟啦酒啦，商号也给一点。

赵应仙像那样为商号干一年，商号开给他的工钱很不一定，最多时一年会有二百二三十元，一般就是一百五六十元，但最低不会少于一百元。那时的钱很值钱，他一年的收入就足够一家人半年多的生活开支。这样，加上他家里还有一些收入，他自己的骡子带的货也有一点收入，一家人的日子也就过得有模有样了。

马脚子的待遇当然就没有那么好。他们虽然没什么文化，但一般都很能干，非常能吃苦，而且比较听话，路上的辛苦事力气活几乎都是由他们干。当时赵应仙最得力的一个马脚子是个德钦学罗地方的藏族，名叫七甘。他一直跟随赵应仙走了很多年，在路上连赵应仙的坐骑都是由他备的，不用赵应仙自己动手。他还要照管十多匹骡马。赵老先生至今都还很感念他，说起他来一脸的牵挂，但不知他是否还在人世。

马脚子的工作非常辛苦。从丽江到拉萨，他们真正是一步步走过来的。每天都要起大早，路上要生火做饭，要上驮卸驮，要钉马掌，要搭帐篷，晚上睡到半夜还要爬起来看看骡马跑远了没有，是不是安好。他们很多时候只能在身下搭一点树枝树叶，以马垫子和毛毡做铺盖睡觉。仅每天的上驮下驮对赶马人来说就是一项艰巨的工作——一个人就要把十多匹骡马所驮的货物抬上抬下，一天起码

马帮一天数次的上下驮子都是繁重的劳作

三次。他们可以在抽一根烟的工夫,把自己负责的马驮全部上下完,骡马一上路,他们背上拴马索跟上就走。有时碰到特别危险的路段,赶马人就得将货物卸下一趟趟背过去,以免骡马和货物发生事故。他们还要负责防御途中可能发生的各种危险。跟随马帮一起走过茶马古道的邢肃芝先生就认为,他们是高原路上最令人同情的苦难人群了。赶马人终年如此风餐露宿,栉风沐雨,披星戴月,过着"吃饭天灯照,睡觉数星星"的野外生活,到了晚年,大多数人免不了都有腰椎和腿脚病痛,或是风湿性关节炎。那些病痛将伴随他们终生。

路上要碰到什么事情,马锅头也会征求大家的意见,比如碰到下大雨,就要问问大家是走还是不走?一般都是商商量量的,马锅头很少独断专行。只要出门在外,大家就是生死的兄弟,如果缺乏很好的合作，那无异于自寻死路。

由于马帮的各项工作完全靠赶马人分工而又轮流着做，所以每个赶马人都必须具备全部赶马人应该具备的本事和能耐。首先，要懂天时地利，也就是说，要会看天气变化，要会选路，还要会选宿营的地方，同时还要精通各民族语言；其次，要识骡马的性情；第三，要会各种马帮生活的技能，诸如支帐做饭，砍柴生火，上驮下驮，钉掌修掌，找草喂料，乃至医人医畜；最后，他们还必须是能开枪打仗的战士。马帮出门在外都是全副武装的。也正由于此，一个马帮的马脚子也有替换的，遇到懒散的，就不会用他；反过来也一样，马脚子对自己在这个马帮里的待遇不满，也可以跑到别的马帮去。这种人员的自由组合，无疑也提高了马帮工作的效率。

这样的制度是十分必要的。要不碰上一个好吃懒做的家伙怎

吃苦耐劳而又开朗的赶马人

马帮在途中不时会与美女相遇

办？马帮出门在外，一个萝卜一个坑，哪里容得下懒人！如果在一队马帮里闹别扭、使性子什么的，那整个马帮的生存都会成问题。

当然，赶马人不仅吃苦耐劳、勤快能干，富于合作精神，还很开朗，他们的嘴巴一般都很厉害，因为天天在路上边走边磨嘴皮子，要不很难忍受漫长路途的艰辛。更由于很多时候他们都是跟牲口打交道，所以什么话都可以出口，往往都是些不堪入耳的粗话，什么"乌鸦啄的""豹子咬的"之类已经是很文雅的了。赶马人有唉声叹气的，有怨天尤人的，但相互之间也经常说说笑笑、打打闹闹，没个正经。路上一时兴起，还会直着嗓子吼几句山歌："呃哎……好吃不过锣锅饭，好看不过小老妹……"苦中得一点乐趣。如果是途经村庄，碰到姑娘媳妇什么的，他们更是放肆地说笑起来，姑娘们往往就羞怯地躲开，泼辣的媳妇们则会报之以更为恶毒、刻薄、难听的笑骂，而这只能使见过各种世面、脸皮比松树皮还厚的赶马人开心地大笑。那对他们的生活来说是很大的乐趣。

其实村民和赶马人一样的寂寞。对茶马古道上的许多村庄和牧场来说，能见到个异乡人跟见到外星人差不多。马帮的到来无异于一次盛会。在藏地就流传着这样动人的情歌：

听到走马的铃声，
心里又喜又惊；
慌乱中提了只奶桶，
大大方方走出帐篷。

父母问小猎犬为什么吠叫？
我说畜群走回村中。
父母问跟谁说话？
我说是百灵鸟掠过天空。

赶马人就这样一路走去，带着新奇，带着某种希望，带着鲜活的气息，搅动了不知多少年轻的心房。

骡马经

当然，赶马人不可能经常这么轻松愉快。走茶马古道的马帮更是如此。从瘴疫肆虐的热带、亚热带山岳丛林，直到冰天雪地的世界屋脊，他们大多数时间是在荒无人烟的山野中跋涉，而且赶着马帮走路需要十二万分的耐心，因为马帮算得上人类文明史上绝无仅有的、最不慌不忙的、最耗费时间的交通工具。许多事情都可能使马帮停滞下来，如出没的土匪，货物没有找足，某人生病，骡子走失或是受伤，下暴雨大雨，路桥坍垮，粮草不够，等等。走茶马古道的马帮一般是以年作为计时单位。马帮们不会计较一两天或是三五天的行程。只要能在年内从雪山草地平安返回家乡就行。所以在一个他们喜欢待的地方多盘桓几日，或因为种种原因困在某地一段时间，纯属正常情况，不足为奇，急更没有用。

在整个行程当中，赶马人最主要的职责就是服伺照管好骡马。骡马是马帮的命根子。马帮要做到人马一条心，大家（包括骡马）

赶马人与他的骡马必须融为一体 　　滇南茶马古道重镇小景谷古墓上的猴子御马石雕

才可能平平安安从雪域草地回来。所以，每天一般都是天不亮就摸黑上路，赶早不赶晚，到日上三竿的中午，选一处有水有草的地方"开烧"，即吃午饭，用几块石头堆垒一下，架上锣锅，在要继续前行的方向留出空当，大家围着火塘和锣锅席地而坐，很快吃过简单的午饭再上路。到晚上宿营"开亮"，同样的程序再重复一遍，赶马人都要先让骡马吃好，最后才轮到打发自己，夜里也得起来查看骡马的情况。

马帮路途打茶开烧

骡马一天也是吃三顿。早上把它们从山上叫下来或找回来，随便喂一点料，上了驮子就开拔，中午要比早上喂多一点，晚上除了放它们上山吃草，喂的料也要更多。有谚语这么说："马无夜草不肥"，所以晚上就要让骡马尽量吃饱。骡马很喜欢吃精料，但吃多了也不行，会胀肚子。草倒可以随它们吃，吃多了也没关系。其实它们一天到晚，尤其是从晚到早都要反刍，晚上不睡觉的样子。但睡不好觉就不会长命，大概就是这个道理，所以骡马到了十七八岁就不行了，因为它们一天到晚驮东西走路，夜里又要吃东西，连躺都不会躺一躺，比人辛苦得多。除了身上发痒在地上打个滚，它们从早到晚都是站立着、行走着。真到它们躺倒的时候，那就说明它们已经不行了。

打野的骡马

给骡马喂水也有讲究。由马脚子用专门带着的大铜锅把水背来——他们能将装满水的大铜锅放在背上，两只手向肩后抓住，稳稳的，水一点都不会洒出来。水背来后，在里面撒一点糌粑和盐巴，搅和在一起喂马。喂马是绝不能喂热水温水的，一定要喂冷水。这种马帮

卸了驮子的骡马

用的类似行军锅的锅，跟藏民族平时家用的贮水锅稍有区别。

一到晚上的宿营地，赶马人要做的第一件事就是给骡马卸下驮子，把它们放到山上自己去吃草。有时怕它们吃着草走远，赶马人还得到山路两头的狭窄处，砍倒一些树木拦住骡马们的去路。有时，贪嘴的骡马也会越过"警戒线"，跑到很远的地方去，那只有辛苦负责它们的赶马人跑去寻找回来。不顺利的话，那会耽搁掉半天的时间。不过赶马人会在骡马的脖颈上戴上叮当作响的铜铃，放野到山上就便于赶马人找到它们。那些铃都用很好的响铜做成，而且很大，有的有小碗那么大，骡马一吃草一走动，就訇然作响，有的回声很大，小的嗡隆嗡隆响个不断。

骡马们都有各自的名字。这些名字一般都是赶马人根据骡马们不同的毛色给取的，如"大黑""小白"之类。赵应仙的铁青色坐骑就叫"红比"。每天早上要上路时，赶马人一喊它们的名字，它们就会"哗哗哗"地叫着，像答应主人的呼唤一样从山上下来，回到马帮们的宿营点，由赶马人给它们喂一点精料，再次给它们捆上驮子，继续一天艰难的行程。

有时为了赶路，骡马就不放到山上去，喂一些饲料，晚上就将它们一组一组地拴在一起，每组12匹，每匹骡马只要拴住其左前脚就行，它们就会乖乖地在原地里站上一夜。在组与组之间要留有一点空隙，以便给骡马们上草喂料。

这些骡马之所以这么驯顺听话懂事，一方面在于购买它们的人要慧眼独具，在骡马大会上选购到素质较好的骡马；另一方面就在于赶马人的训练调教，在于赶马人与骡马之间的感情沟通。

马帮选购骡马无疑是一门相当高深的学问，有时它直接关乎到马帮运输的成败,在茶马古道上就更是如此。如果骡马不得力,在路上就意味着你要"赔了夫人又折兵"。

在茶马古道上跑长途的马帮,所用的骡马主要以骡子为主,很少用马。骡子因其体能好、食量小、擅走山路和灵敏聪明成为马帮的首选畜力。

骡子是由马和驴交配后所产的杂种。公马与母驴交配生育的叫驴骡,古代称"駃騠",体型较小,耳较大,尾毛少;公驴与母马交配生育的叫马骡,体型比驴骡大,耳较小,尾毛蓬松。因为马比骡子笨,食量又大,耐力也没有骡子好,所以走茶马古道的马帮大多使用骡子。骡子虽然出步小,但走山路灵活,食量也小得多,而且其负载能力和行走耐力远远超过马。云南向来有这样的老话:"人比人,气死人,马比骡子驮不成。"茶马古道的马帮主要由骡子组成,因而"马帮"应叫"骡帮"更名副其实。西藏人就一直将马帮称为"骡帮"。但在云南,早已约定俗成,一直称谓为"马帮"。

茶马古道马帮最主要的畜力骡子

用于马帮运输的雄骡要在一岁之内就将其睾丸骟去,虽然骡子本身并不具有生殖能力,但其激素仍会导致它发情。骟骡子一般在秋后收割时进行,因为这时气候凉爽,骡子不易因为手术而发炎。骡子只要奶牙换过,到两岁时就可以驮东西了。当骡子的门牙长出一对,就是三岁,两对为四岁,长到边牙就有五岁了。骡马到了十岁以上，牙上就会长"菊花心"，边牙都显出老来。俗话说："上平下平，十岁有零。"买骡马买到这样的，就没几年好用了。最好用的骡子是五至八岁的，相当于壮年。

买骡马首先要看体格。俗话说"长骡短马疙瘩驴"，骡子长（读chang）就有力，但个头大了也不行，起码走西藏草地不行。骡子要四平四稳，脚没有歪的，公的脚和身子都要粗壮一点；母的则相反，身子和腿都要细一点。这跟看男看女的相对象是一样的意思。男的要强壮，女的要苗条，这样才好看可取。但无论公母，蹄子一定要直，这样走路才硬，耐力才好。

然后就轮到看毛色。这就是俗话说的"先选四肢蹄，后选一张皮"。白色、花色的骡子要差一点，走不起长路。最有力气的是铁青骡，马最有力气的却是紫色的。这也就是人们常说的"紫马黑汉铁青骡"。细皮嫩肉的小白脸体能上自然强不过黝黑的汉子。不知怎的，赶马人总喜欢将牲口和人放到一起作比较。

选购骡马除了挑牙口、体格、毛色，还要看毛旋。骡马的毛旋显然比人的复杂多样。人的毛旋一般在头顶，而骡马一般在脑门上，还有"抱肚旋"，等等。旋在腮下叫"虎口旋"，不吉利；眼睛底下有"滴泪旋"的骡马据说伤主，就像《三国演义》里的"的卢"一样。骡马腿上有两个不长毛的肉团团被称为"夜眼"，如果买到夜眼下长旋的，就是上好的。那旋被称为"生风旋"，长这样旋的骡马就特别有力，也就特别能走。

骡马的花色也有讲究。长了白马脸的骡子就不值钱，被称为"灵牌头"，认为不吉利。但如果是黑色的骡马脑门上长了白花，那就是少有的好马，非常讲究，叫"黑夜一盏灯"，连这名字都非同一般。

白马背的被叫作"白尸伏"，是买马人最避讳的。而白屁股的"花蹦蹦"，四蹄白的"四蹄花"，后蹄白的"登山玉"，夹杂着根根白毛的"银针白"则是比较受人青睐的骡马。

看完了这些还不算完，还要将牙齿、眼睛、鼻子、耳朵都看到了才行。骡马的牙齿一定要整齐结实，要啃得动树根什么的，上下牙错开了的就不行，那样的骡马吃口就不好，吃口不好，也就没有力气。眼睛不能歪斜，有白内障也要不得，眼睛好才能走夜路，才能保证不失前蹄。骡马上路时后蹄总是踩着前蹄走的，只要前蹄没有闪失，骡马就不会摔倒。另外，骡耳要长，马耳要短，据说这样的骡马听觉就灵敏一点，听觉灵敏往往能保证骡马们的安全，它们要是听到了一点野兽的动静，就会站在原地不走，怎么赶怎么打都不动一下。

赵应仙他们赶着马帮上路的时候，有时不管骡马生不生病，都要给它们喂点药，预防一下的意思。天气变化、季节变化都要喂一点。难怪赵应仙他们马帮的骡马很少生病。

碰到骡马调皮使性子不听话，一把揪住它的软肋处就可以将它乖乖降服，再闹再调皮的骡马都不例外。因为那儿是骡马身上最疼最软弱的地方，就好比是蛇的"七寸"。

骡马虽说身体比人强健得多，在西藏草地那样恶劣的气候和复杂的生态环境之中也难免有生病的时候，出现最多的就是拉肚子、感冒、打摆子，几乎跟人一样。好在马锅头们都会一点兽医知识，他们能从骡马的胃口、走路的样子和它们排泄物的形状和颜色上，看出骡马有什么毛病，然后就赶快将带着的草药取出来，熬了给病骡灌进去。有的马锅头还会就地找一些草药给骡马治病。如果发现

高原上的人们自古以来都爱马如命

骡马嘴唇发干，舌苔出现白点，突然不爱走动，发抖，不吃草料，那肯定是受凉发烧了，赶马人的治疗办法是，把骡马绑住，扳开嘴，翻起舌根扎扎针，再抹点盐巴消炎，慢慢便退烧了；如果骡马躺卧在地上，四蹄卷缩，乱打滚，那多半是肠痛病，要给它灌草药；要是马肚子又鼓又胀的，大便不通，老是回头张望屁股，那匹骡马八成是贪嘴积食了，给它灌点酥油润润肠子就可以。好在赵应仙手下的赶马人很得力，所照管的那些骡马都是些久经高原山路的家伙，它们已经比较习惯西藏草地的条件，一般很少生病。

当然，要是在丽江，骡马生病就很好办，因为丽江民间一直有世代相传的"马世医"，他们的兽医技术主要靠祖先传承下来，然后再虚心向其他马世医学习，加上自己努力钻研，就能成为深受赶马人欢迎的马医生。他们特别懂得照看骡马，一般是用草药给骡马治病，有的还辅之以扎针。尽管他们也信神信鬼的，但治病的时候一般不搞什么巫术仪式，起码赵应仙没有见过。"骡马真的病了，搞那些也没用"，赵老补充道。

但是，各地各民族的赶马人都异口同声地坚信一件事：骡马吃到沾有妇女经血的草，就会暴病死掉。其唯一抢救方法，只有用女人的阴毛烧着了熏一熏骡马。另一种说法是将阴毛烧成灰，拌在马饲料里喂给马吃，似乎是以毒攻毒的意思。好在在西藏草地，碰到这种情况的时候实在微乎其微，有时即使牲口吃到了，人怎么会知道呢？它们又不会跑来告诉你它们今天吃到了什么。

现在在丽江，也只有兽医而没有什么马世医了。过去丽江是有几家，但不多。由于年代久远，又很久没有跟他们打过交道，赵老先生已记不得他们的姓名。在拉萨，在路上一些大一点的地方，也有这一类的兽医。

在茶马古道上，不知道有多少骡马因疲惫不堪而倒下，再也没有起来；也有的不慎吃了毒草而死去；还有生病死的，摔死的，有在雪山上冻毙的，有被大水冲走的。所以，一队马帮的骡马走一趟西藏草地回来，能存活下百分之九十的骡马就算不错的了。有些人不知道西藏草地的厉害，带着些新骡子进去，这样的马帮到回来时，连半数的骡马都不会剩下。

在茶马古道走的那些年月里，赵应仙没有损失过牲口。他在德钦当学徒的那些年并不是白混的。他听得多了，见得也多了，可谓是见多识广。所以在他进藏时，他带的骡马都是些"旧牲口"，也就是一些富有经验的骡马。老马识途，走的路很熟，知道哪里水草好，遇到毒草也不会吃，雪地也走得过来，不怕冷，会用鼻子闻着走路，在哪儿打野，在哪儿开亮它们都知道，到了点儿就停下等着人上来。一般的新骡子要走西藏草地的话，进去了就不行，没有经验，没有耐力，所以走西藏千万不能带新骡子。

马帮行头

马帮头骡的最简装饰

我总觉得,跟当时云南、四川那些地方军阀的乌合之众相比,马帮更像一支训练有素、组织严密的军队。马锅头、赶马人和骡马们各司其职,各就其位,按部就班,兢兢业业,每次上路出门,每天从早到晚,他们都井然有序地行动着。

骡马行进的队伍有自己的核心,那就是头骡和二骡。她们是一支马帮中最好的骡子。也许你会奇怪我用"她们"来指称头骡、二骡,这是因为做头骡、二骡的大多是母骡子。马帮们的说法是:母骡比较灵敏、警觉，而且懂事稳重，凭母性本能就知道哪儿有危险，把握得住行进的快慢节奏，而公骡则太莽撞冲动，不宜当骡队的"领导"。

头骡、二骡不仅是马帮中最好的骡子，而且她们的装饰也非常特别，十分讲究。头骡、二骡都要戴花笼头，那笼头用细皮带结成，笼头上有护脑镜、缨须，眉毛处有红布红绸做的"红彩"，鼻子上有鼻缨，鞍子上有碰子，尾椎则是用牦牛尾巴做成。最显著的是，头骡脖颈上挂有两只拳头大的铜铃，声响洪亮，传得很远；二骡则挂八九个核桃大的"二钗"，声音就细小一些。头骡背上还插有马帮的狗牙"帮旗"，一般是黄色的三角旗，用绿色的锯齿状的布条镶边，所以叫狗牙旗，旗上书写着该马帮的帮名，让人一看就知道是哪一家的马帮，如达记就写着"达记"

马帮骡马佩戴的各种头饰

马帮头骡佩戴的拳头大的铜铃

马帮二钗铃铛

马帮狗牙旗和开道的铓锣

二字。二骡跟头骡的区别就在于所挂的铃铛不同，而且二骡身上不插旗。因为佩戴的装饰太多，头骡、二骡一般会少驮一点货物，一般也就是少个十多斤。头骡和二骡往往是同一个毛色的。有些有钱的商号马帮，整队骡马都是清一色的，每次出门，齐刷刷的一线，让人一瞧就眼睛发亮，马锅头和赶马人自己也来劲儿。头骡、二骡一威风，整个马帮就有了气势，一路浩浩荡荡，连赶马人自己走着都有精神。

头骡和二骡也有分工，头骡要胆大而灵敏，二骡要紧跟头骡。"头骡奔，二骡跟"，将整个马帮带成一条线。

走茶马古道的马帮平时很少让头骡、二骡戴那么多装饰，只是在路过村寨的时候才特意将她们装饰得花枝招展。

在头骡的带领下，马帮拉成一条线前行

在整个马帮队伍的最后，还要有一匹十分得力的尾骡，它既要能紧跟上大队，又要压得住阵脚，使一大串的马帮行列形成一个整体。

走西藏的骡马都要钉铁掌。跟马镫一样，马掌也是人类最早的文化发明之一。每个赶马人都要学会给骡马钉掌。他们的行囊里当然少不了铁钉铁掌,每次上路都要准备不少。做马掌的铁料要软一点的,这样才好调整大小弧度以适合不同骡马的马蹄,赶马人都会搞这些。走石头山路时,马掌特别容易损坏,十天二十天就得换新掌;走草地时马掌就不那么容易坏,四五十天才需要更换。破旧马掌只有一丢了之。马掌随时都要检查,而且赶马人一边走一边在注意每匹骡马走路的样子,发现马掌走变了形就要赶快修整。马掌要钉得好才能保证骡马不受损伤,又令马掌经久耐用,钉钉的角度、深浅、正偏都要恰到好处。但即使钉了马掌,走一趟西藏草地回来,骡马的马蹄也损伤得厉害,要很长时间才能恢复过来。

给骡马铺鞍垫上驮子也很讲究,搞不好的话,就会磨伤骡子。每匹骡子的鞍垫必须是专属的,因为长短大小都各不相同,搞乱了就会使骡马受伤,将皮肉磨烂。如果是骑骡的话,要"轻鞍重蹬",这样骑起来才稳。

市场上琳琅满目的马具

捆驮子可以说是一门专门的学问。走西藏的马帮因为道路狭窄陡险,捆的都是软驮,不像大理和滇南的马帮那样使用硬驮——给骡马配好合适的木鞍桥,再将装货的鞍架架上去。所谓软驮就是将包装好的货物直接用绳索捆在骡马背上,否则在陡陷狭窄的山路上就磕磕碰碰很不顺畅,会滑掉或撞掉。软驮还有一个优点,过危险的路段时可以一拉皮条就将驮子卸下,让骡子先走过去,再由人把货物背过去,既方便又灵活。这样就安全快捷得多。骡子再灵,毕

滇南带马鞍的硬驮须两人才能装卸

竟也还是牲口。最重要的是，软驮可以一个人装上卸下，硬驮得两个人一起合伙抬。因为所用驮子有软硬的区分，所以汉族、白族的马帮根本就无法一个人管理十几匹骡马，他们一个也就只能管个三五匹，这样效率也就没有滇藏马帮高。

所以，软驮捆驮的技术要求特别高，既要稳当，又要便于上下装卸，搞不好的话，货驮就会在路上散掉，耽误行程不说，如果恰恰在悬崖河谷的地段散驮的话，连货物都无法再找回来。

不同货物的驮子还有不同的捆法。一般最常用的是单十字袢，像茶叶这样不怕挤压的夯货，就用这种捆法；而宽木箱之类就用双十字袢；另外还有一字袢，有使用象眼袢的"莲花驮"，老实说这种捆驮我也没见过，不知道究竟是什么样子，大约是货包中心以小圆圈收束，四面八方放射开去。除此之外还有空驮袢，不用卸驮子就可以从驮子里取东西。一些路上常用的东西就放在这种驮子里。

走茶马古道的马帮捆驮子用的都是皮条,一根皮条长 12 "排"（云南人将两臂张开的长度称为 pai,二声,普通话称为"庹"tuo,三声）,由一整张皮子切割成条,上面抹上生猪板油,挽起来坠上重物,加速旋转,这样磨来磨去磨软了就可以用了。皮条是不硝的,硝了就不结实。皮革鞣制工艺有多种,这样制作皮条,我还是头一次听说。

走西藏草地的马帮给骡马备鞍上驮也跟内地不一样。他们都不用内地那种现成的木制马鞍桥和鞍架,而是先在骡马背上放一片"马绨"。马绨是西藏出产的一种一整块的毡子,长方形,四角镶花,底色有红的、绿的,以绿的居多,上面有十字花纹,很好看。现在在西藏或中甸的集市上还可以见到大量的马绨出售,而且图案越来越好看,有的人买去做地毯、壁毯,也可以铺沙发和床,实用性和装饰性很强。紧挨着马绨,要放置麻布缝制的垫套,垫套有对折的,也有四折的,里面塞上毡子毛,搞得很软和。这种垫套是丽江人自己做的。最上一层的

很有艺术价值的马绨

一块皮子也是丽江做的。马帮们把那块皮子叫"贡布",大多用带毛的牛皮或山驴皮做成,有的还把四只脚都留起,图个好看,把"贡布"一放到骡马背上,就好像一头山驴趴在马背上一样。他们将生皮买来,

稍微硝一下，然后抹上一点酥油用脚踩，用手揉，最后将皮子制得软软的、平平整整的，又能够折叠起来，而且也不重。垫上了结实耐磨又软和的贡布，再加上垫套、马绨，货驮就磨不伤骡马。到马帮们晚上宿营的时候，还可以将贡布垫在地上，再铺上垫套、马绨，既隔潮气又暖和，马锅头和赶马人就可以舒舒服服地睡上一觉。

走西藏草地的马帮也不用楸木、楸珠来给骡马束尾。内地的马帮都要用木制的半圆发卡形的楸木来兜住马尾，再串上两串楸珠在马的臀部。那些东西在内地使用可以很好地增强骡马行进的节奏感，等于是给骡马进行有节奏的按摩。但在西藏就不灵了，它们一方面增加了骡马的负担，另一方面会磨伤骡马，而且搞坏了就没办法再补充。在那荒山野岭中，到哪儿去买楸木楸珠？自己又做不出来。所以走西藏草地的马帮只用麻布、麻绳扭成马楸索来用，既轻便又软和，还很牢固。

骡马一上路，就要给它们戴上用竹篾和细皮子编缠起来的"笼头"，这样它们就不会一路走一路去找吃的。每匹骡马都有自己专用的笼头，就像它们每匹都有自己专用的马绨和料袋一样。料袋用麻布做成，喂料时往骡马头上一套就成。

马帮上路时，一般还会为骡子戴上笼头

骡马们都很聪明，吃料时吃到底下吃不着了，它们就会抬起头来把料袋甩到高处，然后张大嘴巴接住落下来的蚕豆或玉米粒儿。赵老先生边说边比画给我看，那情景如在眼前。不知这算不算使用工具？

走完一天的行程,终于到达宿营点,马脚子们就忙着给自己照管的骡马卸驮子,检查马掌,如果需要的话,他们会相互帮助着卸,相互帮助修掌钉掌。在大多数时候,卸一匹骡子的驮子马脚子一个人就能进行,因为软驮是用绳子直接捆在马背上的,拴好一边再搞另一边,一边一坨,一个人就可以将马背两边的货物妥妥地卸下来。这就不像大理和其他地方使用硬驮的马帮,常常要两个人一起搭手相帮卸驮。

只要驮子一卸下,骡马们在地上打几个滚,放松一下被沉重的驮子压了一天的皮肉,然后就打着响鼻到周围的山上觅草吃食,肚子饿的时候,它们连落在地上的枯树叶都吃。走西藏的骡马仅仅靠马帮自己携带的马料,或是靠在沿途熟悉的"主人家"买马草马料,根本难以满足骡马们惊人的食量。一匹骡子一天要吃掉四五十斤的草料,其中还要包括一些蚕豆、玉米之类的精料。长途马帮根本不可能带那么多草料,也不可能都靠买,何况很多时候连买的地方都没有。于是,他们只有尽量在下午早一点歇息,将骡马放到山上去吃草觅食。西藏的山上有最好的草,他们把这叫作"打野"。当然,"打野"也包括赶马人自己的生活方式在内。

马帮们每天的生活几乎都是如此进行,喂骡马,走路,上驮下驮,扎营做饭,睡觉……但雪域高原那神奇莫测的自然景色,沿途丰富多彩的人文景观,使得每一天的行程充满了意外和惊喜。

"高原之舟"与马帮

行走于滇南的黄牛驮队

在滇南普洱茶各茶山的茶马古道上,尤其是向南进入东南亚各国,将茶叶输送到越南、泰国以及南洋地区的道路,很多时候使用的是黄牛帮,是用黄牛驮载茶叶出山的。骡马往往受不了那里的燠热。

往北方进入藏地高原的茶马古道,由于所走线路奇异,营运的马帮更为特殊。它甚至不像云南其他地方的马帮,头一把骡马要有人在前头鸣锣开道,以免跟迎面而来的其他马帮撞在一起。那样纯粹就是一场灾难。因为骡子的脾气都很倔,在狭窄的山路上谁也不会让谁,最后只会搞得货物一片狼藉。走西藏的马帮之所以不需要鸣锣开道，主要是因为大家都是在一个差不多的时候出发，都是一个方向一顺地往拉萨走，返回时也是一顺地下来，少有来来往往、迎头碰到一起的时候。只不过有的走得快一些，有的走得慢一些，这样大家才会走到一起。如果在雪山垭口等狭窄路上有迎头相遇的情况，惯例是：上坡的让下坡的，小马帮让大马帮先走，小的让大的。如果互不相让，那就是一场灾难。

在路上碰到其他的马帮，大家都很亲切，因为都是出门人，遇到困难都会彼此帮助，少有其他路上的坑蒙拐骗、谋财害命。遇到别的马帮的人或骡马病了，都要全力给予救助。碰到路断了什么的，就一起合力去修。赶马人经常四处闯荡，见多识广，心胸也就比较宽阔，通情达理，而且在路上什么情况都会碰到，别人碰到的难处很可能自己第二天就会碰上，你帮了别人，也就等于帮了自己。他们自己本身就吃过很多苦，也就特别能理解别人的难处，怨天尤人，或是只顾自己，只会使自己的路越走越窄，最后毫无出路。

西藏的藏族也有自己的马帮，最著名的就是其首富邦达昌的，有两三千匹骡马，有时在路上相遇打过架，才知道是一家人马。擦绒家有时也会雇用上千匹的马帮为其贩运货物。他们会带着英印的洋货或西藏的山货，东行进入云南或四川，到丽江或康定卖掉货物后，再办好茶叶等货物运回西藏。赵应仙在去西藏的路上不止一次和他们同行过。他们大多是康区的康巴藏族，一个个身材高大，裹着羊皮袍子，里面穿的是手工纺织的黄麻衣服，肩背带叉子支架的老式毛瑟枪，腰上系一个被称为"皮兜肚"的皮革制布满机关纽扣的腰包，可前后左右移动，腰插藏刀，肩膀宽阔，气概威武，走起路来步子很大，大摇大摆的，很有点从容不迫的气度。他们的马帮队伍一般不大，但全都驮着很重的驮子，牲口疲惫不堪，四蹄乃至身上沾着泥块。像纳西族马帮一样，他们的赶马人也是人人都带着武器。但那些长刀的刀鞘实在不怎么样：加工粗糙，虽然上面嵌有银丝装饰，但跟丽江、大理那些能工巧匠打制的刀鞘相比差远了。所以，从古到今，丽江、大理有不少手艺人，如铜匠、木匠、皮匠等进入藏地谋生，直接参与西藏许多寺庙和民居的建筑建设，并为藏族的日常生活需求服务，将其他民族的文化带入藏地。有的手艺人干脆就在西藏安家落户，成了雪域草地的一员。

很多年后，又有许多大理鹤庆的白族工匠进到西藏各地，有的几个人一伙，有的一家人一地，在西藏从事银器和铜器加工，也有人把在云南做好的各种金属器皿和装饰品带到西藏去销售，或为其订制其所需要的一应物件，包括酥油灯、净水碗和寺院顶上的经幢等。原来仅在拉萨八廓街东孜苏路一带，就有四五十家大理鹤庆人开设的金银器具加工店。

据我所知，现在的西藏山南、林芝、昌都等地区，以及云南的一些偏远山区，仍有一定数量的马帮存在。像察隅县的察瓦龙，虽然丙察察公路已

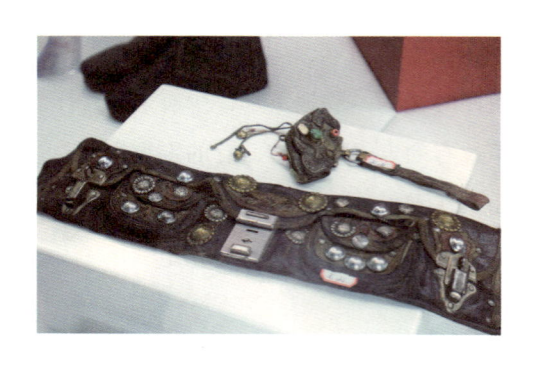

藏族马锅头使用的腰带和火镰

大理银铜匠在拉萨的店铺

笔者与来自西藏察瓦龙的马锅头吉米合影于高黎贡山南摩王垭口东哨房

通车,但离开公路的交通运输仍靠马帮进行。10年前,在每年的秋季,在他们做完自己的事情之后,还会顺怒江峡谷走三四天下来到云南的贡山,帮助那里的政府,将当时云南唯一不通公路的独龙江乡所需要的物资,翻越高黎贡山运进去。只有藏族马帮才有能力翻越高海拔的雪山,甚至连贡山当地的马帮都无法跟他们相比。要是他们不来的话,那一年贡山交通运输管理站的日子就不好过了,因为仅靠当地马帮,很难完成独龙江乡物资的运送任务。所以,到每年秋季,当地政府就得赶快到察瓦龙去请藏族马帮,请那里的政府鼎力协助。

而在茶马古道兴盛的年代,察瓦龙马帮更是赫赫有名。他们人多马众,浩浩荡荡地来往于茶马古道,非常会做生意,又吃得起苦,骡马也很得力,因而非常有钱,有许多聪本。那时到丽江的藏族马帮,大多数都是察瓦龙的,丽江的不少商号都有他们的股份,丽江人把他们叫作"察瓦龙巴"。赵老先生至今都觉得奇怪，在滇、藏、印这条马帮路上，藏族做生意的人很少，一般就是跟过往的马帮交换一些生产生活用品，偏偏察瓦龙就出了那么多马帮和生意人。

近几年我几乎每年都从2011年通车的丙察察公路进藏，察瓦龙是其中最重要的节点。新规划的长达10065公里的中国最长的219国道，其6666公里里程碑，就立于察瓦龙镇中心。察瓦龙深藏于狭窄而汹涌的怒江峡谷里，位于中国云南、西藏与缅甸、印度三角交叉地带的中心位置，那里很久以来就是这一区域交流的枢纽。从生态地理学的角度看，察瓦龙出那么多马帮商人，也与它土地狭窄贫瘠，缺乏其他发展资源有关。

新设置的超万公里的中国最长国道219，其6666里程碑正好位于察瓦龙镇

而在过去的西藏，在高海拔地区运输物资，更多是靠被称为"高原之舟"的牦牛。赵应仙他们的马帮当年更多与这些"高原之舟"打交道。

扼住怒江峡谷中部的察瓦龙交通地位十分重要

过高山雪地时，赵应仙他们就要雇请牦牛帮忙，走一天两天或更长一点的路程。马帮们将这样的方式叫作"放短脚"。因为马帮的驮子多，过雪山时

没法一下子过去，就把马帮驮不了的货物交给牦牛，把钱先付给它们的主人，告诉他们把货物运到哪里哪里，然后就由牦牛一段一段地把货物运过去。马帮也不用管，全部交给牦牛就是。那时路上很安全，货物驮子什么的都不会丢失。有时商号进的货物太多，自己的马帮根本无法一次运走，这时也只能靠藏族的牦牛一程一程地，像接力赛似的运送。

牦牛比骡马要驮得多一点，但看起来它们更蠢笨一些。它们从来不会像骡马那样，一个紧跟一个，秩序井然地行进。它们像所有的牛一样，总是挤作一团往前走，一会儿慢下来不动，一会儿又不顾一切往前冲，相互之间撞来撞去，力气又大，还会用它们尖利而又结实无比的角挑斗，有时连驮子都会摔掉下来，有时它们似乎是故意往石崖缝里钻，或是执意从树丛里穿行，所以马帮根本不敢将茶叶或是易碎的货物交给它们驮运。

行走在高原上的牦牛驮队

交付给牦牛驮运的大多是一些用牛皮包好的硬货。那些货物按分量分成堆后，用毡子裹起来，再用湿牛皮缝好，牛皮一干就收缩，把里面的货物紧紧地包成一个整体。这样的驮子不怕碰撞，可以到处乱丢乱甩，也可以当凳子坐在上面，而里面的货物不会受损。这样的驮子还不怕风吹日晒雨淋。只有这样的驮子才能交给牦牛运输。茶叶只是用竹篾包装，要让牦牛运的话，走完一天的路程到了目的地，你就会发现你的茶叶早已变成了粉末。

冰天雪地里的"高原之舟"——牦牛

而且，牦牛无法走长途，一到人多的地方，它们就走不动了，倒不是说它们怕人，而是因为人多的地方天气往往要热一些，而这些生长在冰天雪地里的家伙根本就受不了热天，一到热地方它们就像得了病一样。

牦牛只能待在寒冷的高山上，那儿才是它们的用武之地。它们耐寒冷的能力让人惊叹。在大雪纷飞、气温仅有零下二三十摄氏度的冬夜，它们竟可以在雪地里一动不动地卧到天亮，背上的雪都积起来几寸厚！好像雪地就是它们舒适的床铺，大雪就是暖和的被子。天一亮只要人帮它们将背上的雪掸掉，架上货物它们就可以若无其事地上路。

这还不算绝。牦牛最厉害的是忍受得住在空气十分稀薄的情况下上山爬坡。翻越高山的时候，连强健的丽江骡马都显得十分疲软，走上几步就得站下来呼啦啦喘息，而牦牛在这时却显示出惊人的耐力，不管多高多难走的雪山，它们都能一气贯穿，驮着沉重的货物一直走到宿营地。

在冬季马帮返回时，雇请牦牛放短脚是十分明智之举。

马帮与"高原之舟"

牦牛能掘开雪层，吃到雪下的枯草，这样就能少带饲料。而且，在大雪过后，路上坑洼的地方都被掩盖了，骡马误陷进去，是十分危险的。只有牦牛感觉灵敏，又常年生活在雪原上，它们能避开这些危险的洼陷之地，选择结实的平地走。而有时雪太深，行走困难，也只有靠牦牛先走过去，把雪踩踏平了，马帮才走得过去。

也有大批的牦牛商队行进在茶马古道上。廖东凡先生在他的《雪域西藏风情录》里详细记述过后藏日喀则一带的牦牛商队和骡帮到康定驮运茶叶的事情。他们行走的路途更长，海拔更高，耗时也更久——来回一趟得两年。那是自古就有的驮茶习俗。

而在抗日战争期间，究竟有多少牦牛参加到滇、川、藏、印马帮运输之中来，无论是西藏方面还是云南、四川这边，都没有一个准确的统计数字。由于它们跑的是短脚，来往于一段一段短途之间，一般也就是走一两天的路程，所以，即使像赵应仙这样经常与牦牛帮打交道的人，也无法知道它们的数量究竟有多少。从各方面估计的数字来看，在茶马古道运输最为繁忙的时候，每年有上万头牦牛投入到滇、川、藏、印马帮运输之中应该是没有问题的。

生活在藏北的藏族往往用牦牛到藏北无人区的盐湖去驮盐，然后到农区以盐巴交换他们稀缺的粮食。在过去，那是每个男性青年必须参加的类似成年仪式的活动。因为整个驮盐过程是对一个男人最严峻的考验，他们要翻越许多雪山垭口，要穿过大半个无人区。最早我是在好友张宇光的《山神之地：藏北聂荣牧区民俗考》中得知这一传奇故事的。后来，我的西藏朋友、西藏作协副主席加央西热在他的《西藏最后的驮队》一书中生动记述了这个故事，那是他在藏北家乡从小经历过的事情。世界著名电影人雅克·贝汉主持拍摄了《天·地·人》三部曲，其中由著名导演艾瑞克·瓦利和米歇尔·德巴执导的关于"人"的电影《喜马拉雅》，也真实而艺术性地再现了这一事迹，而由法国著名音乐人布鲁诺·库列斯（Bruno Coulais）谱写的音乐，更成为经典之作。

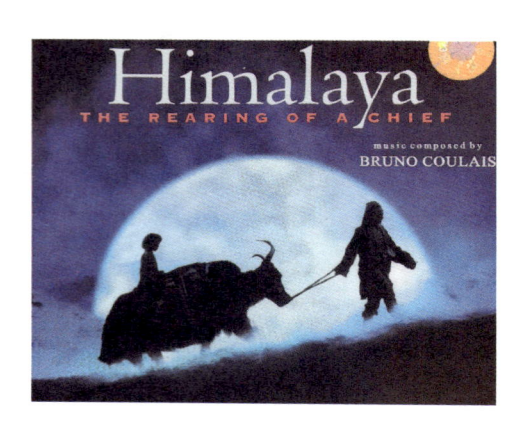

电影《喜马拉雅》
生动呈现了牦牛帮的生路

赵应仙没见过这种驮盐的牦牛帮，倒是见过一些个子比较大的毛驴，一群一群地好像是从青海那边过来，驮着牛粪来到拉萨，换一些他们需要的东西回去。牛粪在西藏一些地区，是唯一的也是最好的燃料。在寒冷的高原上，没有火，就等于没有生命。今天在都市里，要体会火对人类文明的意义已经十分困难，但只要到高原上，到荒野里，你就会明白，火是人的命根子。

马帮之精神

正如我在"开篇"里提到的，茶马古道上马帮的存在和运作，可能已有上千年历史。它从海拔数百米至千米左右的茶山源起，经过一两千米的第二台地，再上到三四千米的第三台地，最后到达海拔四五千米的青藏高原第四台地；它联系起不同海拔高度的几大文化、经济区域，只要在这条路上低着头走上几里，你就会发现许多人类如何适应不同的生态环境，如何生存发展，如何相互激发、相互影响，如何创造出五彩缤纷的文化的秘密。

赵应仙他们当年走在这条古道上，

昔日赶马人的神采

并没有意识到他们事实上已成为不同地区、不同文化间交流的使者，那些在他们自己看来普普通通、平平常常的行为，实际上已经创造了一种奇迹。

马帮是茶马古道上的独特风景。在昔日的大西南，马帮的存在和运作，对大西南社会的经济发展和文化发展，有着很大的贡献和影响。马帮作为云南及大西南独有的一种交通运输方式，作为一种独特的行业，作为一种独特的文明文化载体，作为一个特殊的社会阶层和社会组织，在西南历史上，乃至今天，都有其重大而特别的文明意义。可以说，马帮在西南人民的生存发展史上立下了名副其实的汗马功劳。即使今日，在有些不便现代运输工具运行的地方，马帮的作用仍不可取代。

久而久之，在马帮的赶马人和马锅头身上，就形成了许多突出的精神特征。我以为，这些精神特征正是过去仅仅追求安居乐业，向往平和中庸的许多中国人身上所缺乏的。马帮精神，某种意义上就是茶马古道文化的具体体现。要讲述茶马古道的马帮故事，就不能不涉及马帮之精神。正如费孝通先生在其《文化的生与死》中所言："'精神世界'作为一

气宇轩昂的马锅头和马帮队伍

种人类特有的东西，在纷繁复杂的社会现象中具有某种决定性作用；忽视了精神世界这个重要的因素，我们就无法真正理解人、人的生活、人的思想、人的感受，也就无法理解社会的存在和运行。"

　　马帮身上最为突出的一个精神特征就是他们的冒险进取。赶马帮所经历的冒险性是人所共称道的。为了生存，为了贸易获利，马帮们可以说是用自己的生命去冒险。这种冒险体现在三个方面：一是生意上的冒险。马帮大多活动在现代商业社会远未成熟的时期，法律不仅不完善，而且在许多地区简直形同虚设，马帮要做的每一笔生意，踏上的每一趟行程，都有着极大的风险，加上政治局势的极不稳定，更增加了这种风险。有的人固然因为马帮贸易而兴家发财，但更多的人干了一辈子甚至几辈子，仍然一无所有。二是面对严峻的大自然的冒险。马帮运行的茶马古道各条线路，自然环境都异常恶劣艰苦，风霜雪雨，泥石流、洪水，毒草毒水，野兽毒虫，瘟疫疾病，随时随地都能置马帮于死地。绝大部分时间的野外生活，对任何一个赶马人和马锅头都是严峻的考验。不知有多少赶马人和马锅头就这样弃尸荒野，死于路途，有时甚至连收尸的人都没有。三是土匪强盗的威胁。当时的西南地区，土匪强盗十分猖獗，尽管马帮都是全副武装，但仍不时遭到土匪强盗的袭击，死人损货的事时有发生。所以，走上马帮道就等于冒险，就等于拎着脑袋找饭碗。干马帮的都是些勇敢的人，是些意志坚定、胆大心细、能力高超的人。种种特殊的生存境况，决定并造就了马帮的冒险精神。对要生存、要发展的马帮来说，冒险并不仅仅是拿生命财产作孤注一掷，而是需要非凡的胆识、坚忍的毅力、勇敢的气魄和卓越的智慧等一系列美德。茶马古道上的马帮们身上正好体现了这些精神素质。

勇敢和刚毅刻在了脸上

行走于茶马古道上的马帮是一个商业运作的群体，他们来自各个地方，由各种各样的人组成，同时他们也要与别的形形色色的人打交道，为了自己的生存，也为了生意上的需要，他们都有着很好的宽容、亲和与合作的精神。马帮与各家商号之间，本就存在着互利相帮的关系。有的赶马人经过自己的努力，积累了一定的资金，成为自己马帮的锅头，进而有自己的商号，有了商号以后，更得力于马帮的支持。过去，云南的许多商家都是靠赶马帮起家的。所以，马帮与商家就有着很好的团结合作关系，贯穿着亲密和合的精神。在马帮自身内部，马锅头与赶马人之组成马帮，多以家族、民族、乡邻、伙伴等关系为纽带，因此，赶马人与马锅头之间的关系十分融洽密切，行动容易协调，运输效率也就比较高了。由于大家结成了一起行动的马帮，同吃一锣锅饭，同睡一顶帐篷，一年四季一天到晚形影不离，马帮的利益就是大家的利益，就是每个人的利益，因而相互之间更是亲如一家。马帮还要与所经过地区的各族民众保持良好的关系，尽量做到入乡随俗、声气相通。而且马帮在外面闯世界，常常要跟各种各样的人打交道，遇人遇事，大家最好是宽让容忍，和气为上，否则就将处处碰壁，时时遇麻烦。俗话说，在家靠亲人，出门靠朋友。在路上碰到其他马帮，大家都很亲切，都是出门人，遇到困难都会彼此帮助。遇到别的马帮的人或骡马病了，都要全力给予帮助。碰到路断了什么的，就一起合力去修。缺了粮食、草料什么的，也会相互接济一下。争抢道路，争抢草场，争抢顾客货物，只会两败俱伤，对谁都没好处。那是常在路上的马帮最为忌讳的。由于常年在外面闯荡，什么世面什么人没见过？马帮的眼界心胸也就宽阔得多，他们通情达理，体谅他人，而且路上什么情况都会碰到，别人碰到的难处很可能自己第二天就会碰上，你帮了别人，也就等于帮了自己。他们自己本身就吃过许多苦，也就特别能理解别人的难处。所以，马帮就有了难能可贵的宽容、亲和与合作的精神。对行走茶马古道的马帮来说，没有宽容、亲和与合作的精神，就根本无法生存。

马帮还特别讲信誉、守信用，这也是马帮生存发展的要素。由于马帮运作的时代毫无法律保障，更没有银行、信托保险公司之类

合作互帮的昔日马帮

的机构，茶马古道上的远程贸易完全靠马帮的信誉作为交易的支撑，所以他们必须十分注重信誉、守信用，这是他们生存发展之本。在马帮那里，已初步具备现代商业社会的最基本要素，那就是诚信。尽管马帮是一种民间运输团体，但它毕竟是一种商业组织，他们的运作已经是一种商业行为。马锅头从来都是说一不二，干脆果断，说到做到，绝无戏言。只要预先交付一点定金，他们就会尽心尽力完成工作。这已成为他们的定例。每次接到货单上路，马锅头、赶马人各司其职，按部就班，井然有序地行动，该走就走，该停就停。马帮有严格的规矩，如赶马人要绝对服从马锅头的指挥，等等。每次货物运输，他们的责任都十分明确，而且落实到每个人。马锅头要负责全局，要完好无损地保证货物运抵交接，到了目的地，一样一样由商号清点验收，管得很严；赶马人负责照看归他管理的骡马，每头骡子，每样货物，都要负责到底。要是出了什么纰漏，做了什么手脚，下次就没有饭碗了。只有好好做人做事，才有人请你。所以马帮特别看重信誉信用，真要有什么意外和损失，哪怕自己吃亏贴进去，也要保证客户的利益。马帮之所以能够这样，一方面有赖于传统伦理道德；另一方面，这一道德基础又与边远山区淳朴无欺的民风融为一体，使之得以维持并进行。不能否认，马帮这样做多少还有些江湖习气，但它们行走江湖，靠的就是这个。马帮向来有着一种特殊的激动人心的责任感，因为前面的一切都是未知数，必须对马帮群体中的所有人，包括自己的生命负责，对那些珍贵的骡马和昂贵的货物负责，还要对远方家乡的亲人负责。这也正是马帮在西南地区口碑甚好的原因。

马帮的行业性质，还决定了他们必须少惰性，多勤勉。他们

云南腾冲和顺古镇的马帮雕塑

埋头苦干,不仅劳力,而且劳心。他们抛家别子,风餐露宿,常常逾年不归,随时要与恶劣的自然环境和糟糕的天气作艰苦卓绝的抗争,经常还要赶时间,抓机会,这当然比"日出而作,日落而息"、安土重迁的农民要艰苦得多。不论多么漫长艰险的路途,马帮都要自己一步步走过来。只要一上路,每天都要起大早,路上要生火做饭,要上驮下驮,要找柴火,要搭帐篷,晚上睡到半夜还要爬起来看看放养在山上的骡马跑远了没有,是不是安好。仅每天货物的上驮下驮对赶马人来说就是一项艰巨的工作,一个人要把十多匹骡马所驮的上千斤货物抬上抬下,一天三次,甚至更多次。遇到特别艰险的路段,他们还得卸下货物自己扛过去,以确保骡马和货物的安全。每天不管多苦多累,首先要服伺好骡马,一日三餐,赶马人都要先让骡马吃好,最后才轮到打发自己。由于马帮的各项工作完全靠赶马人分工合作，所以每个赶马人都必须具备全部赶马人所必须具备的本事和能耐。他们不仅要懂四时节令、天气变化，要能辨别方位道路，通晓各民族语言，能够随机处理各种各样突发事件，而且要识骡马的性情，要会各种马帮所需的技能，诸如开枪打仗，支帐做饭，砍柴生火，识别野菜野果，上驮下驮，钉掌修掌，找草喂料，乃至医人医畜。马帮大多数时间是在野外度过，在那里他们举目无亲，有时候谁也帮不上谁，哪怕同一个马帮里的人，也是一个萝卜一个坑，生存劳作完全得靠自己，懒惰的人根本就无法在马帮里混。马帮之所以有勤勉劳作的精神，还在于他们有自己的理想和追求，想过上好一些的日子。这无可厚非。

马帮的艰辛都刻在了面容上

马帮出门在外，必须适应各种各样的环境，必须学习各种各样的生存技能。为了寻找捷径便道，马帮必须作反复摸索；为了鉴别货品的真伪，他们必须有十二分的精明，并且要用心学习，总结积累前人的经验教训，否则就可能血本无归；为了生意盈利，他们必须关注国际国内形势，掌握各种动态，随时准备应对各种变化；为了跟各少数民族做生意，他们大多学会了两三种语言，有的甚至会讲四五种语言，以至于人们把马帮称作有"几条舌头的人"。在路上，他们不仅要经过酷热的瘴疠之地，也要过寒冷彻骨的雪山冰原，而且常常要在陌生的环境里与陌生的人交往，没有极强的生存本事，那简直就是冒险。可以说，马帮信息观念强，广闻博听，随机应变能力也强，他们不墨守成规，而是"乐观时变"。用现在的话来说，叫与时俱进。这种优秀品德和精神，值得发扬光大。马帮经常行走四方，见多识广，眼界开阔，思想活跃，每每非一时一地的旧风俗习惯所能束缚，所以马帮能在打破旧风俗习惯，改革旧礼教，促进新事物、新道德、新观念的产生方面，常有其特殊贡献。大西南向来因为交通不便，人们习惯于蜗居一地，这样就形成了比较保守和封闭的心态和状态，千百年来守着一些老的生产生活方式，十分缺乏信息的流通和思想等的交流，常常故步自封，因循守旧。司马迁"夜郎自大"的典故就由此而来。是来来往往走四方的马帮打破了这种状态。马帮不仅把一些新奇的商品带到各地，也把一些新的观念和思想传播开去，因为马帮在当时就是些比较有见识的人，他们能够想别人所不敢想，做别人所不敢做。如此等等，都使得马帮成为当时比较出众的优秀人物，

笔者（右）在茶马古道上跟马帮学到很多东西

他们也很好地把一些优秀的东西传播到四面八方。甚至于，赶马帮走四方，还成为许多人家教育下一代的绝好方式。滇中地区就有这样的民谚："养儿不教，簸西坡上爬三遭。"意思就是根本不用教育孩子，让他们在马帮驿道上走上几趟就出息了。许多人就这么前赴后继，以赶马帮起步，以至于发家，成就了一代代富商，为社会积累下大量的物质和精神财富。

即使老了也气度不凡的马锅头

用不着否认，马帮的兴起和运作，是为了生存，为了发财，然而正因为此，马帮的利益就跟国家和民族的兴衰息息相关，密切相联了。只有国家强盛了，只有人们生活繁荣了，马帮也才有靠山，才有财源。马帮为了生存，为了发展，就势必倚国重民，这就造就了马帮的爱国精神。过去，云南驿道上的不少马帮一直走出国门，把生意做到了东南亚、南亚一些国家和地区，在与外国商人以及帝国主义、殖民主义者打交道的时候，常常因为自己国家民族的羸弱，而在生意上吃很大的亏。在关税上，在外汇汇率上，在货物价格上，如果没有自己的国家撑腰，就常常被动吃亏。许多马锅头对此深有感触。从国内来说，如果政府横行，官员腐败，政局不稳，这些都直接影响到马帮的生意和生存。因而，马帮们常常体现出一种向心力，希望自己的国家富强昌盛，具有一种强烈的爱国精神。抗日战争中，许多赶马人就积极投鞭从军,成为保家卫国的极好战士,因为他们平时不仅有严格的规矩和纪律,富有野外生存经验,而且人人会打枪战斗,又熟悉地形道路。当时他们就唱出了这样的赶马调:

> 马铃儿响叮当,
> 马锅头气昂昂。
> 今年生意没啥子做,
> 背起枪来打国仗。

他们中的一些人更辛勤奔波于各条驿道上,为抗战大后方的物资运输供应作出了重大贡献。抗日战争后期的滇西大反攻时,仅滇西保山一地就投入骡马100多万个工作日,驮运军粮军械不计其数,而死亡的骡马就将近5000匹。在人民解放军进军西藏和平息原西藏地方政府及反动上层武装叛乱的岁月里,马帮也为新中国的解放事业与国家的统一和稳定尽了不可或缺之力。今天,仍有许多昔日流落在外的赶马人回到祖国报效尽力也是明证。

当然,马帮也有其时代及阶层、知识等方面的局限,其中也不乏不法之徒,有的还有市侩、流民之恶习等;有的吸食鸦片,有的赌博;有些马帮素质不高,即使在积累了一定资金之后,未能向更好的方向发展,形成类似企业的集团。但是,这毕竟瑕不掩瑜,马帮在西南的历史上和现实中,在茶马古道的开通和运作中,毕竟作出了难以估量的贡献。对他们个人来说,马帮生涯无疑是一种闪光和辉煌,一个人一生中有那样一种经历,就是他毕生用之不尽的精神财富;对于文明文化来说,马帮创造了极为丰富深厚的精神财富。

从古到今，在许多中国人的心目中，生意人不是见利忘义的小人，就是重利轻义的家伙，但据我所知，在马帮里，很少有这样的人。走茶马古道的马帮，由于他们特殊的经历，往往造就了他们敢冒险、重义气、讲信用、勤劳勇敢、宽容合作的品格，也锻炼了他们很能明辨是非的能力。他们虽然是生意人，同时也是探险家，是必须凭自己的智慧、胆识、品格、信用、勤劳等能力才能生存的人。

茶马古道上那异常险恶的生存条件，那长达数千公里，来往一趟需耗时四五个月甚至半年多的漫长旅途，造就了马帮为人称道的冒险、合作、守信、勤勉等精神，这些精神不仅仅是拿生命财产作孤注一掷，不仅仅是一时一地的权宜之计，而是灌注于他们生存生命里的非凡胆识、坚忍毅力、勇敢气魄和卓越智慧以及亲密无间的合作等一系列美德。

马帮身上不乏这些精神。这也正是茶马古道的迷人之处。

货物的运输与交易

茶马古道是一条十分奇特的商道，跟其他官道、国道不一样，它自古以来都是以民间自发贸易的方式形成道路并交通的，哪怕到了抗战时期也没有例外。茶马古道上走的马帮都是民间马帮，驮运的货物也大都是民用物资，销往民间。这也是我喜欢这条道路的一个重要原因。它不像滇缅公路一样是由官方组织修建，名字干脆就叫"援蒋大道"或"史迪威公路"。过去的历代政府官方没有直接介入过茶马古道的运输贸易，他们没有修过一尺的道路——除非在重大军事行动的当口。他们也得经由这条道路运送官方物资，军队的调动、军饷的运送和发配的官员也从这里走过。这使得茶马古道成为名副其实的民间商道，具有它自己独有的淳朴、原始的风味，一种与民众生活息息相关的乡土气息，一种文化上的原生态。它为我们观察研究跨地区间不同民族的经济、文化传播、交流和融合，提供了难能可贵的案例。

对于交通不便、运输不发达的大西南地区来说，要了解其历史文化，不从跨地区间各民族的经济、文化的传播交流入手去做，那几乎是不可能的。

从云南这边带到藏地的货物，最大宗的就是茶叶。据有关资料，每年由云南普洱茶产区运销藏地的茶叶有100万到200万老斤（清代1斤合596.8克），最高的年份可达3万担（300万老斤）。茶叶来自滇南的西双版纳、思茅、临沧一带，不过赵应仙没有跑过那边。一般由大理、临沧等地沿途的马帮将产茶地的茶叶运到大理或丽江

大量运销藏地的普洱茶茶砖茶饼

转手，也有迪庆和丽江的"古宗"马帮在旱季自行到茶山直接采买茶叶。有多达300匹骡马的达记就专门有马帮从茶山将茶叶运到丽江，在丽江重新分装后，再由赵应仙这样的藏客运去拉萨。重新分装是必须的，因为走西藏草地的马帮不可能像走滇南的马帮那样，一匹骡子可以负重120~140斤，走西藏草地的骡子最多只能负重80~100斤，因为路途太遥远，而且山也太高太大，加上路途险要，路上的磕碰十分严重，不重新特别包装的话，货物到了目的地，恐怕早就面目全非了。从云南这边运销过去的还有面条、粉丝、铜锅，等等。

抗日战争爆发后，茶马古道空前热闹起来。赵应仙他们当时也知道自己在做什么。从个人来说，这些马锅头和赶马人大多是为了自家的利益才踏上茶马古道的，但从社会来说，事实上也为了民族，

云南剑川的沙溪古镇，向来为民间马帮大量集散地

为了国家。当时，赵应仙他们就清楚地知道这条路通往同盟国，知道这条路挺重要的，除了空中的驼峰航线，这条路就是当时中国唯一的对外交通通道。抗战大后方需要同盟国的物资，藏地需要内地的茶叶——藏民族每天的生活都少不了的茶叶。

当然，这些东西基本没有前线需要的军事物资，既没有武器，也没有大宗的药品，甚至连汽油、煤油都没有。那大多是一些日常生活用品。这也正是茶马古道一贯的路子。它是在民间自然生成的，服务于民间也是名正言顺。

从印度通过茶马古道运进的货物中，英国和美国香烟是重要的一宗。那些香烟的品牌五花八门，有"红十字""黑白条""大白旗""小白旗"，有"红、黄锡包"，有"大嘉里克"，当然，还有著名的"555"，有纸包装的，也有听（罐）装的，以听装的为多，50支一听。这些烟的名称大多是当时的人们根据香烟的包装设计称谓的，至于它们本身叫什么品牌，倒没有人知道了。这些香烟由马帮从印度以及中国拉萨运过来后，再经由丽江运到下关、保山和昆明，那里挤满了干渴的美军和数十万中国远征军。

赵老先生说，那时运来的外国烟很香很好抽，抽一根满屋子的香。现在的好烟也没法跟那时的烟比，不知他们在烟里掺了什么，赵老猜也许是放了吗啡。

除了成品香烟以外，还有卷烟纸。

顺便说说，现在的茶马古道沿途，都有大量来自印度和缅甸的鼻烟出售，用铁盒包装，各种大小规格都有。那是寺院僧侣和一些藏族老人很喜欢嗅吸的东西，抖一点在指甲盖上，送到一个鼻孔下面，压住另一个鼻孔用力一吸，鼻烟粉末就被吸了进去，于是一股芥末般的强刺激直冲脑腔，打通七窍，喷嚏连连，醒脑安神。在赵应仙他们进藏的时候，根本没什么鼻烟卖，僧侣们常常是用赵应仙他们带去的茶叶，搓得细细的，成粉末状，加一些香料，就成了他们享受的鼻烟。

从拉萨运回丽江的货物中，还有大量英国咔叽布、灯芯绒、毛呢以及各种日用百货，如毛巾、牙膏、牙刷、肥皂和剃须刀，等等。西药很少，有点阿司匹林。咔叽布有灰色的和黄色的，还有蓝色、黑色斜纹布，毛呢有紫呢、藏青呢，也有花格子的苏格兰呢。那时丽江很时兴穿毛呢衣服，结婚做新姑爷时都要有一身；女的就特别喜欢紫呢，做她们的坎肩最好看了。有时，这些东西会销到香港和重庆。

除此之外，还有手表和钢笔，数量不多。相比之下更多的是鱼翅、海参等干海珍，进价很便宜。还有更便宜的印度牛黄。

所以，那时的丽江店铺里，充斥着各种同盟国商品。

顾彼得先生在其风趣横生的《被遗忘的王国》中描述过那时丽江的商店："商店相当黑暗而简陋。他们没有厚玻璃窗子，只有当街的木制柜台，下面货架上陈列着货物。要是考虑到是战争时期，商店里各种商品算是充足的。藏族马帮从加尔各答源源不断地运来货物，既为了本地消费，也为了以惊人的价格转销到昆明。可以买到英国和美国制造的高级香烟和各种纺织品。甚至可以买到新的歌手牌缝纫机。当然价格是相当高的，因为马帮是世界上最昂贵的运输形式。"

在藏地任何场合，哈达都是最好的见面礼

马帮从西藏回来的时候都驮运有这些价值不菲的货物，否则就白跑了，只是靠单边运输，找钱赢利就有限。有时，运输这些货物的利润还高过茶叶。

从拉萨返回时，马帮还会顺道将那里出产的氆氇、地毯以及山货、药材等土特产品转销内地，获利也颇丰。

因为常年与藏族打交道，云南的各族马帮都熟悉在西藏做生意的规矩。做生意前，给对方献上一条哈达，他们就很高兴了，生意也就好谈得多，那就相当于见面礼一样。这比现在那些做生意的请客吃饭拿回扣要纯洁美好多了。

马帮购进运回的皮毛山货、药材可以说更为丰富，而且许多都是内地稀有的东西，如麝香、鹿茸、熊胆、虫草、贝母之类。藏族

顶级且昂贵的鹿茸——四平头

茶马古道上通用的中英法银元（中为袁大头，左下为站搬桩，右下为坐搬桩）

云南最常用的半开银元

商人有时也会弄虚作假，所以辨识采购山货、药材就成了马帮商人的一项必备本领，搞得不好，一次就会弄得倾家荡产，负债累累。丽江就有人因为买到假货，一下子就使生意砸了锅。

赵应仙在这上面显然是个行家里手，50多年后给我讲起西藏草地的山货、药材的识别鉴定方法，仍然滔滔不绝，头头是道。那是他在德钦当小伙计时用心学到的。

鹿茸是四平头的最好，很短，平平的两叉，像蝴蝶一样，所以也叫"蝴蝶茸"，大大的老的那种就不好，因为鹿茸的价值就在里面的鹿血，切开红红带血的才好。有人会把鹿的软皮粘到老鹿角上冒充鹿茸。那种老架子多得很，比钢都还硬，哪里切得下来做药！

贝母有的叫雀嘴贝，大的叫算盘子，那就很不好了。最好的就是北路出的小小的"榛子贝"。大约 7 元"桑松"一斤，这是最好的价格，一般的也就三四元一斤。

"桑松"是民国时期西藏铸的银元，一个"桑松"值藏银三两，合内地银两七钱多一点点，跟一个光绪银元或袁大头差不多，比三钱六分的云南半开重一倍。西藏早在明崇祯四年（1631）便由尼泊尔代铸银币"黑丹启"，乾隆五十六年（1791）开始自铸"九松西阿"（白丹启），后又铸各种章噶银币（有三两、一两五分、七分五厘等藏银单位）和宝藏银币。到民国时期，基本上流行使用桑松银币和印度、尼泊尔流行的卢比。卢比跟藏银和内地银币的比值一直处于升值状态，主要因为后者的含银量一直下降。

那时云南的商人马帮，习惯上以云南省铸造发行的三钱六分重的半开银元作为计价单位。以下我们使用的货币单位"元"，都指的是云南铸造的半开。以后要讲到"元"的地方，如果没有特别注明，那指的也是云南半开。

茶马古道上用于称量银两或麝香等的戥子

虫草那时并不贵，也就十几元一斤，是一般的补品，人们还没有发现它特别的营养价值，所以也就没人造假它们，不像现在一些家伙，用麦面在模子里把它们做得大小一致、整整齐齐，摆满城市的街头。

麝香最好的是波密出产的"波密香"，因为价值高，当时就有搞

固始汗以 108 张虎皮制赠理塘寺的帐篷

假的，比如在麝香还软软的不干的时候就塞进铅条，增加重量；麝香粉里也掺假，加朽木粉粉，颜色跟麝香差不多一样。当然，赵应仙他们有对付的办法。买麝香的时候，用一根带槽的像锥子一样的工具戳进麝香里，带出一点面面来，然后用手去捻，粘手就是不行的，不粘手的才好，好的真的一摸就会呼地起来，粘手的就证明掺了假了。买麝香还可以尝一尝味道。这一切靠的就是经验，非常讲究。在西藏的所有山货中，最贵的就数麝香。在路上论个买，十几元一个，八九个就有一斤，一个就有一两多。在德钦称着卖，一两就得六七元。

皮货里面，最讲究的要数猞猁皮。其次要算水獭皮、貂皮和豹皮。熊皮很多，不值钱。一张猞猁皮就要二三十元。老虎皮一般见不到。我见过最令人瞠目的一座帐篷，就用 108 张虎皮制成，以猞猁皮镶顶边，以豹皮镶门，以无数珠贝构成各种图案作装饰。该虎皮帐篷据说可通达天威，震慑大地，不仅是身份、地位和权势的象征，也具有神圣无比的宗教神力。据推测虎皮帐篷是由明末清初大权在握的固始汗丹增曲吉赠送给理塘长青春科尔寺的，后归理塘毛垭坝土司所有，现存四川甘孜州博物馆。

熊胆论个买卖，因为西藏很少有秤。熊胆要看大小，从颜色上看好坏。大一点的好的十多元一个。有的坏人也会把熊胆汁抽掉，再灌进猪苦胆、鸡苦胆。但颜色不同，仔细看还是看得出来。好的熊胆用松明夹起来看，是透明透亮的。

无论熊胆还是皮毛，都是冬天的好。羊毛也是冬天剪的好，值钱。西藏那边的羊毛最好了，既软和，又厚实，织出的氆氇、毛呢特别好。冬天把羊毛剪下来，洗干净了就可以纺线打氆氇织呢。

马帮带回云南的山货里还有产自印度的藏红花、大黄等药材。西藏本地并不产藏红花，因为它们都从西藏转运进内地，内地就将之称为"藏红花"了。

云南巍山古城与茶马古道也有互生关系，其生产的挂面亦成为交易货物之一

云南带进去的东西大多是茶叶、面条和其他一些便宜货，用不着掺什么假，而在西藏买的东西，像麝香、熊胆之类，都是些贵重东西，那就会有人作假。

那时丽江已有类似银行的机构，可以贷款做生意。赵应仙因为是帮李达三家的达记商号做，所以就不用贷款。如果自己要做生意的话，也是可以贷到本钱的，但他不想那样做。赵应仙自己并不用管生意上的事情，他只管到达记去驮货，负责将这些货物好好地运

马帮集结在商栈外驮运物资

到拉萨，交给那里达记的分号，这样就算交差完事；再由他们准备好运回云南的货物，他又押着这些货物回丽江。他说他也就是起到个押运员的作用，等于是现在的承运人，承包达记商号的一个运输队，用商号的骡马帮公司运货。赵应仙只用负责骡马和货物在路上的安全，能顺利将货物运送到拉萨、丽江就行。

这样做了几年后，赵应仙也有了属于自己的一两匹骡子，顺便带一些货物，夹在达记的马帮队里跑，这样，赵应仙也就有了自己的一份红利，多赚到一点钱。这样做是商号马帮所允许的，是马帮一贯的规矩。大家都是这么成长起来的。

尽管茶马古道上的生意很大，利润很高，但跑茶马古道也不是铁定就可以赚钱。有时路上碰到事故灾祸，往往连本钱都要赔上；有时马队到的太多，买的人少，货物就会跌价。从云南过去，找多找少的，总还可以赚一点，从拉萨回来就不一定了。有时持平，也有贴进去的时候。运回的货物大多数销出去，香港、上海、重庆、广州等地都会发出去。但如碰到道路断掉，战局发生变化，销路就会大受影响，价格就一下子跌下来。碰到这样的时候，就只能自认倒霉。

从拉萨到印度，专门是驮羊毛出去，而从印度回来，主要带的就是毛料、灯芯绒、咔叽布等布匹，还有香烟等洋货。在贸易最兴盛的时候，一驮茶就能换回来一驮咔叽布（四匹），利润很可观。大致算下来，从印度带过来的洋货，比运茶叶过去还赚钱。

康定北关外用牛皮重新包装的边茶正等待起运藏地（孙明经摄于1939年）

这样，每年都有五六千匹或更多的骡马，驮运着各种货物，在滇藏茶马古道上来来往往。有时商号购进的货物太多，自家的马帮无法一次运完，商号也会临时雇请别的马帮，将货物一站一站转运到目的地。比如拉萨有一批货自家马帮驮不完，就请藏族的马帮将货运到邦达，大的商号在那儿都有转运站，由转运站接手货物后，又再找别的马帮运到德钦，最后才由德钦运到丽江。赵应仙当年曾在邦达和扎玉长住过，做的就是这种转运工作。这样雇请的藏族马帮，大多是由西藏政府征召来的，这就是西藏传统上所谓的"乌拉差"。官方只派出一个押运员对商号负责，老百姓完全是义务地干，钱都被官方得去了。因为是这样一种形式的运输，马帮就没有什么积极性，

擦绒·达桑占堆一生历经西藏近代风云，横跨官场与商场，成为西藏巨富

只要那押运员不得力，一年都到不了邦达。

这样计算下来的话，滇藏茶马古道上参加营运的马帮就不止五六千匹骡马。在川藏茶马古道一线，背夫和马帮更多，因为川茶销藏的数额更大。川藏茶马古道上的人背马驮的运输量，当远远高于滇藏茶马古道一线。滇藏茶马古道与川藏茶马古道到了西藏的邦达或恩达等地后，就会合在一起，一起经由洛隆、边坝前往嘉黎、工布江达和拉萨。另外，还有大量的牦牛在放短脚或跑长途，这就更没有个准确的数字。在西藏方面，趁着抗战期间爆发的商业机遇，不仅那些占据有利位置并拥有大量资产的大小藏传佛教寺院大肆经商，而且拉萨及各地一些有实力和雄厚资金的贵族，也大做起生意来，即使缺乏资金的，也想方设法筹到款子，尽力挤进经商行列。他们有的有自己的专业经理人，如管家之类，有的还拥有自己的马帮运输队。他们纷纷派出管家、亲友乃至仆役奔赴各地做各种生意。其中，在西藏近代史上起到举足轻重作用的擦绒·达桑占堆就是佼佼者。

擦绒的女儿雪康·顿珠卓玛生于1935年，后被称为"西藏导游第一人"，她在其回忆文章《我是察（擦）绒家族的女儿》里就提到：十三世达赖喇嘛1912年从印度回到拉萨后，虽然授权邦达昌独家承

包经营羊毛和贵重药材，同时
也大力提拔了不顾生死全程护
卫达赖喇嘛的出身于造箭差巴
家庭的近侍达桑占堆，不但令
其入赘擦绒家成为大贵族，还
任命他为藏军总司令，接着又
担任噶厦政府的噶伦。但后来，
擦绒因"龙夏事件"被排挤出

入赘大贵族擦绒家的达桑占堆精于商业，曾大做茶马古道生意

西藏权力核心，但仍拥有"扎萨"头衔，负责一些重大的政府工程，
如改造湿地、造桥等，并负责铸造藏币。按藏学前辈柳陞祺的看法，"扎
萨"为西藏地方政府一种官阶，品级甚高，仅次于噶伦。于是，精
明能干、权势炙手可热且很有经商天赋的擦绒·达桑占堆也大做起
生意。雪康·顿珠卓玛说："阿爸的文化水平不高，却有一副了不起
的经济头脑。他从西藏地方政府财务局借了一笔款，派出佣人和助手，
先到印度销售西藏的羊毛和牛绒，买回来大量黄金、白银、丝绸和
毛料，又在西宁、成都、康定、大理等地开设商号，组织大批骡帮
马队，出售西藏的土特产和印度运回来的洋货，再将换回来的瓷器、
茶叶和绸缎，在拉萨和日喀则销售。"

曾为擦绒秘书的甘典先生也撰文《我所了解的擦绒·达桑占堆其
人》，详细记述了达桑占堆如何发迹并如何大做生意的事情。擦绒·达
桑占堆虽然是亲西方分子，但遇贸易有利，也断然不会拒绝与内地的
生意。达桑占堆入赘擦绒家时，这一大贵族世家正因为老少主人噶伦
擦绒·旺秋杰布、噶准擦绒·桑珠次仁不幸惨死而陷入入不敷出、债
台高筑的困境。达桑占堆认为："靠借债度日，无异饮鸩止渴；若要

发家致富，除经商外别无他途。"他籍达赖喇嘛的亲信而向其内库举债，用百十条织有"十"字图形的黄色钱袋，装满了币值一钱五分银子的藏银"章噶"，派藏兵运回家中，用这笔巨款还清了债务，并大做起印藏间的羊毛、牛绒和山货生意，不仅贩运丝绸织品等，还炒作黄金、白银和绿松石等贵重物品，同时不放过任何赚钱的商机，包括做佛事活动的机会，不多年就成为西藏的巨富，连其管家仆从们都说："我家老爷就是聪明能干！生财有道。"他甚至放手与素昧平生的美国人大做生意。二战爆发时，奥地利登山家、纳粹分子海因里希·哈勒和其同伴彼得·奥夫施奈特正在喜马拉雅的印度境内登山，他们因成为敌国人员而被关入集中营。但他俩从英印集中营逃亡并翻越喜马拉雅至西藏，就是由擦绒·达桑占堆热情接待并引进拉萨上层社会的。擦绒·达桑占堆令两个逃亡者在拉萨酿酒出售，"酒酿造出来了，在拉萨市场出售，起初每瓶售价五两藏银。因为质量好，销售得快，酒价提高到七两五钱，又上涨到十五两藏银一瓶。这项酒生意一直做了两三年。"海因里希·哈勒在拉萨还教会了擦绒·达桑占堆堆沤农家肥种菜，还在西藏考察地质、探矿。网传说哈勒是奉纳粹头子希姆莱之命，到青藏高原寻找所谓的"地球轴心"。海因里希·哈勒1951年才离开西藏，最后在袖珍小国列支敦士登定居死去。

擦绒昌的大生意是在抗日战争期间进行的。他们由英印进口各种战争期间的紧俏物资，贩运到四川和云南抗战大后方，以此大发其财。

1943年，擦绒·达桑占堆请了颇雪商店家的贡嘎及其亲属普阿南、洛桑江央，率领四个骡队，采购驮运共800驮、价值35万卢比的毛料、呢子和各色布匹等货物，长途跋涉到康定做生意，虽每驮运费高达1240两藏银，但仍赚了不少钱。随后，他又派亲信仆人洛桑江央率领800多匹骡马的骡队再到康定，驮有克什米尔和美国产的各色毛织品、棉织品，价值约40万卢比，每驮运费增为1250两藏银，但因为都是进口抢手货，仍然获利颇多。据说洛桑江央迷恋上康定莫家锅庄的两个姑娘，没有返回拉萨，只有马锅头斯达几年后只身返回。擦绒做了一次蚀本生意。但这似乎并未影响到财大气粗的擦绒，第二年，也就是1944年，他又派出亲信仆人登巴曲

近现代西藏最大商号老板邦达昌三兄弟

扎（云南中甸康巴人，后面将提到他的故事——作者注）和三名随从，以及六名马锅头，率领着更为庞大的、多达1200匹骡马的马帮驮队，驮着枪支、毛料、呢绒、各色布匹、香烟、缝纫机等，前往更为遥远的云南贸易，货物成本就达60万印度卢比。货物运到云南后，布每匹以180万元（国民政府发行的"法币"）出售，待所有货物销售完才返回拉萨。因数额巨大，事后结账竟花去一年多时间，最后由甘典负责核查，仅此一趟生意就净盈利60多万卢比（相当于近200万云南半开）。由此可见西藏贵族经商的规模之大，当时滇、川、藏之间贸易额之巨、利润之高。

作为西藏首富的邦达昌更没有袖手旁观。邦达昌借用其传统的经营线路和各项宝贵资源，动用其多达2000匹的马帮，频繁往返于

印度经西藏直通川滇，完全依靠骡马运输的陆路运输国际交通线。同时，邦达昌加强了在印度加尔各答和噶伦堡的商业机构，以拉萨为中心，先后在南京、上海、香港等地，在茶马古道沿途的玉树、昌都、甘孜、芒康、巴塘、理塘、丽江、中甸、康定、雅安、成都、重庆、昆明等地，设立固定和流动商号及转运站，从印度购进大批物资，如棉纱、染料、药材、皮革、毛料、布匹、香烟、盘纸以及麝香、虫草、贝母、克什米尔红花和鹿茸等日用生活必需品和名贵中草药，再从噶伦堡直发康定和丽江，而后转运至成都、重庆、昆明等地。1942年冬，邦达昌派管家仲麦·格桑扎西（改革开放后曾任昌都地区政协副秘书长）带上西药、皮革、毛料、布匹、棉纱到成都销售。这些商品在当时都极为稀缺，不到两个月全部脱销，随后邦达昌又有大批商品运到成都销售。此后，从1942年到1946年，仲麦·格桑扎西大部分时间就待在重庆，专门负责从印度经由西藏运往大西南的西药、皮革、毛料、布匹、棉纱、香烟及日用百货等等进口货物的销售业务。据他本人回忆，在将近5年的时间里，仅由重庆汇往印度邦达昌总号的外汇大约有1000万卢比。20世纪40年代，邦达昌每年还从雅安、康定、丽江等地采购砖茶3.5万包、尖茶5.1万包，运进藏地销售，从藏北收购羊毛14万公斤，经亚东出口羊毛、食盐、硼砂和牦牛尾及西藏的土特产品。这一时期，邦达昌将棉纱、燃料、药品和布匹等大量战时物资从印度噶伦堡通过茶马古道直发康定和丽江，再转销至成都、重庆和昆明等地，先后运销各种物资的总额达1.5亿美元！这无疑对繁荣战时后方经济起到了巨大作用，实际上大力支持了抗战。要知道，美国整个抗战期间给予中国的援助总共也才8.25亿美元。

吃香的云南茶

众所周知,云南是山茶科植物的故乡,是世界上最早的茶树原产地之一。1949年以来,专家们先后在西双版纳州勐海县的南糯山、巴达山、布朗山,景洪市的基诺山,以及勐腊县的易武、象明、倚邦、曼撒山区发现了一批野生或家培的大茶树。1980年在巴达发现的野生大茶树,初步鉴定树龄达1700年;临沧地区也有大量古茶树被发现,1985年在镇沅县千家寨发现野生大茶树群落,最大的一株,据有关专家鉴定树龄估计为2700年。家培型

云南省镇沅县九甲乡千家寨距今2700年的野生古茶树,被称为"茶王"

茶山的许多少数民族每到春茶采收前，都要隆重祭祀茶王树

或过渡型的树龄在 800~1000 年以上。对这一地区产茶的记载唐代历史文献里就有。人们将这些古代大茶树视之为"茶神树"，或称之为"茶王树"。当地各少数民族在每年开春采摘茶叶之前，都要对之进行祭祀。在最早利用和开发茶树的布朗族、佤族、拉祜族、基诺族等民族民间，更有不少关于茶神树的传说。

就在云南各民族开发茶叶的同一时期，生息于青藏高原的藏族强大起来，并向东发展到了四川西部和云南西北部，藏族与内地产茶地区有了密切的联系。据藏史记载，松赞干布的曾孙都松芒波杰赞普久病不愈，闻茶叶可以治病，遂遣人赴内地寻取。后一忠心大臣在一座浓密的汉地森林中找到茶叶，此人自背一部分茶叶，又让鹿驮了一驮茶，返回吐蕃献给赞普，赞普饮罢茶水，随即病愈，于是吐蕃乃有饮茶习俗。另据李肇的《唐国史补》载："常鲁公使西蕃，烹茶帐中，赞普问曰：'此为何物？'鲁公曰：'涤烦疗渴，所谓茶也。'赞普曰：'我此亦有。'遂命出之，以手指曰：'此寿州者，此锦州者，此顾渚者，此蕲门者，此昌明者，此灉湖者。'"常鲁公使西蕃是公元781年。可知，唐时许多内地名茶，包括湖南、湖北、安徽、江西和江浙等地的茶，已经传入西藏。茶叶一经传入，它所具有的助消化、解油腻的特殊功能，顿时使它成为肉食乳饮的藏族人的生活必需品。明人王廷相在其《严茶议》中说："茶之为物，西戎、吐蕃古今皆仰食之，以腥肉之食，非茶不消；青稞之热，非茶不解。"上自王公贵人，下至平民百姓，饮茶成风，嗜茶成性，纷纷争相竞求。

旧时藏族上层社会使用的茶壶

在传入西藏的茶叶中，云南特产的大叶种普洱茶，由于茶气浓郁，回味无穷，打出酥油茶来特别香醇，而且颜色极好，所以深受藏族人的喜爱。1931年，曾在西双版纳从政并经营茶叶生意的李拂一在《西藏与车里之茶业贸易》一文中说："我记得有人这样说过：西藏所需茶叶，自来都是由川输入，近来被印度茶将销场夺去了。其实这种茶是由车里、勐海运去之普洱茶，真正印度产之茶叶，藏人是不欢迎的。"李拂一先生曾与滇西北的马帮商人合作，从云南西双版纳勐海开辟了一条经由缅甸、跨印度洋到印度加尔各答和噶伦堡运茶入藏的线路，有人就误以为那是印度茶。

易武老茶号——车顺号

云南普洱茶的制作,一般是将茶叶采摘回来后,当天用锅把青叶炒至凋萎,谓之杀青,然后倒在簸箕中反复揉搓成条,再在日光下暴晒,或用火焙干,这样就成了粗制茶,也叫散茶。在过去,茶庄将各个茶农的粗制散茶购入后,挑选加工,分别制作成圆形茶饼、团形沱茶或方形茶砖等。圆形茶饼称为"圆茶",也叫"七子茶"或"筒茶",每饼圆圆的像个饼子,直径半尺左右,每饼重为老秤的7两,合现在的357克,这样7饼茶为一筒,49两,约合老秤的3斤、现在的2.5公斤,包上笋叶,用竹篾捆扎结实,印上"普洱贡茶某某号监制"的字样,是为筒茶。32筒为1茶引100斤,便于沿途计

版纳南糯山哈尼族傻尼人炒茶

税收费。24筒为一驮，约合现在的60公斤，然后分装成两箩，便于马帮驮运。沱茶每个重老秤八九两，也以相同的重量包装运输。老茶带梗剁细蒸软，压成茶砖，只用于销往藏族聚居区。因为老茶根本无法泡茶水喝，却是打酥油茶的上好茶叶。不管筒茶、沱茶、砖茶，都深受藏民族喜爱，于是，滇藏茶马古道就日益繁忙起来。

明末，云南进行了17年的抗清斗争，因战乱，对藏族的茶叶供应少了，后来一俟清兵入滇，藏族立刻要求恢复茶马贸易。刘健《庭闻录》记载，顺治十一年（1654）三月，"北胜（云南丽江永胜）边外达赖喇嘛、干都台吉以云南平定，遣使邓儿墨勒赍方物，求于北胜州互市茶马。"可见藏族对滇茶的需求是多么迫切。顺治十八年（1661），云南销西藏的茶叶就达3万担。道光至光绪初年，是云南普洱茶生产的一个极盛时期，仅西双版纳六大茶山的最高年产就达8

罗布林卡奉宝茶壁画

万担,其中很大部分销往藏地。

进入民国后,滇茶藏销也一直保持旺盛势头。据谭方之《滇茶藏销》统计,民国年间,滇茶入藏一年至少有一万担:"滇茶为藏所好,以积沿成习,故每年于冬春两季,藏族古宗商人,跋涉河山,露宿旷野,为滇茶不远万里而来。是以紧茶(普洱茶包装之一种),不仅为一种商品,可称为中藏间经济上之重要联系,抑且有政治联系意义。概藏人之于茶也,非如内地之为一种嗜品或为逸兴物,而为日常生活上所必需,大有'一日无茶则滞……三日无茶则病'之概。自拉萨而阿墩子(今云南德钦),以至滇西北转思茅,越重山,过万水,历数月络绎不断于途中者,即此故也。"又据1933年云南民众教育馆编印的《西南边疆卷二:云南边地问题研究》记载:"云南于康藏一

如果是在路途或野外,几块石头一架锅,就可以打上酥油茶

带的贸易，出口货以茶叶为最大。康藏人民的茶叶消耗能力，可算是世界第一。他们每日三餐，一刻不能没有茶，所以云南的十万驮粗茶，三分之二以上都往康藏一带销售。普思边沿的产茶区域，常见康藏及中甸、阿墩子的商人往来如梭，每年贸易总额不下数百万之巨。"

这样，由于统治者提倡、人民需要，滇茶就像春雨一般渗透到涉藏地区的每一个角落。大量的茶叶运输贩卖也就应运而生。赵应仙他家和其他许多人家一样，祖祖辈辈也就在这上面找到了自己的衣食饭碗。

赵应仙他们那时运到西藏的茶叶大多为紧茶，一个个用竹箬子包起，七个装作一筒，长长的，所以也叫"七子茶"，然后15筒或18筒为一只（有人也称为一包），有50多斤，一驮就可以驮两只，30或36筒，100~120斤。商号和马帮都是用现金买进茶叶。这样两只一驮的茶叶运到拉萨，可以卖到十多张面值为七两五钱银子的藏票"罗日"，那一驮茶叶就值百两银子。"罗日"是在拉萨附近的甘丹寺印制的，也有擦绒主持的扎基寺印制的四种面额纸币，最大面值有100两藏银的，当时通行整个藏地，以弥补硬通货银元或银两的不足，当然更便于携带，但边远地区的藏民族并不接受这种纸钞。

喇嘛寺的僧人在打酥油茶

而在丽江市场，一驮茶叶也就二十几元半开银元，合藏银七八两左右。所以，一驮茶叶由丽江运到拉萨，增值高达十倍以上。一驮茶叶就可以换回一驮氆氇或是一驮山货或是一驮洋货，这些货物运回到丽江又可以赚上一次。这就难怪商家们纷纷去做这项生意。只不过，实在辛苦了那些赶马人和骡马。

　　赵老先生认为，有些藏族好像并不怎么在意云南茶的味道，而特别看重颜色，在他们看来，煮出茶水粉红粉红的就是最好的了。马帮只要在茶马古道跑上几趟，就知道什么东西在西藏那边最好卖，容易出手，于是就在丽江备齐了驮去。最大宗最好卖的就是茶叶，那边的喇嘛寺一打酥油茶就是大锅大锅的，一天从早喝到晚，茶的消耗量特别大。有些喇嘛寺动辄几千僧侣，一天不知要喝掉多少茶。

拉萨色拉寺的熬茶大锅，其中一只内有藏文铭文：
非凡享受之聚集，渊源无尽之宝藏

尤其宗喀巴开创的每年大昭寺传召大法会期间，逾万僧侣聚集，其"煎茶巨釜，大如小屋"，因而有叱茶之举，由监督喇嘛苛责之，促其速沸，仪式甚庄严（刘曼卿记载）。据说茶叶醒脑安神，有助于僧侣们念经修炼。所以茶叶最大的买主就是喇嘛寺。2012年，拉萨色拉寺大修，将昔日寺里熬茶的大铜锅抬了出来，我在其中一口大锅的内里发现一串藏文铭文，翻译成汉语，大意为"非凡享受之聚集，渊源无尽之宝藏"。足见在藏传佛教僧侣和藏族人心目中，茶叶是多么的珍贵！我自己也注意到藏地寺庙里的僧侣大多身体强壮，腰粗膀圆的，即使上了年纪的也肌肉发达，黑红黑红的，冬天还光着膀子，让人十分羡慕。赵老笑道，这个跟喝酥油茶的关系也有一点。

有时马帮将茶叶运到了拉萨，受到那里的聪本的欢迎，他们也会跟马帮定好了第二年再买他们的茶叶，而且还愿意付上一点定金。有时可以先拿走藏族聪本的山货，到第二年再驮去茶叶卖了付款，或直接折抵货款。像察瓦龙的藏族聪本到了丽江，常常先赊了茶叶运走，以后再驮了山货来冲账。所以说马帮交易不一定都现买现卖，做生意一定要灵活，这样才会财源广进。没有本钱也可以贷款去做生意。一次贷个百十块钱没有问题。当时的丽江已经有类似信用社一样的融资机构。而那时的商人都很讲信用，说到做到，如果有了什么差池的话，宁可自己倾家荡产，也要对对方负责。这跟今天那些抵死了老脸搞三角债的完全是两回事。

走夷方上茶山的马帮

早在 1931 年，在云南西双版纳任职并从事茶叶贸易的李拂一先生就撰文指出："现有制造品中，当以农产加工之茶叶为第一大宗，年产额合江内外（澜沧江江内外）计二百余万斤，每年运经缅甸、印度转销西藏，及西藏人直接到佛海县（今勐海县）购买的，约达一百万斤以上。此外，则运销缅甸、泰国、越南和中国香港、四川等地，一年也不下百万斤之数。"那仅仅指西双版纳江内外的茶，没有包括临沧、大理、保山等地的。其实在云南境内的澜沧江流域，除了滇西北的迪庆高原，都大量出产茶叶。每年的产茶季节，都有大量马帮上茶山收茶运茶，将茶叶经由各条茶马古道运销出去。1990 年我们首次考察茶马古道时，在德钦溜筒江采访到的一位老赶马人，居然赶马帮去过滇南的思茅（今普洱）驮茶！

但进入 21 世纪后，昔日曾在西南驰骋，在茶马古道和其他古道上冒死来往的马锅头和赶马人的故事，随着岁月的流逝已成为遥远的梦幻，随着马锅头和赶马人的一个个去世而烟消云散。意外的是，在2018年旱季行走茶山之行程中，从普洱市文化局副局长张永磊先生处获悉，在普洱市镇沅县振太镇，还有一位老马锅头健在，有一身精彩故事。在张副局长的带领下，我们一行两车，从普洱经宁洱、景谷和小景谷，逆着威远江蜿蜒北上，直奔镇沅县振太镇。

先到南达河上的"难搭桥"。南达河由北而南汇入景谷河，再汇入威远江，最后汇入澜沧江。从振太南下走夷方，就必须跨过它。早先，只能选择水流平缓处绕行涉水，光绪六年（1880），人们不畏艰难，在塘坊村南的南达河悬狭处，建了一座单孔跨径10米的石拱桥，桥长13米，宽3.3米，悬于河面20余米高，看上去令人惊绝！桥东尚保留有一段50多米的石铺古道，当年不知有多少马帮从这里走过，现在踏上去，顿由足下生起沧桑感。

建于1880年的振太南达河上的难搭桥

由难搭桥北上不到10公里，就是侨乡振太镇。"振太"之名，得自于昔日"振兴""太和"两乡镇之合并。振太镇发展得很好，街道整齐干净，建筑很新，街上有"侨乡大酒店"，还有鳞次栉比的客栈、商店，可见人货往来相当繁盛，很有些当年的样子。当年就有马帮商人南下贸易、侨居缅甸等地，故有侨乡之称。振太向西即为邦东、博尚、临沧，向南则达景谷、普洱、版纳，西、南两方向均可出缅甸、泰国；往东则连接楚雄、玉溪、昆明，往北是景东、大理、丽江和西藏。从这个范围说，振太亦为重要十字路口，它的商贸地位和商业氛围由此而来。附近太和村还有条紫马街，一说是当年的练兵场，一说是骡马交易市场。在过去人挑马驮的时代，马帮为当地重要生产力，几乎所有商品货物的贸易，均靠马帮物流完成。整个振太当年形成大小四十多家马帮，常年有一千五六百匹驮骡运行，最多的时候有两千余匹，其中文索村的罗、王、杨三家就有六七百匹，占到一半。也许就因为文索已到山脚，多石少地，人们只好以马帮为生。我们去拜访的老马锅头杨春林，就出自文索村的马帮世家。

镇沅县振太镇文索村老马锅头杨春林一说起昔日的马帮生涯，便滔滔不绝、神采奕奕

文索村就在振太镇北两三公里处,周围山清水秀,村里古朴静谧,一条被当年马帮踏出深刻印迹的小道将我们引领到杨春林老人家里,老人正坐在相当宽敞的院子里晒太阳读书哩,那院宅当然是其先辈赶马帮挣钱置下的。得知我们要了解昔日马帮情况,92岁高龄的杨春林两眼放光,马上就打开话匣子,滔滔不绝说了起来。他虽然耳朵背,方音重,但头脑清醒,于马帮事宜记忆犹新,昔日的马帮生涯无疑是他这一生的精彩。

从老马锅头杨春林那里得知,振太马帮有"扎帮""顺帮""搭帮"几种形式。不管是哪种形式,都以一两个赶马人所管理的五六匹骡马构成一"把",几把几十把组织成帮,就是我们所说的马帮,头领就叫马锅头,他路上会有自己的骑骡,穿自家做的布鞋,佩带小枪,负责指挥调度、经营管理马帮的生意;一般赶马人穿锅头给买的草鞋,

马帮出门时必须看鸡腿骨卦

负责照管骡马（包括钉马掌等）和货驮，也得做生火做饭、刷锅洗碗、搭帐篷等马帮杂务。马帮队伍里走在前头的为"顶把"，由富有经验的赶马人率领，负责开路带路，每天开烧（做饭吃）和开亮（住宿）扎营，要选定草好、水好的地方，以便放养骡马，好管理。杨家马帮的顶把就很精干，虽然没文化，但为人处世极好，不苛刻人。在马帮最后面的叫"把梢"，负责收尾、放哨。每个赶马人在入帮后，如果表现好，信得过，马锅头就会买一匹骡子给他入伙经营，挣两份钱，幸运的话，他也能慢慢成为拥有自己马帮的锅头。加入马帮的赶马人都是按劳分配，有一个月挣七八元半开的，也有挣十几元的。

杨家的马帮就是从排行老三的杨春林的父亲杨元亮做起，先养了四匹母马下骡子，凑起一把赶马帮，但才发展到两把就死了；杨春林的六叔杨元启接手赶到三把，又死了，然后是七叔杨元亨接着赶，到

滇南马帮大集镇红河迤萨的马帮城堡

他40岁左右不在了交给杨春林时，杨家的马帮已有七把另两匹，赶马人最多时有十六七个，成为远近有名的较大马帮。那是两代人前仆后继才积累起来的。1951年，杨家的马帮入了合作社，杨春林结束了马帮生涯，成为种地的农民。

马帮每次出门上路，要杀一只大公鸡看卦，看鸡大腿骨短的那节上的小洞洞，三眼卦最好，五眼卦就不能出门。走在最前头的头骡挂一对直径十几厘米的"大铃"，声响可传两三里外，公母都可做头骡，但它要会"带步"，就是认路并控制好马帮行走的速度和节奏，后面的骡马挂一串10个小的马铃铛"钞子"，口戴野牛毛编织成的"笼子"，前面有"攀胸"，后面屁股两边分别有两串叫"腿坠"的楸子。马帮上路后就看太阳和月亮的位置判断时间，每天基本上都是早早起驮上路，过午即歇。马帮还必须带着十滴水、藿香正气水之类和虎牌清凉油，防治疾病和蚊虫叮咬，还带着胡椒和草果，到有野兽的地方开亮（露宿），据说在火塘里烧几个草果、胡椒，能驱赶野兽毒虫，确有野兽逼近就使劲打枪。那时的马帮，为了安全，都是有武装的，一般携带的是老五子长枪，约100元半开一支。富有的大马帮也有轻机枪。路上一家的马帮烧一个火塘，一般是四五个火塘一起扎帮走，光有骡子没有枪是不能扎帮的。路上拥堵互不相让时，马帮之间也会干仗，但动手动脚不动枪。一般弱小的马帮碰到强大的马帮或外地马帮碰到本地马帮，都会主动歇在一边让路。马帮还会带两三只狗，途中帮着守驮子，快到家时会先跑回家报信。杨春林当年就有一条白狗，很忠诚，死后好好埋葬了它。赶的骡马，一路死得很多。马帮使用的骡马要到祥云、大理的骡马会上买，上好的骑骡要1000元半开，一般的驮骡就一两百半开。在那个年代，一个普通人家的年开销，也就 200 元半开上下。

时隔多年，经过时间的沉淀，昔日冒着各种风险、以命相搏的马帮生涯，在杨春林心目中，已经只留下好玩的记忆：一天换一个新鲜床铺，虽然也就是就地砍个大叶子来垫着睡，盖的是毡子或棕片缝制的蓑衣。马锅头有帐篷住，赶马人就是钻到马驮子下睡。路上寂寞就唱唱赶马调、讲讲笑话，苦并乐着。至今杨春林还能哼唱当年上茶山的赶马调：

哎——来到茶山对茶歌，
妹子摘茶快如梭。
十指尖尖你绣什么？
荷包送给赶马哥。
（女）哎——阿哥呀，
哥到茶山赶茶会，
雨前春尖卖你们。
荷包是妹心头爱，
哥若有心来上门……

所以也有看上妹子丢下马鞭子上门的。路上有合得来的异性，搭伙子的也有。重要的是，马帮为赚钱养家，在商场上有着"生意头上不让针"的算计，但在公益事业上则体现着"人情头上可让马"的精神。无论在做人做事上，还是在家乡建设上，他们都有着良好的口碑和建树。

作为专业马帮，杨春林由振太出发，东西南北几个方向上的路

思茅海关前的马帮货驮 （洛克/摄）

都走过。有时驮盐，本地的按板井盐（也叫"象脚盐"）特别好，可以当药吃。有一次振太马帮一千多匹骡马、几百条枪，驮按板盐到缅甸腊戍卖，那边只有质量不好的沙盐。途中碰到卡佤人来抢劫，一直尾追到腊戍才罢休。杨家请了一个代理锅头赶了4把骡马扎帮去，其中一个赶马人被打伤了左臂，杨家给他治伤，还给了200元半开抚恤。马帮有时驮洋烟（鸦片），那时澜沧、孟连、西盟一带种大烟，8元半开一两，运回来可卖到10元一两。更多时候，马帮是"驮茶脚"。

振太马帮主要是南下"走夷方"，那就必得经过绵延不绝的茶山，沿途贩运茶叶是马帮的主业之一。也有驮茶上省城昆明的。当年在勐海到勐阿的路上，杨春林就见过很高且要几个人才能合抱的大茶树。景谷有蒋、董、孔、李和姓纪的几家收茶卖给马帮。秧塔有几棵大白茶，一般人根本买不着，一年才收得一两百斤，价格也比一般的茶高三倍，要近2元半开一斤。一般的茶5角钱一斤。普洱本地人没有开大茶行的，振太的马帮大多是帮腾冲帮的洪记（洪盛祥）和鹤庆帮的恒盛公驮茶，从勐海到景栋，一年要走四五个来回，走八九回的时候也有。从缅甸回来，他们就驮棉花棉纱等洋货进口，那时的云南，几乎家家纺线织布，尤以河西（今并入通海县）宽达二尺多的土布著名。

杨春林年轻时在缅甸景栋的留影

就在抗战胜利的1945年，杨春林家的马帮到了缅甸景栋，他在那里换上美军留下的衬衣和西裤，系上领带，穿着时髦的胶鞋，拍摄下一张帅帅的照片。

云南的普洱茶山由来已久。清雍正年间云贵总督鄂尔泰改土归流后，仅西双版纳古六大茶山茶叶最高年产就达八万担，以致"西双版纳几乎家家种茶、户户卖茶，马帮塞途，商旅充斥。这一时期

滇南茶马古道重镇鲁史镇上的茶庄

每年约有马帮五万匹于春秋二季来回于滇西、滇南及缅、越、老等地运输茶叶"。"清代乾隆、嘉庆年间，云南的普洱茶、勐库茶、凤庆茶年产量为十万担，这些茶叶除少量供当地饮用外，百分之八十作为主要商品运输省内外各县和四川、西藏，其中部分远销缅、越、老诸国。"（李拂一先生语）乾隆元年（1736），清政府将云南攸乐同知移往思茅，改称思茅同知，从此思茅成为普洱与西双版纳之间的茶叶中转站，思茅城也因"普茶远销"而繁荣起来。道光至光绪初年（1821—1875），思茅城商旅云集、市场繁荣，"年有千余藏族商人到此，印度商旅驮运茶、胶者络绎于途，滇南马道已成为一条茶叶商道"。20世纪初年，茶商们经由思茅，将制茶及销茶中心部分移到新兴的勐海，进而将茶叶经打洛口岸、缅甸景栋、仰光，跨印度洋和喜马拉雅运销藏地。当时滇西各大商帮商号，大多在缅北的曼德勒、八莫、腊戌、孟拱等地开设分号，大规模进行滇缅间贸易。甚至在较为偏僻的缅甸南掸邦之重镇景栋，云南人也有较大影响。两地之间的物流往来，几乎完全依靠原始的交通工具——马帮。

　　由云南西双版纳勐海（旧称"佛海"）之边境口岸打洛到缅甸景栋，马帮行程约为3日。每年12月到次年4月之旱季，云南与景栋之间的路上，商人马帮穿梭不息，成千上万的马帮驮队，驮着华丽的丝绸、棉布、服装、铁器和茶叶，以及其他产品进入景栋。景栋城里的每次大集市，都可见到中国人、泰人、缅人、掸人、拉祜人、佤人、克钦人、印度人在热闹交易。通过这种持续不断的贸易，中国在景栋的影响巨大，甚至在当地形成了一个规模相当大的云南人社区。泰国北部的湄赛、清莱、清迈也如此。杨春林记得景栋有一处孔明庙，是傣族供奉的。他还用过当地通行的大搬桩银元。缅甸的卢比银元比较值钱，一个可换4个滇币半开银元。当一队队马帮叮叮当当响着马铃进入景栋的集市，那就是交易的高潮了。

　　近代以来，由景栋到缅甸南掸邦首府东枝已通公路汽车两日可达。由东枝更有汽车行20公里左右到瑞仰，从瑞仰即可乘火车经海和、大市，两日便可达当时缅甸首都、海港都市仰光。杨春林当年最远就到过缅甸东枝瑞仰，印象里，印度人黑黑的，跟佤族一样。

　　而在滇西北的丽江贸易市场，每年9月到次年春都有古宗藏族赶着马队络绎不绝地到来，领取茶引（经营贩运茶叶的执照）后，赶赴普洱、思茅贩茶，有的甚至直达当时为镇越县的易武贩茶。从丽江经下关、巍山、景东、景谷到思茅一带，马帮结队，沿途的大理、红河、楚雄、临沧、普洱马帮，见有利可图，也纷纷加入进来。每

大理三月街从古至今都是滇西乃至西南的商贸中心
（图为民国时期的热闹场景　洛克/摄）

年仅茶叶一项的贸易额就很可观。汉族、白族、纳西族、回族、彝族和藏族商人还常参加一年一度的大理"三月三"贸易活动，各族人民互通有无，已经形成相当繁盛的产购运销机制。杨春林就亲自见过古宗马帮来振太和小景谷买粗茶，他们个头高大，穿氆氇长袍，系腰带，挂腰刀。马帮骡马更大，不修剪鬃毛，还带着大藏獒。他们带熊胆、麝香和酥油来卖，每年都有来的。当地人将酥油炖化了，放上葱姜，用来按摩，可治风湿疼痛。

不待我们追问，老马锅头杨春林的思绪和讲述早已飘飞到精彩的马帮岁月，昔日马帮赶马谋生拿命换钱、风餐露宿奔波各地的身影不仅高大凸显，甚至泛出浪漫之光来。这些老马锅头都显示一些共性：有胆量、有能力，重情谊、讲信义，眼界开阔，见多识广，还很有胸襟和智慧，并且记忆力都很好。我只能说，马帮生涯对他们的人生影响至深。作为后来者，我更能从中感悟到人类为了生存所激发出的无畏勇气，所付出的难以想象的努力，以及世世代代都能够激动人心的精神。正是这勇气、力量和精神，使得人类生活有了价值和意义。

马帮，完全是一部属于过去时代的传奇和史诗。

滇川马帮道

云南与四川山水相连，滇川之间的交通道路古已有之。其中最早一条，就是人们所称的"南方丝绸之路"——从天府之国的成都盆地出发，经邛崃、雅安和西昌，渡过金沙江进入云南，或经乐山、犍为、宜宾进入云南昭通，南下会泽、曲靖和昆明，西行楚雄，与西线过西昌南下的路会合，再经大理西渡澜沧江（汉代，就有行人作古歌赋："汉德广，开不宾；渡博南，越兰津；渡澜沧，为他人。"）后来，古兰津渡建起铁索霁虹桥，全长106米，宽3.7米，净跨60

连接五尺道与永昌道的博南古道——兰津古渡

余米，由 18 根铁索组成，跟四川大渡河上的泸定桥有得一比。铁索两端固定在澜沧江两岸的峭壁上，桥的两端建有一亭和两座关楼。桥西石壁上刻有"西南第一桥""金齿咽喉""人力所通"等古人题词，历史上累毁累建，现因建设水电站淹没水底。然后经保山（古称"永昌"）、腾冲（旧称"腾越"）或瑞丽，出境缅甸达天竺印度。有学者

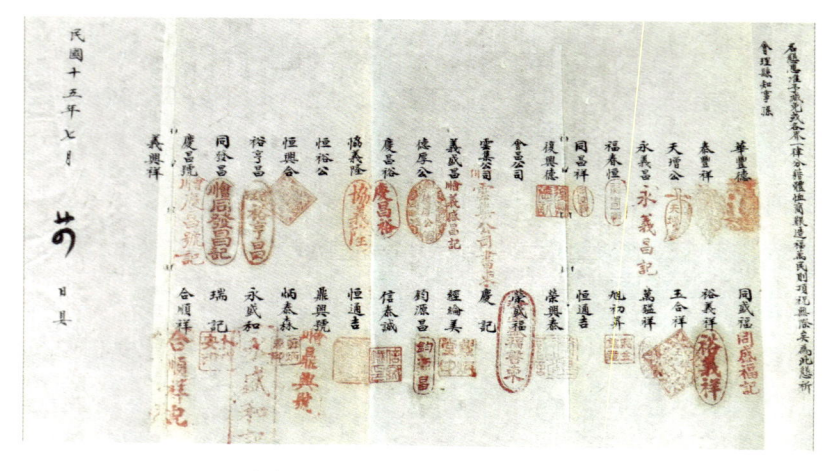

云南商号福春恒等在四川经商留下的档案

依据司马迁《史记》里的记载，甚至认为这条古道的开通早于北方著名的丝绸之路。

近代，随着滇西鹤庆、腾冲、喜洲三大商帮的兴起，上述古道重又勃发生机，但其交通运输方式，仍为原始的马帮。

1909 年徒步走过云南的英国人丁乐梅就一再抱怨："实际上，除了'不堪忍受'之外没有什么词能够形容云南的路况。很多地方根本就没有路，有路也很少维护——我得说除了极少极少的例外，所有路都从未被修整过，哪怕它们彻底不能通行了，也要凑合着用。"

在走过滇缅之间的道路时，丁乐梅更指出："那里的群山规模要大得多。由于路面湿滑兼且危机四伏，回顾这条路真是一番斗争。我们亦步亦趋地追随着它，但每一步的跨度都不寻常，甚至以中国的标准来衡量都不寻常。""我们向上、向上、再向上，上气不接下气，在每个转弯处我的仆人们都迈不动步。从悬崖上落下的巨大石块险些堵住了路，正前方的塌方也确实夺去了我们的部分路程。这条路别提有多难走了，由于它太湿滑，我简直无法立足。……我无法想象世间还有哪条上天铸就的道路比这里更凶险；而且作为一条所谓的铺了路面的路，一切与西方与云南这一大省的贸易都在这条路上

四川会理古城楼

进行，一切从缅甸的进口都要经过这里……"

由滇西大理至四川会理和宜宾、乐山和重庆，与长江黄金水道

连接滇川界河的金沙江拉鲊渡口已经大桥飞架

相连的道路，也只能通行马帮，也一样艰险难行。一些云南商帮商号，用马帮将著名的下关沱茶运销川渝地区，又将那里盛产的丝，反向运销缅、印。这条路汇聚着滇川两省的历史、商业贸易和重新勃发的生命力，更显示着马帮的重要性。抗战时期，国民政府交通部除全力保障滇缅公路的畅通外，还在昔日滇铜运京的线路基础上，开通了"叙昆运输线"，

上图　滇川交通要津盐津豆沙关——古代五尺道、关河水路与铁路、老公路和高速公路并举而出
下图　滇铜京运的马帮塑像——盐津豆沙关

并在昆明和宜宾的横江镇设置驮运管理处，以人背马驮的方式尽力保证大后方的物资供给。在这条路上创业起家的云南喜洲帮永昌祥商号老掌柜严子珍，就特别注重物流运输。他13岁出道经商，自己从一驴一骡、一步一步做起，不仅对所涉及区域的商品特性、产销渠道都很熟悉，而且他十分重视经营的马帮运输环节。在交通运输极为不便的滇川、滇藏、滇缅等区域，马帮运输就是商业的命脉，交通运输通畅，才能维持商号的正常运作，也才能获取可观的利润。所以，严子珍的经营作风中，为人称道的一点是尊重赶马人，他总是亲自招待马锅头，传烟、斟茶，至老不变，并常对学徒们说："赶马人是我们的衣食父母。"此话的确道出了茶马古道上马帮的意义。

位于四川宜宾横江古镇码头附近的当地大户肖公馆，曾为驮运管理处所在

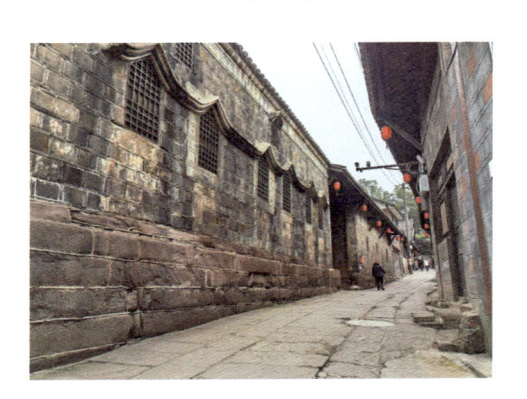

云南商号永昌祥设于四川宜宾横江古镇的分号和货栈所在

中国民主革命的伟大先驱孙中山先生曾有如此题词："道路者，文明之母，财富之脉也。"中华民国时期滇系军阀首领唐继尧也有这样的认识："欲要国家富强，必得工商业进步；欲工商业进步，必使交通发达；故交通为国家之命脉也。"

马帮的交通运输，也就是现在所谓的物流，在过去交通极为不便的条件下，与商家的经营和利润有着至关重要的关系。

抗战时期，通往印度的道路除云南的丽江、迪庆至拉萨一条外，还有经过西康之打箭炉（今四川省康定市）至拉萨一条。那一条道路自古也是一条茶叶山货贩运之路，也是汉藏交往的官道。四川盆地及周围山地出产的茶叶被称为"大茶"，由这条路源源不断地运往藏地。现在有人因为此茶是销往藏地的，将之名为"藏茶"。我以为不妥。茶叶一般都以原产地命名，如以销售地来命名，就乱套了。我的建议是，既然藏销茶以雅安周边的茶山为原产地并以雅安为制作销售中心，不妨命名为"雅茶"，既符合命名之规范，又为雅安著名的"雅女、雅雨、雅鱼"三"雅"再添一雅，何"雅"而不为呢！

今天从丽江跨越金沙江通往永宁和川西的道路已比当年的马帮路好很多，但仍不失艰难曲折

滇川马帮道

四川大茶由背夫经茶马古道背到康定

四川泸定桥老照片

销藏川茶之所以被称为"大茶"（藏语叫"龙布斯卡"），乃是因为它特殊的包装方式：用竹篾编成长一米多、大腿粗细的容器，将一块块蒸压而成的茶砖压塞在里面，成大大的长条状，一条重约16市斤，合8公斤。这跟云南的沱茶、紧团茶和饼茶形成显著的区别。有的川茶也做成单独包装的砖茶。至今，四川、陕西和湖南还为谁是砖茶的开创者争论不已。

同时作为茶马古道的大中转站，丽江与打箭炉之间也有马帮道路贯穿。自古以来，两边的商人和民间人士经常往来。有很长一段时期，从丽江运往康定的大宗货物是大烟，即著名的"云土"，回头货是当地盛产的黄金、皮毛及各种山货。

不幸的是，四川缺乏云南这样善走山地高原的骡子和马。于是乎，在那条道路上，有了一种奇特的运输方式：人背。许多社会底层的人们出于生计，不得不从事繁重的背运工作。四川背夫有着令人惊讶的韧性和耐力。至今四川人仍以能够负重行走而著名。

这些四川背夫一人一次能背十二三条合200市斤（100公斤）上下的大茶，近于两匹骡马的负重量，每个人自己还要带一个干粮袋，从四川油津（现新津）、邛崃、天全或雅安等地出发，分大小二路翻过二郎山或"大相岭"海拔4000多米的山口，会合后从建于康熙四十四年（1705）的泸定桥上跨过大渡河到康定，走一趟约需20天时间。在一年中的大多数时间里，山上往往都还积着冰雪。路上他们只能用一根叉子棍撑住背上的货物站着休息一下，吃点干粮，晚上就睡在背风的石崖下。在有人烟的地方，会在石头墙壁上留一个洞，背夫往里面投几个铜板，里面就会伸出一支点燃的烟枪，供精疲力竭的背夫吸上几口鸦片。这段距离哪怕在修通了公路后，小汽车也要跑个两头见黑才能到达，而大胆的四川司机提起二郎山就摇头。有一首豪迈的歌曲歌唱过那条险峻的道路和修筑它的工人。他们恐怕也不知道当年的背夫是怎样翻越二郎山的。近几年，在二郎山公路隧道凿通后，由成都平原西行康定的道路才真正变成坦途，乘汽车由成都到康定只需半天时间。

我这一生恐怕都没有可能去体验身负100公斤重物走400多公里山路是什么滋味了，但我能想象到那是怎样的一种艰辛。

在经过十多天艰苦卓绝的跋涉翻过大相岭、二郎山后，那些背夫往往一大早天不亮进入折多河峡谷中的康定城，各商号的人员早就守在城外，等着他们，领他们到店里下背子，看条子验货，然后就付脚钱给他们。要去得晚一点，茶叶货物就会被别的商家接走。而那些背夫交掉货物领到钱后，就在路边拣三块石头架起背来的锣锅，烧水打茶喝，喝一口茶，吞一口他们自己带的粑粑吃。那粑粑

木里大寺（洛克/摄）

厚厚的，又硬，掰都掰不动，不在茶水里泡软了就根本吃不成。他们就这样一二十人聚在一起，所有人的背脊全磨烂了，就像骡马被鞍子把皮肉磨烂了一样。吃过粑粑喝过茶，他们就一对一对站起来，相互作揖道歉，把丑话说在前头，要对方不要多心，然后其中一个就趴到地上，另一个就用煮过的茶叶在他烂掉的脊背上搓，把烂了的皮肉都抹掉，最后敷上一些大烟烟灰，用来止血封口。背夫们一个个疼得像挨宰的猪一样嚎叫，一个做完了，又由趴着的那个跳起来给另一个做，然后又是一阵阵嗷嗷地嚎叫。

这样子干完后，这些背夫就跑到大烟馆去，躺在吱吱呀呀的破床上，头底下枕一块土坯就抽起大烟来。这些人真是既惨又不成器！

这个故事我是从黄俊生先生那儿听来的。时隔五十多年，黄老先生提起那些四川背夫还唏嘘感叹不已，感觉他们是最可怜的人。

据黄老先生讲，康定那些来商号帮着给茶叶打包的、上茶叶驮的小工也很惨，他们从来都是干完活不洗手就打茶喝、揉糌粑吃，问他们为什么不洗手，他们回答说洗了手茶叶就洗掉了。他们连手上沾的那点茶叶粉末都舍不得。

黄先生字钟杰，生于1920年，我拜访他那年他已是78岁高

丽江仁和昌商号的经理人黄钟杰先生熟悉茶马古道上的种种事迹

龄，还帮着家人守着一片杂货铺。他父亲黄嗣尧先生就是当年丽江最大商号仁和昌的总经理，在仁和昌干了48年，1960年68岁时去世。可以说，赖家仁和昌的兴盛，跟黄嗣尧先生精心尽力的经营分不开。当年，年轻的黄钟杰也跟随父亲进入仁和昌工作，从1939年到1944年，他在仁和昌康定分号待了整整5年，长年累月都是跟马帮、背夫以及茶叶、山货打交道，负责把茶叶等货物发到西藏的昌都。1944年他回到丽江，在丽江待了一年之后，他就跟马帮进了西藏，在拉萨一住就是两年，在那里的仁和昌分号做事，1947年才返回丽江。黄老先生现在仍装满着一肚子关于康定、拉萨和各马帮与茶马古道的故事。

其实，丽江交通川康一带源远流长。早在秦统一六国时，就将"牦牛种"各部落分布的古邛（今四川西昌）、筰（今四川盐源）等地纳入了帝国版图，这一带各民族间已有贸易往来，商人们携带铁器等物到这里换取牦牛和筰马。筰马就是著名的丽江马，古代称这种马"质小而蹄健，上高山，履危径，虽数十里不知喘汗"。丽江人很早就把它们作为交通工具。汉代时，好大喜功的汉武帝两次用兵这一带，想由此打

革囊渡江（洛克/摄）

通到印度的捷径，而民间这一带的贸易更为繁盛。唐宋时期，这里更成为唐王朝与吐蕃王朝及南诏国、大理国之间争战和各种交往的犬牙交错地区。元时，忽必烈的铁骑以革囊渡过金沙江，由这里的山间马道奔袭大理国成功，进一步打通了这些道路。明时，声势显赫的丽江纳西族木土司的军民人众曾经席卷覆盖了这一地区，至今他们的后裔还生活在四川的盐源、巴塘、得荣，以及西藏的盐井等地，在那些地方留下了碉楼、开垦水利田地的遗迹。藏族英雄史诗《格萨尔王传·姜岭大战》反映了这些历史争战、交往。到了清代，随着民间经济的发展，这一区域更成为茶叶和山货大量交易的场所。黄钟杰当年就沿着马帮路到康定经营这一地区的生意。

遍及滇藏川地区的碉楼

那时云南马帮走康定，共有十七八站的路程，也就是说，从丽江到康定，要走十七八天时间，途中要经过三道湾、米易、拖梁子（金沙江渡口）、翠依、永宁、木里、麦地楼、九龙、磨西。丽江的商号马帮在这条路上主要运去大烟、布匹和纸烟，回来时就带一些丝绵、锦缎被面和一些皮货。大量的山货是经泸定越大渡河，翻过大相岭或二郎山，运到成都。但那条路上土匪很多，不加入当地的帮会根本走不通那条路。

国民政府 1939 年始设西康省，省主席是四川军阀、国民革命军第 24 军军长刘文辉。他很少待在他的省会康定，而是长住雅安和成都，以及他和他哥哥、后来著名的刘文彩的老家大邑县安仁镇。他设在康定的禁烟局实际上早就成了大烟专卖局。我想即使他在康定，鸦片也一定会卖的。大烟买卖曾是那里的主要生意。

对那些拦路剪径的土匪，刘文辉也毫无办法。连发了大财的禁烟局长都在路上成了土匪绑的票，花了一大笔赎金才脱了身。最后刘文辉把这些土匪都招了安，全数编入了他的军队，土匪头儿做了警卫团团长，来往的商队商人这才能够平安到雅安、成都去。

曾为四川枭雄又主政西康多年的刘文辉
（孙明经摄于 1939 年）

从德钦的奔子栏,也有马帮路经得荣到四川巴塘,由巴塘经理塘、雅江,就到当时的西康首府康定。或由中甸的东旺,翻过大小雪山,可到乡城,经桑堆然后直抵理塘、康定。但走那条路在当时纯粹是冒险,因为那里正是众多土匪强盗的老窝子。只有人多势众、武器精良的大马帮才敢走那条路。

有时,赵应仙他们就在德钦买进由康定过来的四川砖茶,再运到拉萨去销,居然也还有利润。砖茶压得特别紧,很重,敲一点点就可以煮一大锅酥油茶,所以藏族很喜欢。

无尽的行程

　　北上青藏高原的马帮驮着茶叶等货物,从丽江坝、束河、文海、拉市坝一路迤逦出来,挨着玉龙雪山翻下陡峭的铁架山,就到了金沙江边。马帮及货物从这里的营盘(龙蟠)渡口用平底船渡江。这里江水浩渺,江边白沙洁净,两岸柳树、核桃树成荫,人家点点,一派田园风光。

　　从这里有两条路通往云南与西藏交界处的德钦(旧时称"阿墩子"):一条是从长江第一湾处的石鼓镇,经巨甸到维西,然后溯澜沧江河谷,经康普、叶枝、燕门、云岭抵达德钦;

金沙江营盘(龙蟠)渡口(洛克/摄)

长江第一湾的石鼓镇曾为茶马古道的码头

另一条是到龙蟠，人马货物在此用平底木船渡过金沙江，到虎跳峡口的下桥头，逆汇入金沙江的硕督河，由螺丝湾及艰险的十二栏干盘旋上山，经土官村、小中甸至中甸（旧时称"建塘"）。十二栏干为滇藏茶马古道第一道险要，是当年内地接通中甸的咽喉，路仅一尺来宽，连折十二层而上，下面是万丈深渊，与之对峙的就是终年积雪的哈巴雪山。路两旁危崖耸立，古木参天，令人目不给赏。盘旋上得山去，已是天低云垂、高原茫茫，有大草坝子直通中甸。

中甸独克宗古镇一度也是茶马古道的重要集散地

中甸虽世代有汉族、白族、纳西族等民族居住，但主要世居民族还是藏族。那里的藏族也组织了自己的商号和马帮，并有大量赶马人参与马帮运输，往来于丽江和拉萨等地。由中甸往北，经尼西、奔子栏翻白马雪山到德钦一路，既要经金沙江边奔子栏的褥热，又要历白马雪山的凛冽。

在奔子栏和白马雪山之间，有一座著名的喇嘛寺——噶丹·东竹林寺，那也是过往马帮歇脚的地方，而东竹林寺本身也做着很大的生意。在东竹林寺以上的地带，是密不透风的原始森林，在茶马古道沿途，很少见到那么茂密的原生态森林。不过东竹林寺毁于"文革"后已搬迁位置重建，由原来的书松村，迁到下面一片光秃秃的苍茫大山上，白色的岩石和地表完全裸露在阳光下，白花花的晃眼，更下面是深切下去的金沙江峡谷。上到白马雪山，才可以瞥见一点当年的森林风貌。

深切下去的金沙江峡谷

白马雪山现为国家级自然保护区，为云南省最早设立的国家级自然保护区，那里生息着数量稀少而罕见的国家一级保护动物滇金丝猴。每年冬季，那里仍然大雪封山达数月之久。过去，冬天从中甸到德钦仍要转道维西。在海拔4230米的雪山垭口上，每年都要冻死几个不甘让大雪封住的人。至今我还清楚地记得1986年第一次翻越白马雪山的兴奋和震撼。几座颜色不同的山峰矗立在公路边，有一种出世的肃穆和神秘。云团在雪峰

白马雪山保护区的
滇金丝猴

下飞驰,杜鹃花爬满了苍茫的黑色的山岗。清醇的风直透肺腑,令人陶醉。

至于当年马帮们走哪条路,往往视生意和商号的需要而定。他们有时走维西,有时走中甸。不管他们走哪条路,德钦都是必经之地。说德钦是滇藏茶马古道的门户,完全是写实。

德钦县城升平镇坐落在雪岭深谷之中,海拔 3480 米左右,为云南海拔最高县城,它三面环山,一面向着澜沧江深谷,向北十多公里外,就是著名的梅里雪山,海拔 6740 米的云南第一高峰卡瓦格博就在那里,成为云南与西藏的分界岭。德钦不仅是滇、康、藏间的咽喉之地,更是来往马帮交通必经之孔道和一大中转站,也是茶马古道在云南境内的最后大站,每天往来的马帮货驮络绎不绝,许多商号在那里设有分号,马帮们可以在那儿调整货物,补充给养,马

梅里雪山暨海拔 6740 米的卡瓦格博峰,既是云南最高山峰,也是滇藏茶马古道的分水岭

溜索过江的骡马都吓得够呛（洛克／摄）

铃声、马蹄声和人声不绝于耳。今天在德钦升平镇的两条石板铺就的老街上，还可以看到毗连的店铺，能够感受到它昔日曾有的热闹和繁华，甚至还能看到成队的马帮聚集在那里。

出德钦，向北翻一座小山沿阿东河再至澜沧江边，由溜筒江溜索悬空过江：汹涌的江上以竹编溜索相连，过往人马货物，均须在竹编溜索抹上酥油，增加润滑，再以两头系上皮条的凹状硬木片为滑轮，人捆于皮条上，手握木片，以重量惯性，从此岸较高处溜滑至对岸较低处。初溜者，往往吓得大小便失禁，人畜皆然。而失事坠江无踪者不计其数。

过江后沿江而下，从梅里石翻越梅里雪山，就到了西藏境内。那时的马帮可没有现在这种明晰的省区之间的界线观念。他们祖祖辈辈就在这条路上走来走去，他们跟藏族"主人家"就像亲兄弟一样。

走西藏草地的马帮只需要象征性地交纳一点税费，就可以在茶马古道沿途随意做生意。

翻越梅里雪山是进雪山草地的又一道天堑，其险其艰，远过十二栏干和白马雪山。1990年我们首次徒步考察翻越梅里雪山这段路时，走了三天。所谓上山之路，也就是沿雪溪砾石而上，不要说骡马四蹄不能并立，连人的双脚都难有并立之地。溪水声震如雷，树木阴森蔽日，第一天只能爬到山腰上去一点，在海拔4300米左右的度汤打野休息，寒气逼人。第二天天阴下雨，什么都是湿漉漉的，连石头都浸饱了水。午后顶着纷纷扬扬的雪粉越过海拔近5000米的硕拉垭口，冰川痕迹处处。硕拉垭口上我用瑞士产的海拔表测得的海拔高度为4750米，实际高度可能不止这个数。下山路很不好走，坡度很陡，而且土质疏松，经常有牲口收不住脚滚了下去。如果碰到下雨，那简直就是从泥浆里滑下来。曲折跌奔半日，直接下到梅里雪山北麓海拔近3000米的山箐里，完完全全的原始森林，阴森可怕。才扎下营，黑蚊子就像一朵朵浓云一样笼罩上来，骡子被叮咬得乱跳，心想此夜可能要活活喂了蚊子，没想到天黑定后，蚊子神奇地不见了。天黑得像口大锅压在我们头上，整夜没人敢离开帐篷和火堆。第二天走出山箐峡口才到怒江支流玉曲江边的甲朗乡。我们到达甲朗时，得到乡里唯一会说汉话的扎西乡长的热情接待，甚至召集乡

1990年首次考察茶马古道时热情接待我们的西藏甲朗乡乡长扎西

民,为我们这几个汉地来的远客举行了隆重的篝火晚会。

"甲"在藏语里即为"茶",应该是直接借音于唐代汉语里称"茶"为"槚"的"jia"音,藏语里更将汉人称为"甲米",将汉地称为"甲拉"。也就是说,对藏人而言,汉人就是茶人,汉地就是产茶地。而"甲朗",藏语就是通往汉地和印度之路的意思。

晚清青浦人杜昌丁的《藏行纪程》记述了这一段惊心动魄的行程:"二十七日,蒋公祭雪山,然后迤逦上山,巉岩怪石,峻嶒崒岈,无一步可以循阶历级者,用爬山虎攀藤附葛而上,马四蹄不能并立,毙者不计其数,臭气触鼻,不可向迩。无草无人烟,水声彻夜如雷,树木参天者,皆太古物也。行五十里稍平处下营,帐房仅下数顶。二十八日,又上四十里至山顶平处宿,险处较前更甚,不独中华未有,即塞外亦之少见也。二十九日,又上二十里至最高处,万山皆在足下。土人云:自木鲁乌苏而南绵,亘数千里至缅甸,插入南海,高莫可比,乃天地间之脊也。"

当年在垭口附近,西藏人设了两个哨兵,藏语称他们为"撒宗巴",即看守一个地方的

翻越梅里雪山进入西藏的道路(洛克/摄)

人。他们是当地的察瓦龙巴,即察瓦龙藏族。他们见到云南马帮过来就非常热情,非常高兴。也许他们常年待在那山上很寂寞吧。现在那里只有拣松茸、挖虫草的人活动。但到转山的时节,便有大量藏传佛教信众从那里络绎而过,尤以藏历羊年卡瓦格博的本命年为甚。

梅里雪山的主峰高度为 6740 米，藏民族称之为"卡瓦格博"，翻译过来就是"白色的雪山"。从古到今，它都是藏地，尤其是金沙江、澜沧江、怒江三江区域各地藏传佛教信徒们朝拜的神山。赵应仙在德钦的时候，在过梅里雪山北部支脉的时候，随时会碰到这些被当地人称为"阿觉娃"的来转山朝圣的藏族。他们从哪儿来的都有，西藏的、四川的、青海的、甘肃的，一个个一群群不畏艰险、不惮千里之遥地邀群结伴而来，遇着村寨就靠乞讨裹肚，别人也乐于施舍给他们；在荒无人烟的地方，他们就靠自己背的一点点糌粑活命，稍微有钱的，就以山羊数只驮着一点口粮同行。在德钦，还有人专门做这些阿觉娃的生意，他们用随便一点茶叶、酥油，就可以换到阿觉娃背来的麝香、贝母和兽皮、羊毛，然后又高价卖出去。阿觉娃将徒步转山朝圣看作是终生的荣耀和幸福，绝无乘马者，有的还转不止一次，每转一次，就在山上砍一根一人多高的竹竿带回家里，一根根捆在一起放在家里神圣的中柱上。谁的竹竿数量多，谁的功德就大，来世也就圆满幸福了。在路上，还要小心不让别人碰到那竹竿，否则福气就会被别人带走。在赵应仙看来，这些转山朝圣的阿觉娃比走西藏草地的赶马人还辛苦。

卡瓦格博转山朝圣者（洛克/摄）

但在茶马古道上，当年赵应仙并没有见到磕等身长头到拉萨或卡瓦格博朝圣的人。滇藏路实在太过艰险，许多地方连落脚的平地都没有，路都没法走，怎么磕头呢！

卡瓦格博哪怕在今天，仍然令人谈之色变，至今仍是人类无法亲近的处女峰。

甲朗的下一站就是碧土，可能是因为过去西藏地方政府在此有过"宗"（县）一级行政机构的设置，很长时间里，在新中国成立后绘制的地图上，碧土都标示为县级行政地。其实那只是一座较大的藏族村落，现为左贡县辖下的一个乡。古道一直沿着一条现在地图上标示为玉曲的江水往上走，然后是木垭、觉玛、扎玉。扎玉也在玉曲边上，村子建在一片山顶平台上，要从西藏特有的悬臂桥上跨过玉曲才能进入村子。村里有一座很大的喇嘛寺。扎玉是西藏的一个边防重地和四岔路口，地位相当重要，当时有20多个藏兵驻扎在那

江河激流上命悬一线的悬臂桥

儿。过往马帮在此就要交税。大约是抽二十分之一的税，要付藏银元"桑松"，一个"桑松"抵三两银子。有时马帮也把"桑松"称为"松松"，"松"是藏语的数字"三"。

从扎玉有一条更为艰险的小路通往号称西藏江南的察隅宗，察隅出去溜索过江后，就要翻几无人烟的野人山。因为此山上也有零星土著居住，他们那时还只穿一点树皮树叶，前后各几片，所以过往的人们就把那一带称为野人山。猜测所谓"野人"，就是我们现在称呼的珞巴族，或未明确族称的僜人。过了野人山和中印的交界

世居喜马拉雅南麓的珞巴族

西藏下察隅的僜人

处仅有几户人家的乌郎,就到印度阿萨姆邦的萨地亚。乌郎有中英文石刻的界碑,中文刻有"有朋自远方来"字样。二战期间,英军有数百人驻守那里,并修建了机场,可供驼峰航线飞行的飞机起降。那时也有驻扎玉的中国商人从萨地亚购进棉纱、布匹等货物,雇人背运到察隅,再经扎玉转运到云南丽江,这样比从拉萨进货便捷一些。1990年我们的考察队到扎玉时,那里是区的建制,还设有边防工作站。

1945年,汉人喇嘛邢肃芝(洛桑珍珠)跟随为云南大商号永昌祥承运货物的丽江永宁总管的马帮,从拉萨经由这条滇藏马帮商道到云南返内地,亲眼见证了这条路上来来往往、川流不息的骡帮队伍,想起驻藏大臣保泰的诗:

> 五更骡背满靴雪，残雪菲菲草树荒。
> 身在景中无句写，却教人比孟襄阳。

从茶马古道走过的，人人可比山水诗人孟浩然。而在路上行走，仿佛就是马帮的天性。

从扎玉继续溯玉曲而行，经旺达（今左贡）就到乌雅，再沿江上行，经过马科、田妥，然后就是大草坝上的邦达，玉曲便发源于此。其实，玉曲在这一带一直与发源于藏北那曲的怒江平行，由西北而东南，最后在察瓦龙以北的俄扎绕了两个180度的大弯，于沙布汇入怒江，南下察瓦龙和云南，进入缅甸后称为"萨尔温江"，最后在

察瓦龙乡俄扎怒江与玉曲汇合处，昔日茶马古道逆右边玉曲而上

怒江峡谷中的东坝乡

缅甸毛淡棉注入印度洋之安达曼海。玉曲的东北侧，相隔着他念他翁山脉，则是长达 4900 公里的澜沧江。

从田妥盘旋南下就是怒江边沙坝上的东坝乡，这里也因土地稀少而盛行一妻多夫制家庭，多数男人也像察瓦龙巴一样外出赶马帮做生意。

茶马古道到了邦达，就分成三路，一路到昌都，称为北路，北路的贝母是最好的，小颗小颗的最好看了，叫作"榛子贝"。现在的川藏公路317线就从昌都经类乌齐、丁青、巴青、索县，到怒江源头的藏北重镇那曲，然后接上青藏公路，南下到拉萨。

还有另一路从邦达南下怒江，由白马（今八宿）翻山到然乌，由然乌再向南行，就到上下察隅、出印度，或从然乌顺雅鲁藏布江

帕隆藏布波密段

东线最大支流帕隆藏布西行到波密、林芝，由林芝又可以向北到工布江达，或向南进入雅鲁藏布江河谷，经加查、泽当、贡嘎到拉萨。帕隆藏布两岸有着亘古的原始森林。这条路格外艰险，沿途人烟稀少，野兽出没，而且长期由当地土王掌管，不在拉萨地方政府的管辖范围，当时很少有人敢走这条线。现在的川藏南线 318 国道

通麦天险易贡藏布与帕隆藏布之交汇点，三代大桥横跨易贡藏布

就从这一线通过，不过每年都会被频发的泥石流冲得乱七八糟，无法通行。近年修通了一连串的隧道，昔日最危险的通麦段成为坦途。

第三路才是茶马古道正道。就由邦达直接西去，经过长而辽阔的邦达草原（当年马帮们称之为"长草坝"或八百里"长岗子"），它一直延伸到郭庆，直到海拔4800米的莫波拉山口下。身体棒的赶马人还能在那山口上像猴子一样蹦跳呢。从山口下很陡很陡的山坡就到了马利，那一带全是山头。再走过一个很陡的山头，就到了怒江边。江上有一座马帮用汉语称为"嘉玉"的木桥，藏语叫"夏布野桑巴"，意为左脚跨过去的桥。那桥有两三个桥墩，每个都是用圆木架作"井"字形，中间填装上石头，然后在桥上铺上很厚的木方，桥大约有七八米宽，是当时茶马古道上最宽的桥。在此设有关卡收税，人马各抽藏币一枚。

过桥上山，也是很陡的路，好像一天就能到洛隆宗。洛隆被称为藏东粮仓，此地海拔不算高，跟拉萨差不多，气候温和，适宜粮食作物生长。清朝此地曾有驻军，也有西藏地方政府的税卡。在到洛隆之前的甲义扎嘎沟的路边石崖上，刻有清中期驻藏大臣保泰的一首诗：

　　　　四山环匝密如林，涧底奔泉送远声。
　　　　松映云光悬画轴，岚开晓色挂铜钲。
　　　　忘机野鹜犹耽水，炫眼闲花不识名。
　　　　遮莫陬隅证蛮语，聊将好景记经行。

保泰为乾隆五十四年至五十八年间（1789—1793）的驻藏大臣，

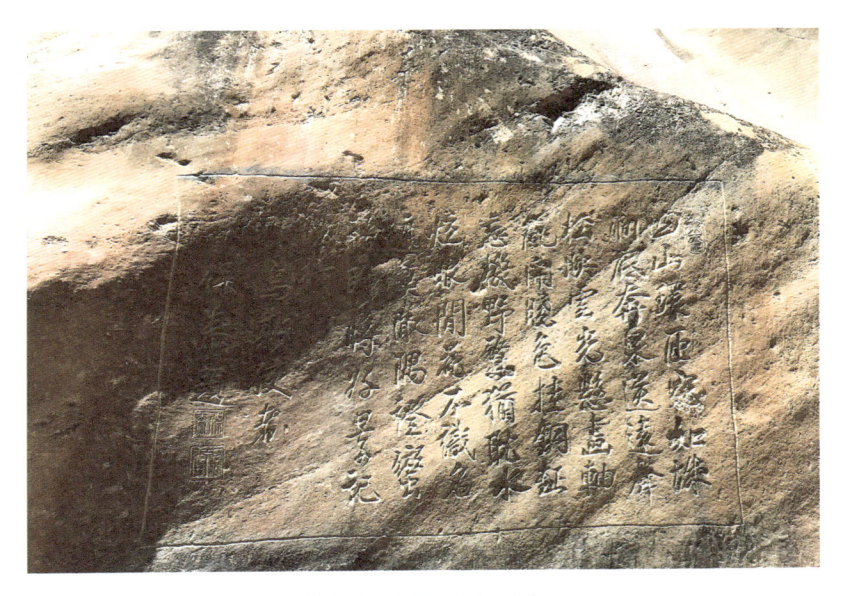

驻藏大臣保泰洛隆摩崖诗

此诗是他离职过此亲自题写，记述了一路佳景，抒发落寞不甘之心情。汉僧喇嘛邢肃芝雪域求法，在来去的路途都注意到此摩崖石刻，大为赞赏并记录了下来。赶马帮的赵应仙他们可没有闲情雅致留意这个。

在洛隆出去一点的硕督，有一座红教喇嘛寺，有驻军粮站，据说当地居民的祖先是陕西人。茶马古道沿途都有汉人遗留的痕迹，如土葬坟墓等。刘曼卿1929年过此地，就有汉人攀辔哭诉，说是被藏军强征为乌拉娃，望皇帝往救。皇帝那时已被驱离皇宫，自顾不暇，怎么救他们？从这里直到拉孜、边坝，路上不少地方被漫溢的大水淹没，水深的地方就有一些木桥，水浅的地方就涉水过去。而当路延伸到山槽里，有时就从凸起的石岩上翻过去，有时则是从山岩上的栈道通过。那栈道不知是什么年代修的,将一根根圆木打进石缝里,上面铺了板子。

　　再往西,就是边坝,就是要命的夏贡拉和怒贡拉等几座大雪山。所有走过茶马古道的人都称,那两座山是茶马古道全程里最为艰险难行的路段。在"东边的雪山"夏贡拉和"西边的雪山"怒贡拉之间,有一个叫姆珠格的村子(现在的地图标为"恩朱格")。翻过怒贡拉,走三天左右就可到拉里古(现为"嘉黎"),那是个大坝子,稀稀疏疏有些山包,山包顶上有座格鲁派的德庆寺。由嘉黎翻越海拔5300多米的帮达拉垭口,下到阿扎寺,就没什么路了,完全是些草甸和烂泥塘,也就是我们说的沼泽地,经过一个叫"阿扎措"的大湖,据说不比昆明附近的滇池小(其实小很多),在湖边的水里走,向南。差不多要走一整天。翻过一座朱拉大雪山,以及格达拉、青达拉山,慢慢往南走,树木渐渐多起来,大约一个星期可以到达工布江达,逆江水走几天,然后翻越工布布拉(现在公路经过地叫米拉山口,海拔5013米),就到了墨竹工卡,是比较典型的农牧区。这时道路已进入拉萨河河谷地带,远远就能眺望到巍峨的布达拉宫,用牛皮筏渡过拉萨河就是大多数马帮的目的地拉萨。

渡过拉萨河的牛皮筏子

茶马古道的马帮一般走的都是最后这条线路。这才是茶马古道的正路。

这样记述茶马古道的行程，令我感到极其遗憾，还满怀内疚。马帮们历尽艰辛，整整走三个多月的路，被我这么几段文字就写完了，似乎我是在写晚饭后散步走过的公园里的几条小径。其实这条道路的漫长艰险，实在难以言说。

走西藏草地的马帮也不一定认定一条路就一直那么走，他们经常会走到一些支线岔道上。反正哪儿有生意，就摸着走到哪儿。像赵应仙就到过盐井，知道那儿出产一种像红砂子一样的盐巴，还知道那儿有一支明代木天王时代打到盐井并在那儿定居下来的纳西族。那里的路上能看到明代时藏族与纳西族争战留下来的碉堡。那些碉堡现在也还矗立在那儿。其实在茶马古道一线，都能看到碉楼。

滇藏交界处的盐井

赵老先生说，那时走西藏各地，地名都只有藏话的叫法，不知现在改了没有。据我所知，地名基本上没有改变，只不过用汉字注藏语音，有的就不那么准确。藏语的有些音在汉语里没有对应的，有些音汉语很难发出，只有像纳西族这些在血缘上、在语族上与藏族相近的人，比如赵应仙他们，才能把藏语讲得那么准确好听。

由于年代久远，赵应仙他们已经无法将过去走过的茶马古道的行程，一站接一站地述说出来。时光已经过去了半个世纪，在这半个世纪里又绝没有人提起茶马古道，有些东西就从记忆里消失了。

1989年时，我从邦达就下了怒江峡谷，由现在的川藏公路南线，经八宿、然乌、波密到了林芝，最后到拉萨；而1990年，我们茶马古道考察队沿过去茶马道走到左贡、邦达，就折到了北路的昌都。1993年我骑单车从邦达到了昌都，然后由川藏北线到的藏北和拉萨。据我所知，由邦达直接西行的真正的茶马古道马帮路，在滇藏、川藏公路修通以后，就没有人全程走过。古时留有文字记载的杜昌丁也只走到洛隆宗就折了头。民国特使刘曼卿是全程走过的，并留有文字记载。但自公路修通，从洛隆到工布江达这一段，完全是盲区空白，甚至连马帮们最为惧怕的夏贡拉、怒贡拉的确切位置和海拔高度都无法知道。直到2018年，我才有机会由拉萨出发，东向经过墨竹工卡、止贡提寺到达老嘉黎和怒古拉西麓的"比赛顶"，再到现在嘉黎县城所在的阿扎措和朱拉雪山北麓；2019年则由波密的易贡乡进入嘉黎的尼屋乡，再由尼屋乡穿越到边坝县的恩朱格区和金岭乡，翻越白雪皑皑的夏贡拉到达边坝县城，终于补上了茶马古道的这一段空白。后有专章讲述。

架起帐篷和锣锅

踏上路途后,每到中午,或是到了某一个地方,骡马们就知道要"开烧"了,会自己停下来不走。"开烧"是吃午饭的意思。这时马脚子就上去给骡马卸掉驮子,有人就忙着取水烧水做饭,有人给骡马饮水、喂料,检查马掌状况。就这样马吃草饮水,人煮饭烧水打茶,人吃饭,马吃料,很快就"开烧"完毕,紧接着上路。"开烧"一次要四五十分钟。

绝大多数时候,走茶马古道的马帮晌午"开烧",就是烧水打个酥油茶,揉一点糌粑吃。那是雪域高原人们的速食快餐。酥油和糌粑出门的时候就带着一些,沿途又不断用茶叶跟藏族人交换得到。糌粑是用青稞炒熟磨面而成,偶尔也能搞到一点燕麦做的,味道特别香特别好吃,只是因为太少而难以搞到。燕麦本身的产量就很低。也有玉米做的糌粑。在雪域高原上,喝酥油茶吃糌粑是最好的补充体能之途径。藏族千百年来主要靠酥油茶和糌粑生活,那是实实在

打上酥油茶吃糌粑,是茶马古道路途最好的速食快餐

在的东西,一点假都没有。而对野外生活的马帮来说,酥油茶和糌粑就是最便利最营养的快餐饮食,很适合马帮的生存方式。

赵老先生认为,正因为在路上吃得非常简单,吃得又少,所以病痛也就少了。我不知道这样的说法有没有道理,据现在一些长寿老人的说法,他们都是饮食比较节制的人,常常不会吃得过饱。但我认为,病痛少大概跟西藏那纯净的环境和寒冷的气候有更多关系。

在那苍茫大山之间,太阳落山歇息的时间要早许多。马帮那时都没钟表,完全靠看天光日影猜测时间,他们也不大需要知道准确的时间。当天色很快就昏暗下来时,疲惫的骡子会自行停下脚步,马锅头和赶马人一样知道:该打野"开亮"了。开亮就是野营。他们必须赶在天黑前埋好锣锅烧好饭,卸完驮子,搭好帐篷。有时到的晚,也只有摸黑吃夜饭。并非任何地方都适宜安营扎帐,马帮一般都有每天要到达的"窝子",那是一些比较平坦,取水方便,燃料充足,而且背风的地方,当然,更要适合放马吃草。

每天的打野开亮,都由大家分工合作:找柴的找柴,做饭的做饭,搭帐篷的搭帐篷,洗碗的洗碗,而且是轮流做,以避免不公平。

走茶马古道的马帮都带着整套野外生活用具。其中最主要的就是三四个一套的锣锅。它们一个比一个小一点,这样就可以一个套一个地套装在一起,像俄罗斯套娃一样,然后又套在一个皮袋子里。马帮都是用柴火烧饭做菜,锣锅总是黑乎乎的,不装在皮套里就会抹得到处是黑,而且也不好携带。上路时,装锣锅的皮袋就拴在马驮子上。另外不可少的就是一口凸肚圆形底的大铜锅,用来给骡马泡料,喂水,然后再擦干净,人要喝的糖水、茶水还有生活用水也用它来盛。这大锅就没法装袋,一般就扣在一个驮子上驮着走。再有就是打酥油茶的茶筒、过滤茶叶的茶篱子、舀茶水舀汤的长把铜勺和糌粑袋,等等。盐巴和自己吃的茶叶分装在一个褡裢样的毡子或麻布口袋两边,这些东西都是统一装在一起,由骡马驮起。至于各人的茶碗(也是饭碗)

马帮路途使用的铜制锣锅

就是各人自带，用一个可收口的毡袋或皮袋装着，讲究的则有竹篾编制的外盒，有的就直接塞在藏装楚巴里。

这还没完。每队马帮必备的用具还有一两柄两用锄，一头是锄头，一头是斧子，可以用来砍柴火，砍搭帐篷的木杆，挖营地的排水沟，更可以用来修路、砍树搭桥。

每个马脚子都带着藏刀，藏话叫"的炯"，一般都是一人一把长刀和一把短刀，刀的钢火很好，有的可以削铁；刀鞘也非常漂亮，有的是用银子打成的，上面还镶有宝石和玛瑙，很值钱。那刀子是西藏做的，丽江做不出来。长刀可以用来砍一些小柴，插在楚巴前面的腰带上；小刀子用来割肉吃，平时就拴根皮条吊在屁股后头。

赵应仙并不带刀，也不用做什么事情，他是"头儿"，最多的时候，手下管着十几号人，七八十匹骡马，所以也就用不着他动手做什么，他就有空儿读他带的《三国演义》和《西游记》。不奇怪，《红楼梦》不是茶马古道上的读物。

这样打野开亮，对野外生存的马帮来说，是常事却并非易事。因为存在各种危险，这里面就有许多忌讳，主要是语言上的忌讳。如筷子不能说筷子，而要说帮手，因为"大快"为老虎，不能提到那凶猛的家伙，豹子的称呼也不能提；碗要叫"莲花"，因为碗跟晚是谐音，马帮们可不想晚到。钵头要说钢钵，"头"与偷谐音，马帮也不想被盗。勺子要叫"顺赶"，勺跟云南方言中的"说"谐音，而言多必失，就不吉利。同样，手巾要叫"手幅子"，因为骡马最怕受惊。甚至连锣锅也不能说，因为谁都怕"落"在江里，所以锣锅只能说饭锅。灶也只能叫火塘，大家都不想把事情弄糟……但"柴"却有吉利的发音，跟"财"相近，有时马帮过村寨时还要去买一捆柴扛来，说"柴（财）来了！柴（财）来了！"似乎这样就能招财进宝。

行为上的禁忌也不少。如煮饭要转锅时，只能逆时针一点点慢慢转；架锣锅的石头不能乱敲，连磕一下烟锅都不行；凑柴要从一个口一顺地凑，不能乱架乱放；吃饭时只能由锅头揭锅盖，第一碗饭也要由锅头添，添饭时更不能一勺子舀到底，那就会倒霉透了，要从饭锅表面一点点舀下去；添饭时也不能将饭锅搞得转动，那就不吉利了；而所有的人吃头一碗饭是不能泡汤吃的，因为怕碰上下雨，而走西藏草地的人一般都不喝汤，煮腊肉、琵琶肉的汤都要倒掉，光吃肉，也许是因为那汤太咸了；用勺舀完饭不能把勺

煮腊肉是马帮路途上的硬菜

滇西北各民族腌制的琵琶肉是马帮路上的绝佳肉食

架在锅边上，要放回到饭锅里，而且不能翻过来放；人不能从火塘和锣锅上跨过，也不能挡住第二天要走的那个方向；饭锅更不能打翻。

不要以为这是马帮们迷信。出门在外，顾忌自然特别多。人又不是神，各种意外随时都可能发生，人们不得不有所畏惧。

马帮吃肉吃菜，不管锅头还是赶马人，一律平均分配。他们吃饭都很快，一会儿就完事，吃到最后的照例要洗锅碗，不知云南人常说的"先吃不管，后吃要洗碗"是不是从马帮这里得来的？其实也没什么碗可洗，赶马人往往自己将舌头伸进碗里，吧唧吧唧几下就把木碗舔得干干净净的，或是抓一把糌粑在碗里，用手指头三下五除二就把木碗揩得干干净净，然后把糌粑吃掉。洗碗的意思就是收拾锅啦什么的。在一天的劳累后干这活儿的确很让人为难，不过洗碗的人可以享受专门留下的一块"抓锅肉"。

火腿也是马帮在路上的美食

无论是谁，凡是不小心犯了以上这些忌讳，就要挨一顿数落，还要出钱请客打牙祭。如果三番五次老犯忌，说了罚了还那样，那么马帮很可能就要逐走这个倒霉的家伙。

马帮有时也能吃上大米饭，那当然是他们自己带的。但要吃米饭的话，也得到了海拔低一些的地方，高山上因为气压低，是无法煮熟米饭的，哪怕是用锣锅煮，也只会是夹生饭。

有时马帮也会带一些腊肉、火腿，但不多。要吃肉的话，就用茶叶跟当地藏族人换牛肉、羊肉，一坨茶就可以换十多斤一只的小羊，还可以换到生牛肉吃。因为西藏天冷且干燥，藏族经常吃风干的生牛肉和生羊肉。要吃新鲜肉的话，就只有换小羊肉。有的马帮还会事先宰杀牦牛，将牦牛肉剁成小块晒干，用石磨磨成肉粉带上，途中煮山茅野菜时，往锣锅里撒一撮牦牛肉粉，山茅野菜顿时成为美味佳肴，不仅味美可口，也增加了营养。

赵应仙他们马帮带的帐篷很大。那帐篷其实也就是用整幅的布匹缝在一起的一张布幕，只不过用的是比较细且结实一点的布，白色，用青布镶边，四角缝上麻绳。每天扎帐，临时砍两根手腕粗细的树枝将它从中间撑起来，形成较陡的人字形，将四脚底的麻绳拴上木桩钉到地下，如果钉不下去，就拣几个大石头拴上。卸下驮子后，就将货驮全部堆放在帐篷中间，人睡在两边。对茶马古道上的马帮来说，茶叶等货物当然比他们自己的舒适重要，他们首先要保证货物完好无损。那帐篷大到足以将二三十驮驮子和七八个人容纳进去。

这样的帐篷其实并不怎么遮避雨，因为帐篷的两头是敞着的，而且帐篷也就是用一般的布制成，只要雨下大的话，里面也就跟着下起毛毛小雨，落在脸上凉丝丝的。碰到连下几天的雨，铺盖行李，连同身上的衣服，所有东西都潮乎乎的，让人难受。

马帮都不带马灯，那是马店里用的。一般都是靠在帐篷外生起的篝火照明。实在需要的话，就搞一点松明子点着。

马帮们各自带着自己的行李。赵应仙的行李就放在自己的坐骑上。晚上睡觉的时候，先将垫马驮子的熟牛皮或山驴皮铺在地上，这样就比较隔潮气，再铺上粗糙的毛毡，盖的也是西藏出产的牦牛毛或羊毛制成的毛毯，叫"昌都毯"，这样才能保证一定程度上的干燥暖和。一张"昌都毯"要二三十元。

马帮经常歇宿的易武马驮子洞

选择搭帐篷的地方十分讲究，要背风，又要相对平坦，四周又要能排水，否则一下雨，一帐篷的人和货物就会完全泡在水里。

睡在帐篷里，可以看见满天的星星，比现在那些酒店的四星五星多多了。我们后来称之为"满天星级"，还可以听着江水的喧腾催眠入睡。在有岩洞或岩壁的地方，马帮也会在洞里歇息。

每天早晨天一灰蒙蒙发亮，赶马人就一骨碌爬起来，用手指头抹点盐巴擦擦牙齿，用毛巾擦点肥皂抹抹脸，就忙着找骡马，给它们喂料，然后上驮子上路。

那时根本没什么护肤用品，太阳实在晒得厉害，手脸皱得要命，

茶马古道沿途打野住宿，我们称之为"满天星级"

有人就会用酥油抹一抹，风太大时就把藏皮帽的护耳放下来。至于嘴唇开裂则毫无办法，流血、疼痛也只有受着。碰到下雨天，虽然马帮们没有任何雨具，也得照样赶路。待着不走也没有避雨的地方。在路上就只有把宽大的楚巴套到头上顶着，要是雨大，或是下的长久，楚巴就湿透了，沉甸甸的，好几天都干不了。

这种漂泊生活，苦是苦，但有一种赵应仙自己一直都说不出来的乐趣。如果说马帮们出道是为了丰厚的利润，但那并不能完全解释他们在那苍茫的大山大川之间不停跋涉的原因。毫无疑问的是，他们不能没有这样的生活，而且他们也喜欢这样的生活。在赵应仙八十多年的生涯里，走滇、藏、印茶马古道的马帮生涯是他记忆最深、感触最多的一段。一个人一生中有那样一段经历，足以成为他毕生用之不尽的精神财富。那是一种闪光和辉煌，是一大笔丰厚的本钱。用他自己的话说，年轻时这样走过、生活过，是很好玩的。

很多年后，我自己在那条绝无仅有的古道上反复走过多次之后，我才理解了马帮们对那种漂泊生活的喜爱和眷恋，我才领会了赵应仙在提到那一段生活时眼睛里闪耀出的光芒。

想想看，率领着自己的马帮，享受着一种特殊的激动人心的责任感，因为前面的一切都是未知数，你必须对你的手下人和你自己的生命负责，对那些调皮而又卖力的骡马和那些昂贵的货物负责，还满怀着对远方亲人的浓浓思念之情，日出之前一个多钟头就出发，在朦胧的朝霭中前进，徒步爬过一座又一座大山，爬得你浑身散了架一样，在日落时分到达河谷里的一片空地，又可以钻进散发着自

长年累月的野外生活不乏乐趣

己体味的毡毯里,别的什么都不指望,只想安安稳稳地睡上这好不容易才挣得的一觉。尽管这些都是最简单最原始的需要,然而就是满足这些最简单最原始需要后所得到的那份慰藉和幸福,却是那些常年住在城市里、只和天天都见得到的景象打交道的人永远感受不到的。

然而,马帮生活的确太苦了。当夜幕降临,赶马人又会唱起忧郁的歌:

　　　　　夜晚,在松坡坡上歇脚,
　　　　　叮咚的马铃响遍山坳。
　　　　　我唱着思乡的歌喂马料,
　　　　　嘶鸣的马儿也像在思念旧槽。

　　　　　搭好宿夜的帐篷,
　　　　　天空已是星光闪耀。
　　　　　燃起野炊的篝火,
　　　　　围着火塘唱起"赶马调"。

　　　　　远处的山林里,
　　　　　咕咕鸟在不停地鸣叫。
　　　　　应和着头骡的白铜马铃,
　　　　　咕咕咚咚响个通宵。

　　　　　我听见呼呼的夜风,
　　　　　在山林间不停地呼唤,

夜风啊夜风,

你是否也像我一样心神不安?

我看见密麻的松针,

在枝头不停地抖颤,

松针啊松针,

你是否也像我一样思绪万千?

我看见闪亮的星星,

在夜空里不停地眨眼,

星星啊星星,

你是否也像我一样难以入眠?

脑袋挂在马背上

"别唱了！你们别唱了！我什么都看不见！"我们雇请的德钦马锅头多吉颤抖着声音央求道。这天从一早起就不顺。头晚放野到山上的驮骡跑得无影无踪，好不容易把这帮桀骜不驯的家伙找回来，多吉一边用难以想得出的最不堪入耳的污秽语言诅咒着，一边喂料上驮什么的，时间已近中午，路上骡子又存心捣蛋，将驮子撞翻了两次，我们的马帮不得不几度停顿下来，这样我们就无法在天黑前赶到马帮们多少年来早已约定俗成的下一站宿

马帮险径（孙明经／摄）

营点。夜幕早已降下，我们还在崎岖陡险的山道上摸索前进，有时蹬下一块石头，半天才听到它在悬崖下撞击的声音。人们说骡子的两条腿上长着夜眼，但它们也走得跌跌撞撞的。大概只有在西藏的荒野里才能经历这么黑的黑夜。为压住从全身心不住冒上来的恐惧，我们就将能搜罗出的歌一首一首唱下来，没想到遭到马锅头多吉的竭力反对。

这只是我们1990年走茶马古道时所经历的普通一天的写照。赵应仙老先生他们在茶马古道上度过了多少这样紧张惊险的时日，根本无法计数。

通往西藏的道路（如果能把它们称为道路的话），几乎是自然形成的，换句话说，是千百年来赶马人和骡马摸索踩踏出来的，除了在所经过的村庄附近有人为修过的道路痕迹外，所谓的茶马古道也就是山溪冲刷出来的乱石嶙峋中时隐时现的一道印迹和在白浪滔滔、汹涌奔流的江河畔浓密丛林中扭曲延伸的一条缝隙。马帮们就要寻觅着这样的痕迹，沿着这条弯弯曲曲的名副其实的羊肠小道，踏着无数的马蹄印，无数的人脚印，不停地走啊，爬啊，跌跌撞撞跋涉上四五个月。经常地，一两天里要爬过三四千米，甚至五千多米高度的大山，有时还要比这高，然后才翻过垭口，又沿着更陡峭的山坡盘旋而下，急转直下几千米，又陷入一个更幽深神奇的峡谷。

有时候，山道整天都在往上攀升，每走一步都是爬一级峻峭难登的陡阶，然后紧接着的下坡又使人和骡马都无法收住脚步，骡马和人的小腿都会因此而颤抖不已。在这没完没了上坡与下坡之间，还要越过一道又一道刀刃一样的山脊。但是，放眼望去，矗立在前面的，仍然是绵延无尽的山峰。就是这没完没了的峰峦和峡谷将产茶地与茶叶消费地千里万里隔绝开来。

和汝恭先生在《丽江的商业》文中写道："'九一八'日寇入侵，我国沿海港口被日军封锁，滇缅公路也被截断。前此国内货物大多靠国外输入，港口一被封锁，全国货物一时紧缺起来，各地商号纷纷集中到丽江来了。到丽江设号的，大一点的七十多家。他们从印度的加尔各答，收购大量匹头洋纱，由英商经营的工厂及印度'腊焦'经营商家手里进货，转回'西里鼓里'（印度锡金边界）再到'帕里'（中印边界），艰苦跋涉，经过喜马拉雅山下的沙粒扑面、呼吸促迫、午后不能通过的险途，才进入拉萨。到拉萨后，又要找运脚，除自蓄马帮外，找雇短程的马脚牛脚。经数十人频繁转手，又由冰霜雪路才运到澜沧江边的滚石流沙、悬崖搭桥的危险道路。沿途一少马草，二缺粮食。人困马乏，发生过不少人亡马死（的事故）……"

每当过悬崖峭壁等险要地方的时候，马锅头都要守在一边，用树枝将每匹骡子都掸一下，嘴里念着"唵嘛呢叭咪吽"六字真言和自己所能记诵的所有经文，再说一些吉利话，直到头骡和尾骡全都安全通过。

有些特别危险的地方，就要将驮子卸下来，由马脚子背过去，骡马就空身过去，这样就安全把稳得多，只是辛苦了那些赶马人。

道路的艰险并不仅仅于这些。前去西藏的沿途，有些地方的水有毒，草有毒，甚至连

遍及茶马古道沿途的六字真言石刻

土都有毒。一切都很像《三国演义》里所描绘的诸葛亮南征时遇到的情形。赵应仙当年在路上时，随身携带着一套《三国演义》，忙里偷闲读上一段。只有靠人的聪明机警和小心翼翼的骡马的经验才能避开那处处隐藏的危险。如果是新骡子，仅那些到处都是的毒草就足以要它们的命。

有些倒霉的马帮还会碰到从山上突泻而下的山洪的袭击。在那狭窄的山道上，躲没地方躲，避没地方避，只能眼睁睁地交出性命。赵应仙就曾多次看到整架整架架在树上的白森森的马骨。那是骡马被洪水冲到树上挂住，洪水落下后，死尸的骨架就留在了树上。有时则是雪下得太大，雪埋住了树，骡子不知不觉走到了树上，所以就死在了那上面。赵老先生说，这些都是亲眼所见，但是讲给别人听，人家怎么也不相信，总以为是他吹牛。

由云南进入察瓦龙前著名的大流沙

被泥石流吞没的马帮道路遗迹

1990年我们考察茶马古道时，就经常从洪水淹没的路段上涉水而过，好在已是雨后几天，水已经落下去许多。尽管是三伏天，但那水却冰凉地刺进骨髓里去，那尖锐无比的疼痛让人几乎无法站立。

在这一点上，作为马锅头的赵应仙就比我们幸运得多：他有自己的坐骑，碰到溪流什么的，他可以骑在马上过去。而在一些翻山越岭的路段，山路大致是跟随着山溪延伸的，而且经常要跨越山溪，走路时一不小心，就会滑到冰冷的溪水里，或是失去平衡掉到激流中。是否受伤或是干脆送掉小命，就全靠运气。而在路上见到森森白骨，那简直就是家常便饭。

赵应仙有一次就差点见了阎王。一天他们到了一个叫作"窝热里炯"的地方，正在一道山坡上开烧吃晌午，只听得轰隆隆一阵响，大家都没反应过来，就有一块牛身子大的巨石从陡峭的山上滚了下来，"砰"地砸在赵应仙他们取水盛水的大铜锅上。赵应仙距那口铜锅也就几尺之遥。那种铜锅现在

茶马古道有时要从这样的冰川下经过

马帮路途用于取水贮水的大铜锅

在丽江古城还见得到卖的，三四尺的口径，收口凸肚，底是缓缓的锥形。藏族最喜欢用这样的铜锅盛水，几乎每家都有几口，放在家里厨房特别设置的水缸橱里，水缸上方，再整齐地挂上一排大小铜勺舀水。用铜锅盛水有许多优点，第一可以保持清水新鲜，久不变质，第二可以使水带上甘冽的铜味。云南人向来喜欢用铜制的火锅、汤

藏族家里贮水的大铜锅和舀水的铜瓢

力量巨大的雪崩不仅能阻断江河，更能掩没道路和马帮

锅等炊菜煲汤。不幸的是，赵应仙他们的那口铜锅被砸成了一团铜皮，面目全非。幸运的是，没砸到人。

在茶马古道上，不是没有骡马和人被飞石砸死砸伤的事情。还有摔下悬崖摔死的，有被泥石流埋掉的，有被雪崩淹没的。

当滇缅公路被日寇截断的时候，腾冲大商号茂恒也转移到丽江做西藏草地的生意，他们在丽江养起有500多匹骡马的马帮走滇藏茶马古道。然而这些从热地方来的商人没有得力的马锅头和得力的马脚子，既不会管理，又不会赶马，上雪山草地时500多匹骡马浩浩荡荡地去，回来就只剩下百余只牲口。这事在藏地被编成了谚语，专指那种得不偿失之事。

不仅没有经验的马帮损失惨重，即使一些富有经验的老字号，也免不了在这条异常艰险、遥远险峻的路上损兵折将。从1942年滇缅公路被截断，到1945年抗战胜利，在不到三年半的时间里，以走这条道路著名的鹤庆恒盛公的200匹骡马，就只剩下30来匹。

走西藏草地平路很少，都是不停地爬山下山。山路走多了，到了平地上两只脚都不知道怎么走了。

五十多年后，赵老先生感慨地说，那些艰苦危险的事情说也说不完。

茶马古道很多路段都是在这样的陡壁上穿行

到雪域求法获得拉让巴格西学位后,汉僧喇嘛邢肃芝先生跟随云南永宁总管亲自出马为云南巨商永昌祥承运货驮的马帮,由滇藏茶马古道返归内地,一路亲历马帮的种种艰难困苦,"不由得感叹骡帮们常年风餐露宿,历尽艰辛,若无强健体魄,真不能坚持也。"一走数月的路途上,邢先生的这般感叹,绝不止一次。翻越梅里雪山时,邢先生如是言:"梅里雪山不啻为行客之鬼门关,沿途枯骨纵横,不忍目睹。人骨、兽骨难以辨清,我乃诵经超度,以慰亡魂。"

夏贡拉和怒贡拉

端着早餐的酥油茶,
望着草尖上欲滴的朝露,
赶马人的心情悲喜难诉,
因为新的旅程吉凶未卜。

当我们在箐沟边吃晌午,
正好走了一天的半截路途。
半颗心平静静回顾来程,
半颗心悬吊吊六神无主。

来到西藏夏贡拉地面,
四周是光秃秃的荒山。
坝子里找不到一点木柴烧火,

也找不到一滴清水做饭。

我捡来牦牛粪烧火,
我舀来污泥水做饭。
面对眼前的艰难,
想家的心思也甩到了天边。
只希望能顺利到达甲嘎尔,
只祈求山神保佑生命平安。

赶马人颤抖的歌声,流露着他们对夏贡拉和怒贡拉两座大雪山的恐惧。提起这两座雪山,所有走过茶马古道的人,都异口同声地

高耸入云的夏贡拉一瞥

夏贡拉被所有进藏者视为第一畏途

说那是茶马古道一路最为艰难也最为危险的路段，连牲口都怕走那一段山路，比过梅里雪山都可怕，骡子在那儿死得最多。即便是当地人，也将夏贡拉视为畏途，甚至为此停下到拉萨朝圣的脚步，有民谣为证："不要怪我不去拉萨朝圣，是夏贡拉让我无法插翅飞过。"

看上去，那两座山海拔并不是很高的样子，也不太大，属于念青唐古拉山脉的主山脊。查看我手头所有的各种西藏地图，我终于查到夏贡拉的确切位置，它的垭口海拔为5298米，怒贡拉垭口的海拔为5440米，超过青藏公路上的唐古拉垭口（5231米），也比阿里的马攸木拉垭口（5211米）和珠峰大本营（5200米）高。藏语里，"夏（吓）"是东面的意思，"怒"是西面的意思。所以这两座雪山就是东面的雪山和西面的雪山。它们中间是一个现在叫"恩朱格"的村寨。那里沼泽地里的蚊子多得吓人，另外还有毒草，长得像兰花叶子，

夏贡拉西坡脚下的恩珠格（现"金岭乡"）

茶马古道要经过的沼泽湿地

很嫩，草浆也多，藏族将之称为"抓督"。牲口很爱吃它们，吃多了就会死，吃少也会没有力气。过了嘉玉桥以后，一路都有这种可怕的"抓督"草。

有一点是肯定的，夏贡拉和怒贡拉十分险峻，空气稀薄、缺氧，天气变化又大，所以走起来非常吃力，走几步就喘得要命，并且山路很危险。翻山的时候，连身强力壮，富于经验的马脚子都要拉着骡子尾巴，嘴里含着糖，有钱的就含着参，这样提点气提点神，才能爬得过去。在山上时，高山反应十分厉害，一个个喘得一塌糊涂，自己都能清楚地听见心脏在胸腔里像打鼓一样的响声，前面"咚"的一下，后面"咚"的一下，一前一后仿佛要跳出来。

昔日翻越夏贡拉的道路

走几步就得歇息一阵，有些人脸都会憋青了。在这里，连那些身强力壮，在海拔5000米的地方还能像猴子一样蹦蹦跳跳的赶马人都会感到很不舒服。

上到山上，雪风像尖利的刀子一样，呜呜怪叫着袭来，似乎要把人和骡马都扯碎。赵应仙他们得用手死死捂住帽子，要不帽子就会被风吹到不知哪里去。而没戴手套的双手一会儿就冻得像两根木头。

也从这里走过的民国特使刘曼卿留有生动记述："夏贡拉上下各

即使入夏，夏贡拉山口依然雪墙笔立、寒气逼人

九十里，计途长一百八九十里，山中无居人，必朝发而夕逾之，峰崿如利刃，有天柱之称。康民歌以纪之，略谓吾非不欲至拉萨圣地，奈天柱横亘不能插翅飞过。其险峻可知。"刘曼卿一行攀爬至角峰山崖处，"见冻死人畜数具半没雪中，而大风过耳，如虎啸龙吟，雪花击面不啻针刺刀剖……"最后，刘曼卿是被众人以长绳系其腰上，两人前拽，两人后推，分寸前移，才到达山口，其腰与足如遭拳击而不能转动，只能由其随从脱下皮袍以革面铺在雪地上，让她坐在皮袍中，后提而前牵引之，方得以顺势下山。

死在这两座山上的人可以数出一串来，其中最著名的是一个云南参军，江西南昌人，叫彭元辰（字泉三）。那大约是清朝乾隆年间的事情。彭泉三押着200驮粮饷去拉萨，在翻夏贡拉阎王碥（藏语称为"达果则它"，意为"滚马头的地方"）时，前队全部陷到山崖下深不可测的雪窝里，彭泉三后面赶到，悲愤无措，就跳下坐骑，自己也跃入雪窝，与部下和损失的粮饷一起殉难，直到第二年雪化了才找到他的遗体，尸身面色如生，屹立不倒，手还紧紧抓着粮饷驮没放呢。后来他的阴魂就常在夏贡拉一带显灵，当地人视之为非常灵验的山神，凡过往人员，只要虔诚祈祷，一定获得护佑。官员们呈报上去，乾隆皇帝就下令在山下为他修了个汉式的庙子，立了碑，庙里为他塑了座将军像，并赐颁御笔亲书"教阐遐柔"匾额，还供奉着他的头盔、马鞍子和马靴，庙门两边还贴了对联。那庙香火挺旺，过往马帮客商和行人莫不诚意拜谒。藏族人将那座小庙称为"丹达山神庙"，彭泉三成了夏贡拉的山神。后丹达神庙毁于"文革"，当地仅幸存后来的驻藏大臣松筠亲题匾额"苦难慈缘"和光绪年间王葆恒所勒石碑《丹达山神记》。

去雪域求法，来回皆翻越夏贡拉大雪山的汉僧喇嘛邢肃芝（洛桑珍珠）的翻山体会是，无论冬夏赶上好天气最为重要。1938年他入藏时，由东而西，阳光普照，风平雪息，因而顺利翻山，还有心情赋诗一首：

> 丹达雄险世间希，孤峰独峙万山低，
> 俯视深渊雪万丈，仰攀星斗云作梯。
> 四时不绝凌花舞，朝暮均闻兽猿啼，
> 最险还是阎王碥，隔绝万古甥舅谊。

1945年邢肃芝学成而归，由西而东翻越夏贡拉，也是天神护佑，晴朗如初，无风无雪，一路平安。奇了。

在上怒贡拉之前，是一大片栎树林（我 2019 年、2023 年在金岭

金岭乡令人惊异的沙棘林

乡见到的则是一望无际的古老的长得奇形怪状的沙棘林。也许是赵老记忆有误，也许我们经过的不是同一片树林），林子里老熊最多了，但一般情况下它们不会主动攻击人和骡马。

相对于夏贡拉，怒贡拉要易于翻越一些，但也得看运气和经验。丽江赖家仁和昌的马帮就在怒古拉遭了一次惨重损失。那次是由赖耀彩的侄子赖锡康当马锅头。赖锡康的父亲曾送他到印度学英语，请一个在印度的女华侨教他，但他是个很笨的家伙，不仅没学会英语，连藏话都不会说，为此还被英国人罚了款。没学好英语、藏语也就罢了，这位高中毕业生还缺乏野外生存经验。不过这也不能怪他，因为怒贡拉实在是凶险难测。那天晚上，赖锡康他们的马帮就在怒贡拉山脚下开亮歇息，只等第二天天一亮，就可以一口气翻过山去。他们将骡马照常放野到山上吃草。没想到夜里天气突变，下起了大雪，风雪弥漫，骡马们不仅无法觅草吃，也挨不起那份冻，于是就嗅着山下马帮生起的篝火的火焰味儿往山下奔，结果稀里哗啦跌在一个山崖下，一下子就损失了28匹骡子，甚至连赖锡康的骑骡都摔死了。年轻的赖锡康扒在死骡堆里大哭了一场，最后还得请藏族的牦牛来把货物驮走。后来又经过了那么多风风雨雨，现在大家都不知道那位赖锡康流落到了哪里。

每当翻越雪山之前，赶马人就要给骡马们喂一点酥油，给骡马增加一些热量，否则就很难熬过雪山去。一般一匹骡子要灌半斤左右的酥油，这耗用的数量还是比较可观呢。过去有的人道听途说，以为给骡马喂酥油喂得越多越好，事实并不是那样。给骡马喂酥油太多，骡马也消化不了，反而会拉肚子。所以喂酥油只是凭经验适当喂一点。喂的方法是，将酥油先在火上熬化了，将骡马放倒，捏住它们的鼻子，用牛角给骡马灌进去。尽管骡马并不特别反对吃酥油，但它们毕竟没有猫狗那种本事，能够自己将酥油舔到肚子里去。赵老说，走茶马古道全程最多只能灌三次酥油，有时灌两次就行了，并非爬每座雪山都要灌酥油。骡马毕竟是食草动物，不习惯吃油。

念青唐古拉夏天的冰墙

1990年，帮我们赶马帮进西藏的马锅头多吉，过雪山时他是用红糖喂骡马，骡马好像很喜欢吃的样子。这办法赵老先生他们当年可没用过。

2019年6月，我们驾驶四轮驱动越野车翻越夏贡拉，四野仍然

大雪覆盖、冰墙林立。悲喜难言的是，山腰海拔4700多米处已在钻打穿山公路隧道，2023年已经通车，夏贡拉天堑即将不再。

马帮翻高山除了给骡马喂酥油外，还要喂一些蚕豆、大豆之类的精饲料。在平时的每一天里，一匹骡马一天的饲料消耗量为一斤多。其他主要就靠它们自己去找草吃。冬天回来时就得跟藏族买干草喂。一把把像辫子一样编起来的干草，是藏族从高山草场上收割下来，专门备好卖给马帮的。

2019年正在施工的夏贡拉隧道

下山比上山更难，那又是另一种累。茶马古道的下山路根本容不得你悠悠坦坦地走下去，你的重心早就在你脚下的陡坡或陡坎上，必须弯着双膝降低重心，再不停地倒腾双腿才不至于滚下山去。那时刻，恨不得自己也像骡马一样有四条腿，两条用于前撑行走，两条用于刹住下坠的身体。还没等走到山下，两条小腿早抖作一处，酸疼难耐。我至今记得翻过梅里雪山往下跑时的狼狈相，你不得不跑。一尺宽的山"路"从海拔4750米的地方，打着折儿一下子垂到1800多米。据说那些折儿共有999个。我没数过，但我敢打赌误差不会超过百分之十。

过了怒贡拉，就是光秃秃的只有石头的荒野，路边还能见到不止一具死在路上的行人或骡马的白骨，一架架展露在眼前，十分恐怖。

马帮们每天都要走过这样的路。上山，下山，上山，下山……

老嘉黎的茶马往事

我在茶马古道上行走了三十多年，竟然延宕至2018年才第一次到嘉黎，去到早已如雷贯耳的阿扎措湖畔。

20世纪50年代，随着川藏公路南北两线全线通车，南行的318线从怒江流域翻山到然乌，沿帕隆藏布经波密、通麦、林芝、工布江达到拉萨，北行的317线由昌都、类乌齐、丁青而巴青、索县到那曲，再南下拉萨。马帮运输时代由此南北两线中间通行的茶马古道，顿时淹没在念青唐古拉山脉的崇山峻岭中，包括曾作为茶马古道重镇、清代和民国时期赫赫有名的老县城所在地老嘉黎（或称"拉里"），从此销声匿迹，难得一见其身影。现在位于阿扎措湖畔的新县城，是1989年才搬迁来的。

无论时间的齿轮如何转动，茶马古道还是与嘉黎相伴相依，留下了难以磨灭的痕迹。

从人类最善于利用的河流来看，嘉黎是麦地藏布（拉萨河源头）、

老嘉黎是通往四面八方的枢纽

易贡藏布（雅鲁藏布最大支流帕隆藏布重要支流）和桑曲三条有名大河的会合之处；从人类文明交流阻碍最为严峻的山脉来看，嘉黎也正好处在一个极其微妙的位置：她的南面是东西横亘2400多公里的喜马拉雅山脉，东面是中国非常独特的地理单元——南北纵向的横断山系，西面是冈底斯山脉，北面是念青唐古拉山脉，嘉黎正处在四大著名山脉的交汇点上！这独一无二的山川风水，决定了这是一个自然与人文都必然有也必须有故事的地方。

嘉黎帮达拉山口（茶马古道不时要从海拔5000米以上的砾石滩穿越垭口）

然而进入现代社会，这里却像盲肠一样被搁置在一个偏远之地，静静地享受她的孤独与寂寞，享受几乎是世外的质朴与安和。

虽已6月中旬，嘉黎新县城至老嘉黎的22公里公路，却因海拔高度可能超过5300米的帮达拉垭口冰雪未消而无法通行，我们只有绕行76公里，翻越海拔5220米的较平缓的叶拉山口到老嘉黎。在整个清代和民国时期作为县城的老嘉黎，我们拜访了77岁的阿布孜纳、71岁的次仁吉措等几位70多岁的老人。生于1947年、以前见过马帮商人的才觉老人讲，过去老嘉黎一年四季都有马帮来往，多的一队有四五十匹骡马，少的一队也有二三十匹。他们有的由东向西从康区过来，带着茶、红糖、白糖和冰糖等，其中带把的沱茶煮茶特浓特香，价格也更贵。茶包是用牛皮缝制的。马帮或由西向东从拉萨过来，带着毛呢、羊羔牌的毛呢，还有里面有绒、外面平光的平绒布，也有鼻烟，等等。吃的糌粑由工布地区运来，用牛羊皮毛和酥油之类换得。盐巴来自藏北那曲的盐湖，用蔓菁换盐。做衣服的氆氇也是马帮驮来的，不知出自哪里。嘉黎是最适合马帮落脚的地方，马帮最多最集中的时候是初秋，而回返的时间在初冬，也有一年四季常驻此地的。在大路边，有一个康巴人、

老嘉黎的才觉老人十分了解当年的古道及马帮情况

汉人马帮的大驿站，小马帮就落脚在当地的"主人家"。只有大户人家有能力为来往马帮准备马草马料。一般马帮会在嘉黎待上几个月，他们会跟当地人一起跳锅庄，拉二胡之类的乐器，跟当地人关系很好。有一个叫丹巴塔吉的昌都人在此有一个很大的院子。还有一个叫喇嘛登嘎的，从拉里寺还俗待在老嘉黎做生意。当地最富有的商帮商人是塔青，他热衷于社交，交际广泛，好赌。塔青有两个儿子、一个女儿，他们都过世了，但他家的房子还在，其后代还有重孙生活在老嘉黎。老嘉黎还有两个不大的庙子（藏语为"拉康"），一个是关帝庙，另一个是否是清真寺，当地人都说不清了。关帝庙以前由一个有汉族血缘的名叫扎西卓玛的妇女管理，当住持。进关帝庙可以抽签，签上一半是汉文，一半是像拼音一样的文字，连在一起，由扎西卓玛来解签。扎西卓玛有一个儿子在林芝，就将他老母亲接走，后来不知下落。老嘉黎还有汉人官家设的办事处，在此任职的官员和办事人员都不带家属。当地老乡卖柴火等给办事处，他们给的价格很好，给很大很大的银洋。后来多数人离开了，只留守一个人。再后来办事处的房子被大火烧毁，老乡抢出来一些大米，洗洗淘淘，煮着吃了。那个留守的人只有寄宿在塔青家。才觉老人听更老辈的老人说，有汉人拉马车从这里经过的很多。在拉里郭，也就是当地称"比赛顶"的地方，有汉人的后裔生活。在老嘉黎，过去当地藏族也像清朝人一样剃光头，后面留辫子。才觉小时候还见过这样打扮的人。

看来，在老嘉黎，汉藏各民族早就因茶马古道的贯通而融合在一起了。

位于老嘉黎北面山脊上的拉里寺已有600多年历史，属格鲁派，为拉萨哲蚌寺属寺,现在汉译为"神山德庆寺噶丹胜利院"。现年55岁的拉里寺堪布塔杰17岁就入寺学习,那是刚刚改革开放不久的1980年,寺院里还有几位七八十岁的老僧人,塔杰每天听老僧人们讲过去的事情,他又很好奇很用心,许多都记住了,命悬一线的传统

嘉黎寺高踞于山冈上,俯瞰着整个嘉黎草坝子

得以悠悠承继。塔杰带领我们在寺里寺外探访,在他的指点复述下,茶马古道的一些当年情景和故事,依然历历在目。

在规模不大的大殿前平台上,既可见四面环绕的雪山峻岭,也可俯瞰整个老嘉黎,南来北往、东西交通的路径也清晰收在眼底。在拉里寺的传说记载里,老嘉黎是夏贡拉、怒贡拉、帮达拉、朱拉拉、岭拉和拉卡玛六座大神山的中心,因而也自然成为通往四面八方的交通枢纽。以往,这里就是茶马古道的必经之地。康熙年间,岳忠琪率大军进藏平乱,就经过这里。茶马古道经由老嘉黎到拉萨,一共11个站程,上点岁数的老人都能将这些站点一一道来,十分清楚。这些老人没有亲自走过茶马古道,但他们从小就听长辈不停絮叨,也就了然于心。那是他们的前辈一代又一代人用自己的脚步走出来的,虽然茶马古道已停滞了半个多世纪,但当年茶马古道的兴盛和辉煌,令这些十分封闭的山民印象深刻、心驰神往,以至于代代相传不忘。

塔杰堪布指点着告诉我们,拉里寺的山脚下,由东至西有三座

嘉黎寺塔杰堪布

嘉黎寺偶然留存下来的清代匾额

嘉黎寺珍藏的煮茶大锅及锅上的藏文铭文和藏银币

寺庙，依次为加拉贡巴（关帝庙）、格康拉贡和卡吉拉康。至今，当地人仍将初一、十五时到寺庙朝拜说成汉话的"拜年"！当地老乡在指称"菜刀""筷子""桌子""板凳"这些汉人带来的东西时，用的直接就是汉语词汇。远处桑曲河畔的路边，就是康巴人、汉人的大驿站。当然，这些地方早已被新的民居取代，连遗址都看不到了。但在拉里寺里，却无意间保存下几件十分重要的文物。有两块大匾，一块刻有"浩气凌云"四个大字，右侧有"钦赐蓝翎管理拉里站兵马钱粮把总抚边营把总俟先（光）千总李肇龙敬立"字样。立匾的时间部分已被截掉，估计是乾隆年间的，应该是驻守当地的头衔繁多之最高长官李肇龙受到皇帝嘉许而立。从其头衔，可见嘉黎之重要。另一匾更加漫漶不清，大概是"莫不尊德"

四个大字，立匾时间倒清楚：大清道光十一年八月初三。这两块匾都曾经被取去做了门板，弄了门枢、装了门扣，因有用而幸存下来。寺里还存有三口直径近1米的熬茶大铜锅，内里有八吉祥图案和藏文铭文，有一口还镶嵌了三枚西藏银元，僧人说铭文记述的是当地官员和上师的名字。我推测还应有对茶的颂词。这些文物，顽强地诉说着嘉黎当年作为茶马古道重镇的历史和辉煌。

在由昌都地区边坝县怒贡拉西进嘉黎茶马古道路口、仅有18户人家的"比赛顶"，我们拜访了世居于此、69岁的次仁老人。次仁精神矍铄，他端着他家祖传的宝木镶银的酥油茶碗，娓娓道来，再次印证了嘉黎在茶马古道上的重要地位和作用。他说以前这里是个赛马场，所以得名"比赛顶"，

从仅有18户人家的"比赛顶"，就能远眺东方的怒贡拉雪山

世居怒贡拉之西的次仁老人也很了解茶马古道的往事

至于那是啥年代的事，早已说不清了。过去常常有康巴人、汉人的马帮在此停留。这里比较开阔平坦，确为放牧的好地方。次仁老人还说，这里也是文成公主进藏经过的路途站点。他还听说过有驻藏大臣从这里经过，有一个是大高个子。当然，从这里走过的马帮更多，

但由于年代久远，都记不清了。次仁七八岁的时候，就见过大队的马帮来往，大的有一百多匹驮骡，小的二三十匹。驮运的主要是茶叶、粉条、挂面、大米和红糖等，还有木碗和铜器等。因为跟汉人交往多，也有留居在此的汉人。次仁老人的儿媳妇一家就是汉族。茶马古道从东面的夏贡拉到甲江措林到加贡到怒贡拉，再经过擦曲卡和拉琼色娘就到这里，再由这里经萨庆龙到老嘉黎，再到太昭和拉萨，一共13站，沿途都有编了号的驿站。次仁老人甚至可以如数家珍般将每个站程一一道出。以次仁老人从更长辈者听到的说法，拉里就是西藏卫藏、康巴、羌塘和工布等东南西北四方面的"郭"（藏语，意为"尽头"），也就是说，拉里是上述四个区域最边缘的重合地带，这里就是天造地设的各地区间通商之路的枢纽，四面八方的人流和物资在此交汇形成拉里的中心地位，也形成它丰富多彩而融合一体的文化局面。

我怎么也搞不明白，为何一个一辈子生活在几乎与世隔绝的崇山峻岭中，并没接受过任何正规教育的藏族老牧民，会有如此恢宏的视野，如此高瞻远瞩的眼光，如此清晰的地理观？这大概只能归功于茶马古道。

从老嘉黎返回新嘉黎县城，顺激流滚滚的桑曲东下，经过解放后曾一度作为嘉黎县城的达孜乡，再经过相当壮丽的独俊大峡谷，即是卡塞河与上尼屋河汇合形成著名的易贡藏布的尼屋乡。这是一个海拔仅3200米左右的东西向的河谷，四周被壮丽的花岗岩峭壁环绕，山坡上长满沙棘、接骨木和西藏刺槐。由此逆卡塞河南行，翻山就可达工布江达。在尼屋乡我有出乎意外的发现：在乡上年龄最老（93岁）的老奶奶家的门钥匙串上，拴了一个核桃大小的马铃铛，是个有相当年分的老东西，一看就是昔日云南马帮所使用的式样，铸有带"王"字的虎头图案，一面是"世兴"二字，另一面是"木*记"，我猜可能是"杨记"。主人家已说不清这个老铃铛的来历。它的存在起码可以说明，很久以前有云南马帮在这一带活动过，茶马古道几乎渗透到每个有人烟的地方。

位于阿扎措北端的阿扎寺高耸在一座陡峭的石山上，气喘吁吁爬上去，不仅能见不远处的嘉黎新县城，更可见一条小路从寺后的山上伴一股白花花的溪流陡急而下，跨过易贡藏布，延伸到阿扎措的波光里。在小巧的寺里转了一阵，不见人影，正要离开，却不知从哪里冒出一位僧人，打电话找来另一位管钥匙的僧人，打开大殿门，又让我们大开了关于茶马古道的眼界：寺里还存有半截汉字残碑，有"马姓之……"字样，左边的小字题刻为"嘉庆十一年……"很可能是一位马姓商人在嘉庆年间不幸死在这里，另有只知其为马姓的人为之土葬掩埋，并按汉地风俗立碑；另还有两片石板，拼在一起也是一

西藏嘉黎县尼屋乡一位93岁老人家门钥匙串上的云南马铃铛

嘉黎阿扎寺正扼住老嘉黎通往阿扎措的道路

块碑刻，块头不小，主体的大字大半不存不可识，但能清楚看出有汉字"……府张捐修"的字样，另一面则被后来的藏族信众，刻上了藏文的嘛呢经咒。虽未能从这两块残碑窥见更多信息，但起码，可见这里过去各民族商人的生与死都与嘉黎相关，可见汉藏交融之密切和深刻。这里上接由北面帮达拉下来的路，下扼进入阿扎措湖畔的去路，过去有悬臂桥过湍急的河流，沿东边的山脚顺阿扎措往南，翻过海拔5200多米的朱拉山，就进入工布江达的娘蒲，由娘蒲到金达（太昭），再西行翻越米拉山，就到拉萨河谷。

我们沿着阿扎措东沿的公路，驱车到了湖的南端，路的尽头，那里就是黑白两水交汇的地方，由高峻的朱拉雪山上流下的雪水，源源不断地注入阿扎措。当年的茶马古道，就从湖边经过。早在1990年代，在中国西藏和印度经商35年的云南商人张乃骞先生就绘声绘色地给我讲述过他当年如何蹚水由阿扎措走过的难忘经历。如今我自己徜徉在绚丽壮阔的阿扎措湖畔，无数思绪涌上心头。茶马古道是一条遥远艰辛得令人难以想象的物流线路，而且采用的是今人不可思议的马帮和牦牛帮驮运的运输方式。正是由于茶叶的必不可少，身处高原峻岭上的人们才义无反顾地用自己的双脚和骡马、牦牛的四条蹄腿，将汉地的茶叶运送到渴求茶叶的藏地人们手中，将横断山系与雪域高原，联接在了一起。如果我们将横断山系和雪域高原看作一个有机的人体，那么，茶马古道就是这一有机体上的动脉和静脉，运行在这古道上的马帮、背夫和牦牛驮队，就如同鲜活流动的血液，将藏地如氧气般必不可缺的茶叶等物资，源源不断地输送到雪域高原。正是那些商人、马锅头和赶马人的进取精神和冒险精神，克服了高山峡谷、草地雪岭种种的艰难险阻，使得横断山系与雪域高原之间有了持续不断的联系。哪怕在今天，那些职业探险家所谓的壮举，跟当年茶马古道上的马帮生涯相比，也会黯然失色。

我们还特意请来生于1957年的当地文化名人嘎塔，想多视角复原当年的茶马古道盛况。嘎塔果然能言善道，一串串藏语如滔滔河溪不绝倾泻，连同行的嘉措拉也听得一愣一愣的，我只能通过他们的翻译知道个大概：茶马古道从昌都与嘉黎交界的夏贡拉、怒贡拉翻山过来，就进入嘉黎阿若部落所在的拉琼色娘和郭玛乡，到达老嘉黎；从老嘉黎翻帮达拉（帮达拉下大雪路不通，就绕行岭拉），就到德哇部落所在的阿扎寺、阿扎措，到杂嘎塘有一块被称为"达赖东布"的巨石，每个经过的人都要围着转三圈，再往前就到黑水、白水交会处的湖头，由此上山翻越朱拉雪山，垭口上有许多石刻，有藏文的，也有汉文的；下山经楚乡、朱村、托村、拉如到江达或金达镇（太昭古城），再到拉萨。嘉黎一带的藏族主

一个四口之家，
一年大约要喝掉这样的四条茶叶

要从事牧业，对茶叶的需求量更大。这里一个四五口人的家庭，一年大约要喝掉四条小包40块茶砖。所以嘉黎不仅是茶马古道的中转大站，也是茶叶、皮毛等物资贸易的重要地区。过去，活跃在这一代很有名的聪本藏名叫"格桑嘉措"，汉名叫"木世龙"（音），是从

云南或四川来的马帮商人，他从汉地驮运茶叶过来，也送到拉萨去。过去这里也有汉族落脚定居，跟藏族通婚，有张姓的，也有李姓的。没有姓氏只有家户名的藏族将汉族的姓称之为"骨头名"。嘎塔的亲戚里，就有汉族姓江（姜）的，汉藏关系历来很好。通行了上千年的茶马古道，在各民族互通有无的贸易基础上，润物无声地密切了各民族的友好关系。

茶马古道无疑是一条融合之道。这跟茶这种物质与藏民族的天然亲和力有关，也可能与费孝通先生的老师史禄国所提出的"凝聚力"有关。像茶这样的物资，在汉藏等不同"民族单位"之间流动，是具有凝聚作用的。享誉世界的年鉴派史学大师布罗代尔经过深入研究后指出："茶在中国与葡萄在地中海沿岸起的作用相同，凝聚着高度发达的文明。"这一文明体现着历史和空间的持久联系，使其历史

茶马古道上的祥云

与它四周区域的历史紧密交织在一起。

一个比喻胜过任何冗长的解释：汉地的茶跟藏地的乳，真正做到了水乳交融，藏族嗜爱的酥油茶成为了不同地域、不同民族经济、文化相互需求、相互汲取、相互容纳、和谐涵化的象征。这似乎是一种奇迹，却也正好在情理之中。

华裔日本作家陈舜臣在其获得日本第四十届读卖文学奖的作品《茶事遍路》的最后，曾深切发问："世上有许多追求茶的人，他们内心深处必须紧密相连。这究竟是一条怎样的纽带呢？"我想，我们已在嘉黎寻找到某些答案。

从嘉黎返到那曲的路上，雪霁天朗，晚霞奇幻地皴染着天空、雪峰和原野，云天诡谲神秘——那种只有在雪域才有的极致之美，永久曝光在每个人的心底。

茶马古道之魅力，就在于你不知何时何地与极美的风景和极有意思的人相遇，随时随地都会有意外的惊喜，无可抗拒地令人心醉神迷。

嘉黎，我肯定还会再去。

可怕的土匪强盗

每天早上收拾好营帐行李,开拔上路时,马锅头和赶马人都要念一念六字真言,说上几句吉利话,不吉利的丑话、烂话绝不能出口。大家都不想在路上碰到什么麻烦事。然而即使念了经,做了祈祷,也难免心里发毛。

在翻越梅里雪山之前,马帮们就有被强盗抢劫的危险。那是从中甸东旺、四川乡城和得荣过来的强盗。那一带地方自古以来以出彪悍凶残的强盗闻名。他们专门把抢人当回事,也就是说,抢人就是他们的生活方式。他们一代又一代,天天拎着脑袋过日子。他们带的枪有的有叉子,有的没有。有叉子的就可以把叉子折叠过来,架在马鞍子上射击。在平地上架着打,准确性就更高。他们的枪法一般都很好,要不怎么能够以此为生呢?但在这一带行走过的奥地利裔美国探险家、植物学家兼纳西学著名学者洛克博士,曾在他给美国《国家地理》杂志撰写的文章中,大肆嘲笑过袭击他的强盗的

可怕的土匪强盗

洛克每次出行，都有大队武装侍从护卫

更多时候，洛克有当地土司管家护送保卫（洛克/摄）

枪法。那大概是他运气太好，碰到了一帮臭手。也许是那帮强盗根本就不敢要这位大名鼎鼎的洛克博士的命——他每次出行，都带着大队全副武装的随从和马帮，甚至带着折叠式的餐桌和浴缸，俨然王公气派。更多时候，他还能够获得当地土司头人的护卫。实际情况是，在滇藏川大三角区域，提起东旺和乡城的强盗，连哭闹的孩子都立马悄然噤声，大气都不敢出。

丽江有名的马帮商人牛家就有一个人赶马过白马雪山时被土匪打死。马帮就这样被土匪袭击抢劫，甚至被杀的不少。

土匪强盗在这一带之所以那么嚣张，是因为他们搞懂了一条千真万确的硬道理：县长是银子做的，司令官是金子做的。这什么意思？那就是说，只要用金子、银子将县长、司令官们买下来，他们就会两只眼睛都闭上，什么都不管，土匪强盗就可以为所欲为。

在茶马道上赫赫有名的铸记马铸材，就被这些无法无天的土匪很"文雅"地抢了一回。那是在抗战期间的事，当时生意正做得红火，铸记在拉萨备好了几十驮货物，找了一个乡城的"朋友"做马锅头，由他的马帮将货物发往丽江。结果丽江方面迟迟没有见到那一大批货，那位老兄径直把货物驮去了乡城。事后，在丽江的马铸材收到了一封彬彬有礼的信，信中坦言宣称货在他那里，但他现在身体不适，不能前来丽江，请马铸材派人到乡城去取。这位文雅的强盗在信封里附带装上了五颗子弹。马铸材见此哪里还敢去追究，几十驮货物就这么拱手送上了强盗的家门。

过了不久，这些货物很可能换过包装，又理直气壮地运到丽江来卖。大家心知肚明，但又毫无办法。

当然，大多数马帮都能凭着自己的实力以及机智勇敢，避免土匪强盗的祸害。祖居茶马古镇束河的杨沛诚先生在他的《束河的皮匠和藏客》一文中,就记述了丽江束河村一个叫杨开的富商兼马锅头历险的故事。

像许多丽江人一样,杨开也是在滇藏茶马古道上赶马做生意发起的家。他为人机智,善于辞令,在这条古道上也是个受尊敬的人物。因为梅里雪山东南侧经常有土匪出没,他们持枪抢劫,谋财害命,使得不少马帮人财两空,损失惨重。所以杨开每次运货回家,都要化装先行一步,以便了解匪情,见机行事,该走就走,该停就停,避开土匪的袭扰。一次他化装成叫花子先走,正好碰上一伙持枪的匪徒,他们向他询问杨家的马帮何时可到此间。杨开面不改色地告诉土匪说:"杨聪本家的牲口两天后才能到达这里。"匪徒一听要两天后才到,就起哄地散去了,杨开的马帮趁机闯了过去。

藏族战士或强人(洛克/摄)

藏族马帮似乎并不惧怕那些可恶的强盗。关于此,云南省立昆华民众教育馆1933年出版的《云南边地问题研究》中有生动的记载:"其人耐劳经寒,长于跋涉,向非内地赶马人所及;且其性悍勇敢死,枪械精良,无敢侵犯劫夺之者;当西路匪势猖獗之际,行旅不通,商货屯滞,而古宗仍敢坦然来去,略无梗阻，因之汉商常尾之行，藉资庇护；然古宗殊狡黠，随行者须纳保险费，否则即被拒绝云。其时内地西路各商，多倚畀古宗，以重资雇之载货，故马运营业，竟一时为其所垄断焉。"这不能说藏族马帮贪利，而只能说内地汉族马帮太窝囊了。

那时的学者并不能将藏族马帮和纳西族马帮清楚地区分开来。再说，纳西族马帮基本上雇佣藏族做他们的赶马人，他们自己也是说藏话，穿藏服，喝酥油茶吃糌粑，也难怪外人分不清。就连赵老先生也认为，纳西族马帮与藏族马帮没有任何区别，为了走西藏草地，纳西族马帮完全跟藏族马帮学，从服饰装束、饮食习俗到头骡二骡、马鞍马垫及捆驮子都是一样。

像在丽江被称为红色马锅头的"立记"掌柜李立三，就是很像藏族的纳西马锅头。李立三也是在茶马古道上发的家，因为丽江至拉萨路途遥远，野兽多，又有匪患，李立三就专心致志学习打枪，还带着小伙计一起学，日久天长，成为闻名遐迩的神枪手，据说能击中百米开外发亮的铜钱。有一次，李立三赶马帮到德钦，碰到丽江行商姚仲华被土匪抢劫，李立三见义勇为，马上带着身背长短枪的小伙计马队前去追寻。待探明四个匪徒正在山谷中分赃，他就率队扑了上去，当场击毙两名匪徒，两个逃命跑走。李立三把追回的被抢货物全部归还给姚仲华。

因为有这一种正气和功夫，那些土匪强盗也就不敢随便来惹麻烦。李立三后来参加了中国共产党，改名为李烈三，1949年在前往中甸和平谈判的过程中，不幸中匪徒埋伏被俘，英勇牺牲。这是后话。

顾彼得先生在他的《被遗忘的王国》中，也生动地记述过这些土匪强盗。他说："我情愿和一个汉族或纳西族强盗打交道，而不愿和一个藏族地区强盗打交道，汉族或纳西族强盗很少杀人。他抢你但是他用某种委婉的手段，他至少留给你下身的衣服有点脸面可以到附近的村子去。他通常克制自己不搜女子的身，甚至听她诉说她反对拿走她的某些梳妆品。藏族地区强盗就不是这样了。他们的座右铭是'死无对证'。他们先开枪，然后寻找死者身上或行装里有价值的东西。我曾听说一个有趣的故事，一个东旺强盗怎样射死了一个在远处走路的男子，尔后竟然发觉那是他自己的父亲！"顾彼得先生继续写道："当马帮被掠夺，见证人被杀害或被驱散时，货物、武器和牲畜就被掳到强盗巢穴。在那里货物又重新仔细包装。你看哪！强盗头子穿着华丽，就像一个爱好和平的富商，走在大队马帮的前头，进入丽江了。对此无人问津，也不必作解释。"

洛克率他的助手及卫队在高山牧场

翻过梅里雪山进入西藏境内,就再也没有土匪强盗的威胁。那里的人们对汉族很尊敬,把纳西族叫"三多",也很友好尊敬。在西藏,小偷小摸的事情倒是有,但一经发现就惨了。这一方面是由于遍及于西藏各个角落的强大的宗教势力的教化和威慑;另一方面,西藏的土司头人对偷盗者采取了极为残酷的严刑峻法:一发现偷盗者,不是割鼻挖眼,就是砍手剁足,情节严重的,更会悲惨地丢掉小命。黄钟杰在拉萨八廓街就亲眼看到,有一个偷金子的家伙被放在一个站笼里,不给吃,不给喝,也不让坐,那样站了两三天就死了。在茶马古道上,赵应仙也不止一次看到过那些受过酷刑的残废者。

幸运的是,赵应仙在茶马古道上走了那么多趟,还没有遇到过土匪的袭击。话说回来,那样的事情遇到一次就不得了。赵老要真是碰到了土匪,也许就没我这本书了。

把命拴在溜索上

除了没完没了的大山之外，行走茶马古道的马帮还要从无数的江河激流上越过，仅世界上有名的大江就要经过四五条。这些凶险的江河更增加了茶马古道的艰难危险程度。

由于路途实在凶险难卜，赶马人的心里多少都有点虚，加上沿途藏民族那种虔诚而浓烈的宗教气氛的影响，赵应仙他们每经过一个地方的寺庙，都要进去随意添上一点酥油，祈求菩萨和各路神灵的护佑。而每逢路口、垭口和喇嘛寺的佛塔、嘛呢堆，也会顺时针方向转转，转几圈不一定，随自己的心意，一般是三圈，再随手拣一些石

茶马古道上的佛塔和古老的嘛呢堆成为马帮的路标和护佑

块和木棍放上去。

赶马人都不太会念佛经,但六字真言却是人人都会念的,"唵嘛呢叭咪吽",常常挂在嘴边。尤其是在过险路时,在过溜时,在过一些很吓人的桥时,就更是要念了。有时睡不着觉,就不停地念,很快就睡着了。虽然他们都不是严格意义上的佛教徒,但都信一点,"不信念它干什么?"赵老说。在藏地,广泛流传着关于六字真言神奇法力的事迹。而且,念着六字真言,的确会对人产生一种心理稳定作用,对此赵应仙有切身体会。念着六字真言,就不会胡思乱想,意念比较集中,这样就不容易把事情搞糟。

藏民族对此更无比虔诚。他们经常一天念到晚,只要嘴巴得闲就不停地念。过山口村口或是喇嘛寺的嘛呢堆时,还要取下帽子,放下楚巴的袖子,把盘着的辫子也放下来(康巴藏族男子习惯梳了发辫用红色细麻绳盘在头上),然后手扪心口,念诵六字真言。有的人还会大喊"哦——拉嗦!",大概是"神必胜!"的意思。有时他们相互见面问候时也会这么喊。赵应仙他们有时走得实在太累,

马帮路上镌刻有六字真言的嘛呢堆

也会说一声"哦——拉嗦!",然后一屁股坐到地上歇息。

然而当茶马古道要过江渡河的时候,无论念什么都不大管用了。这一路过去,必须渡过金沙江、澜沧江、怒江、拉萨河,如果要继续走印度的话,还得过雅鲁藏布江。其间要过的河溪更多得不可计数。

茶马古道必过的无数河溪上的伸臂桥

一般说来，赵应仙他们的马帮在路上很少有求人的时候，然而到了江河边上要过溜、过渡时，这些在山路上走得一溜烟的好汉就得低下头来，不仅要多给一些过溜摆渡钱，还要尽力讨好那些过溜摆渡的人，要不然人家一使点手脚，货物掉了或者弄湿了不说，甚至人和牲口的性命都可能不保。

丽江马帮一出拉市坝，翻下铁架山，首先要渡过的是金沙江。好在这一段江面宽阔，江水平缓，有平底木船可将人、骡马和货物装载着尽数渡过去，没有多大危险，也不费多少事情。

然而一路西去，出了德钦，到溜筒江地方要过的澜沧江就是第一个要命难关。那时澜沧江上还没有桥，只有靠悬于江面上的两根竹篾索溜来溜去，所以过溜那个地方就叫"溜筒江"，至今仍叫这名字。那个地方江面很宽，应该有一百多米，两条竹篾索子固定在江

洛克 1920 年代拍摄的溜索过江

岸的石崖上，一高一低，形成一定的坡度，这样过溜的人或马或货物，才能靠那坡度形成的惯性滑到对岸去。篾索上抹了酥油，用一块类似滑轮的带槽的栗木木块卡在篾索上，再以一根皮条固定木块，最后将兜住人或马或货物的皮条挂在木块上，就这么滑过江去。溜的急了，就可能撞到对岸的山石上，好在对岸一般都有人接应；如果溜得力量不够，又会给悬在半空里，用很大的劲才能把自己或骡马或货物拽过去。

初次过溜令人心惊胆寒，十分害怕。什么安全措施都没有，任何人都会吓得发抖。当

溜索携物过江

一根皮条把人挂上溜,岸上的人一松手,你就唰唰嘶嘶地飞起来,耳边只听得簌簌的风声,眼下是翻卷的洪涛,你的命就悬在那么一根篾索上。有的人根本就不敢睁眼看。

古人杜昌丁称之为:"真一奇胜,然天下之险莫过于此也。"

过溜索时,只要绳子出点事,人或骡马都会摔下江里去,这样

溜索飞越怒江

的事情随时都会发生。跟赵应仙一起走的马帮就出过这样的事。在德钦的羊咱过溜渡江时,他们最好的一匹骡子就掉到了激流汹涌的江里,翻几下水花就没了影儿。那是从维西到德钦再进入西藏的一条路。有时他们又由中甸翻过白茫雪山到德钦。两条路差不多一样的路程,但是走维西的路要好走一些,是沿着澜沧江走。具体走哪

昔日遍及茶马古道的古老伸臂桥

条路，就由商号老板决定。

  1946年，由赶马帮出身的丽江仁和昌老掌柜赖耀彩先生出资，并主持修建成了溜筒江铁索吊桥。钢缆铁链是从香港买进的,铁匠、石灰匠和泥水师傅全从丽江聘去。赖老先生和一位学过建桥工程的德国牧师，以及当地士绅李增广组成指挥小组，长年累月就住在江边的小山神庙内，督工监造，为时一年多才大功告成。为不影响溜筒江人的生意，过桥费就由他们收取。从那以后，来往马帮才免去了过溜之险，真是功德莫大焉。如今那吊桥的遗迹还在，还有一通建桥的碑文。新中国成立后政府又新建了一座更大的吊桥，至今通行无阻。前几年更修通了公路大桥。下游一些的羊咱也修了吊桥和钢混大桥，成为当地民众和转山信众通行的要衢。

  出玉曲江河谷，从邦达穿过长草坝西去，再到洛隆宗之前，马

澜沧江上的溜筒江吊桥遗址及新吊桥

帮又得渡过更为凶险澎湃的怒江。那里的怒江上有木桥，但一碰到发大水，桥也就被冲得无影无踪，碰到这样的情况，赵应仙他们就用牛皮船过渡。怒江向以水势凶猛，水深流急而著称，而且江水四季都十分冰凉，人马要是落了水，断无生还的道理。滇西抗战时，就是汹涌的怒江才挡住了日寇向云南的挺进。那还是在怒江的中下游，如果你有机会到西藏境内怒江的上游看看，你才能明白怒江为什么叫怒江。

清军管带（营长）陈渠珍曾率队渡过川藏之间的金沙江，他这样描述："船以野藤为干，以牛革为衣，其形椭圆，如半瓜；其行轻捷，似飞燕；凌波一叶，浪起如登山丘，浪落如堕深谷。临岸遥观，若将倾覆焉。乃方沉于浪底，涌现于涛头，俨如飓风时际，立黄鹤楼看轻舟冲浪，同一触目惊心也。……舟子一人，摆双桨，坐后梢，

划桨过江的牛皮筏子

顺水势,乘浪隙,斜行疾驶,瞬息即登。皮船大者,载重四百斤,小者载二百余斤。"

  赵应仙他们那时渡怒江也使用牛皮船,也是一次要命的冒险:在激荡奔涌的江面上拉一根绳索,人、骡马和货物装在小小的用牛皮绷成的船上,一条船一次只能载五六匹骡马,就这样上了船,把船挂在绳索上,以人力一点一点拉过江去。只要谁手一松,你很快就回到云南老家,只不过绝不会有囫囵尸首。等到了对岸,人、马和货物都是湿的,也不知是水花溅的,还是自己出的汗浸的。

  在嘉黎西南方向的"阿扎措"边,马帮在雨季里经过时,几乎有一天要从湖边的水中走过。那简直就是一片汪洋。这时也才知道人的智慧并不比骡马高明,骡马也并不比人愚钝。因为是走在湖边的水里,走着走着就会找不到路,这时头骡就会站下来,向周围四

拉萨河上的牛皮筏子

处看,看上不到五分钟,它就会坚定不移地往一个方向走,整队马帮跟上,居然一点没错。

快到拉萨时,还得再渡一次水,要渡过拉萨河才能进入拉萨。这次又跟前几次的渡江有所不同,而且也不太危险。拉萨河宽敞平静,水也不很深,河上有牛皮渡船,但那牛皮渡船不大,仅能装载人和货物。好在马帮到达时正逢夏季,于是人就上船,货物也装船,骡马们由牛皮船上的人拉住缰绳,让它们跟在牛皮船后泅游过河。或是先过去一个人,大多是马锅头,过去到了对岸,就放开嗓子一直大声"阿扎扎……"地喊,被赶到水里的骡马就会朝着喊声游过去。那些牲口都天生会游泳,抬着头,探着脚,眼睛睁得大大的,鼻子一张一合的,每一匹都凫得过去。

牛皮船浮力不小,但不能在水里浸泡太长时间,将人、货一载过河去，马上就要将船扛到岸上晒干。这一方面是要保持牛皮船的浮力，另外就是要使牛皮船便于在陆上搬运。待牛皮船皮里的水分蒸发得差不多了，一个人就可以把它扛走，而且非要扛着走上一段。

因为牛皮船几乎没有什么动力，过渡时只能顺流而下，划桨的船夫只能借助水的冲力使船慢慢靠到对岸去，这样到了对岸，已经是在下水较远的地方了，要再渡回去，就得把船扛到更上游一点的地方。

如果马帮还要继续南下到印度，还得渡过更加宽阔、更汹涌的雅鲁藏布江，过渡使用的是平底木船，藏族人把那木船叫作"水上木马"，因为船头上竖立有木制的马头。船上有四个人摇橹，一人掌舵，一次能载七八十个人或20匹骡马。

需要陆上搬运及晾晒的筏子

赵老先生什么危险的路都走过了，溜过了无数次，江也渡了无数次，居然一直安然无恙，只能说他的福气好。而且他在路上也没得过什么大病，也就是拉肚子、发烧、打摆子，这些病倒是得过，自己吃些药也就好了。那时人也年轻，挺一挺就可以熬过去。

有时，马帮们也会到喇嘛寺去请喇嘛给看病。有的喇嘛是很好

雅鲁藏布江曲水渡头的摆渡木船（佚名/摄）

的藏医。藏医里有许多灵验的藏药，有的藏药里居然还会下水银和其他一些矿物在里面！这就是赵应仙闻所未闻、见所未见的了。藏医不仅擅长治疗心血管病、风湿病，等等，解剖学也特别发达。藏医解剖学厉害，大概跟他们实行天葬有关。

　　翻了山，过了水，马帮们就会有闲情逸致观赏茶马古道上的奇观。

苍蝇，蚊子，豹子和鱼

如果你以为西藏海拔高，天气冷，空气又稀薄，那里一定少有讨厌的苍蝇和蚊子什么的，那你肯定搞错了。

在茶马古道上，凡是沿江走的地方，天气就很热，但道路不可能总是沿着江边走，碰到横亘的大山，或是较大的支流，要么就得绕过去，绕不过去的话就得吭哧吭哧攀爬过去，有时一天也就只能翻过一座山，翻越高大的雪山就得两三天。所以马帮们往往一天里就要走过春夏秋冬四季。

在维西的河谷地方，在翻过梅里雪山的甲朗一带，蚊子和苍蝇多得要命，像一片一片云一样，那架势完全可以将骡马和人一起吃掉。

奇怪的是，西藏的蚊子白天才出来叮人咬马，晚上又无影无踪了，好像它们也是晚上休息一样。相比之下，西藏的苍蝇就讨厌得多，一刻不停地往人身上、骡马身上扑，一个个绝对的敢死队，似乎活人活马都是死尸腐肉，是它们的美味佳肴，你想停下来喘口气都不行，即使你不停地挥动两只手，也无法赶开它们；即使在海拔5000米的地方，仍可以见到它们的身影。这时候你会恨不得回到雪原中，或是像骡子一样有尾巴可以不断抽打。

西藏的荒野里野兽很多，而且有熊和豹子这些猛兽，马帮们虽然都带着枪，但那不一定都管用。这些猛兽要是一枪打不死，它们就会扑上来拼命，那就不得了啦。所以，马帮们从来都不敢向那些猛兽开枪，尽管他们经常见得到豹子和熊。那些骡马一嗅到豹子或熊的气味就会吓得直发抖，要提前拴牢它们才不致逃逸。有几次赵应仙还见过老虎。只要不逗惹这些猛兽，它们一般也不主动来惹马帮。但有时也有例外。

现在青藏高原难得一见的雪豹，当年可是茶马古道上常见的访客

在走西藏草地那些年头里，赵应仙手下有一个奔子栏的藏族马脚子，叫什么名字赵应仙已经想不起来了。那就是一个倒霉的家伙。他辛辛苦苦在茶马古道上赶马，他的理想就是有一天有自己的骡子。这使我想起了老舍先生写的骆驼祥子的故事。他的命运也跟骆驼祥子差不多。他是个特别得力能干的马脚子，每次都能赶12匹骡马，因为表现出色，老板东家特意奖给了他一匹骡子。这可让这位马脚子高兴坏了，他终于有了自己的骡子，尽管只是一匹，但有了第一匹就会有第二匹，有一天他也许就会成为自己马帮的马锅头。

赵应仙带着他，他带着属于自己的骡子，又一次踏上雪山草地。

马帮都有这样的规矩：你帮大商号赶马帮，到一定时候东家就会奖励你一匹骡子，你还可以将东家给的骡子放到马帮里一起走，驮上你自己置办的货物，草料都在马帮里一起开销，赚得的钱归你自己所有；马脚子同时也要赶其他骡马，挣一份工钱。这是商号老板对赶马人的照顾。这些老板自己也是这么发达起来的。用他们的话说，自己要找钱，也要让别人找钱。马锅头们一般都有这样的气度。

一天他们走到邦达上去一点一个叫"斗子里"的地方，照例扎帐篷开亮，照例在睡前打一阵乱枪，以吓跑那些野兽。然而那天夜里出了怪事：一头豹子闯进马帮营地，声息全无就咬死了一匹骡子，而那匹骡子偏偏就是那位马脚子独一无二的那匹。在四五十匹骡马里，那只该死的豹子只选择了那个马脚子的那匹该死的骡子，只能说该那个马脚子倒霉。对那匹骡子来说倒不见得是倒霉，也许还是一种解脱——从遥遥无尽的艰苦劳役之中得到解脱。

作为驮畜的骡马几乎就是终身的劳役

那匹骡子被咬断了喉咙丢在那里，豹子并未下口大吃。倒不是因为它肚子不饿，而是豹子喜欢吃臭肉，要等死骡子臭了它才转回来饱餐一顿。

第二天早上看到骡子的尸体，那位马脚子伤心地大哭了一场，就像祥子的车被大兵抢走了一样。那时一匹好骡子值百十块半开银元，那位马脚子辛苦了好几年，好不容易才拥有一匹属于自己的骡子，结果却被豹子就这么咬死了。这大概就是命吧。后来那位马脚子只有将自己的货物分给别人帮驮，还得继续走他的马帮之路。他后来又有没有自己的骡子，赵应仙也就无法知道了。

过去在茶马古道上，碰见个豹子什么的是经常的事，熊就更是多。它们一般也不敢来惹马帮，因为马帮都带有枪，而且晚上升亮都要烧一堆篝火，在睡前还要打上几枪。但是营地里不能放有生肉，也不能杀什么生，否则那些猛兽闻到一点儿血腥味儿，就会不顾一切闯了来。

在西藏的神山上，打猎是被严格禁止的，不过汉人、纳西人不在此列，他们管不着。西藏的野物可多了，有雪鸡、黑颈鹤、藏原羚、

黑颈鹤　　　　　　　　　　　　　　　岩羊

藏野驴

藏狐

喜马拉雅旱獭

岩羊、野驴、獐子、狐狸，等等，兔子、旱獭什么的就更多了，赵应仙他们可以偷偷去打，不让藏族知道。打来可以改善伙食。藏族因为信仰佛教，不随便杀生。他们自己要是偷偷打杀了什么动物，那就是非常不得了的事，土司、头人或活佛会严厉惩罚他们。平时他们见到个小土司、头人或是喇嘛，连头都不能抬的。而云南的马锅头就可以跟这些土司头人平起平坐。东西也可以随便乱放，天气热了，就将楚巴脱下，放在路边用一块石头压上，都没有人会动，哪怕是很值钱的东西，像驮子什么的，都可以随便放着，没有人会动的。

　　赵应仙在邦达、扎玉居住的那几年，除了在当地负责转运发货、发驮子，间或到邻近的村子里去做一些小生意，收购一些土产山货，大多数时候没多少事情，于是就去钓鱼。

发源于邦达草原的左贡河（赵老跟我讲，他们就是这么叫它的，现地图上的正式名称为"玉曲江"，为怒江的一条主要支流），在邦达大草原上弯弯曲曲地流过，然后流经田妥、左贡，又从扎玉村前喧腾而过，最后在与云南接壤的察瓦龙汇入怒江。怒江发源于藏北的那曲草原。"那曲"在藏语里是"黑河"的意思。至今那里的人们，包括汉人，都把那曲叫作"黑河"。而在云南怒江地区，当地的原住民傈僳族、怒族，把怒江称为"怒"，也为"黑水"之意。

沿怒江峡谷，也有一条路将云南和西藏联系在一起，直到21世纪的头十年，那里的人们还完全靠马帮脚力与外界沟通，在那条马帮路上来来往往。那条路也是茶马古道的一部分。从怒江边的察瓦龙北上，只三四天路程，就可到达滇藏茶马古道主线上的重要中转地碧土。过去的地图上，碧土都是用县级的标志标出的，不知情的人会一直把它当作是西藏的一个县。过去我就是这么认为的。1990年我们赶着马帮走到那里的时候，才发现那里只是一个有些衰败的大村落，连乡都不是。然而从碧土寺残存的大片废墟来看，碧土肯定有过茶马古道沿途许多地方都少有的繁盛。寺庙的门上，甚至镶着雕刻有双"喜"汉字的格子扇！那一定是建寺时从内地买去安装上的，而且也一定是用马帮驮到那儿的。在茶马古道兴盛的年月里，那里是一个四通八达的交通枢纽。以后随着茶马古道的废弃，它衰败的命运几乎是注定了的。

言归正传。茶马古道从云南、西藏交界处的梅里雪山越过后，很长一段路程就是沿着玉曲走的，一直到玉曲发源的邦达草原（马帮称之为"长草坝"）。江水完全从裸露的石头河床上倾泻而下，由

高原上湖泊河溪里众多的鱼

于落差大，水流急，江水白浪激荡，几乎为白色，只是在一些平凹处才现出一点翡翠色来。我想玉曲的名字就是由此而来。江里的鱼多极了。难以想象那些半透明的，肉极鲜嫩的鱼怎样在那激流里生存，而且还繁衍得那么多。1990年我们在江里又是钓，又是下网，吃了不少江鱼。我们没见到有水葬的尸体漂下来。即使见了，鱼还是要照打照吃。我们一路吃的除了罐头就是腊肉，要不就是压缩干粮，那么鲜美的鱼，没有理由不吃。

然而沿途的藏民族就不吃鱼，所以江里的鱼才那么多。而且那些鱼极纯洁幼稚并十分坦率，不管大小，全都是没进幼儿园之前的智力水平。

据我采访所知，藏民族不捉鱼、不食鱼有两个因素：一是藏民族有水葬习俗，鱼在水中的作用大约相当于秃鹫和乌鸦在地上的作用，有超度肉身的神圣意义；二是自佛教深入藏地之后，藏民族有浓厚的珍惜生命的观念，在他们看来，鱼是一种极可怜的生物，它们有嘴巴却不会发声，死了到阎王爷那儿连自己的苦难都无法诉说，这样的生命自然应当加倍爱惜。相比之下，打鱼、食鱼的我们恐怕就显得野蛮多了。

赵应仙当年也打鱼吃鱼，只不过要背着藏民族悄悄去干。"那是藏族的习俗，我们汉人从来都吃鱼的。"时隔半个多世纪，赵老这么跟我解释。他还说那时鱼简直太多了，用棍棒打，用刀砍，都能搞到吃不完的鱼。在赵老看来，在西藏钓鱼是他在茶马古道上那些年月里最有意思最好玩的事情，现在他一说到此就津津乐道的。我们走那里的时候，鱼也很多，但用棍棒和刀就打不到鱼了，可见鱼比50年前少了许多。

也许是受茶马古道上生活的影响，赵老先生现在的饮食十分简单清淡，他说了丽江人一直信奉的一句老话："鱼生火，肉生痰，豆腐青菜保平安。"这大概也是他健康长寿的秘密所在。

鼠鸟同穴及延寿果

走藏地的马帮一上路以后,就没有什么蔬菜可吃。西藏大部分地区又高又冷,没法种蔬菜,藏族也没有种菜的习惯。再说,大多数时日都是在杳无人烟的地方行走,到哪儿去找蔬菜?赵应仙他们当年曾从丽江带过一些白菜、萝卜、南瓜等蔬菜瓜果的种子去,在扎玉种过。我们半个世纪后去时,在沿途的村寨里都吃到了蔬菜,有白菜、南瓜、土豆,甚至还有青椒,不知是不是要归功于当年的马帮?

不过在赵应仙他们走西藏草地时,茶马古道上有的是野菜。从云南一路进入西藏,到处都有各种野菜。赶马人有时边走边采,到晚上开烧时,就有美味可口的野菜吃了。如果天天顿顿就是酥油茶、糌粑,对平时很讲究吃蔬菜的丽江人来说就有些难以接受。幸亏有那些野菜。它们为赶马人提供了大量维生素,也提供了珍美的佳肴。

那些大山和河谷里,有的是野葱、野韭菜,比家栽的细一些,骡马都可以放开吃。野菜里最为美味的，可能要算鲜嫩碧绿的竹叶菜，苦凉苦凉的，显然可以解热毒，又有一股清甜，采了来煮腊肉，最好吃了。因为它长得像嫩竹，故名。这东西要在海拔高的丛林里才生长。接骨木的嫩尖也能吃，虽然闻着有浓烈的臭味，但要用腊肉和豆豉炒出来却很好吃。此物不宜多食，吃多了会拉肚子。

　　高原上还有一种野果叫夏巴拉，是一种带刺的灌木，果实很多，像些小灯笼一样挂满了枝头，熟了的果实就是一颗红红的小灯笼。后来我知道那就是西藏刺梨。不过它没多大吃头，只皮底下有一点点肉，然后就是跟果子差不多一样大的核。那年我们走在路上，饥渴时就采来装满衣袋，然后一把一把不停地吃，多少也能充点饥。熟透了的刺梨就红得发紫，很甜，肉也沙沙的，面面的。沿途还有毛山楂、野桃子、野梨，不过一个个又小又硬，满身是毛，酸涩难

美味的竹叶菜

可食用的接骨木

刺梨果实

大树沙棘的累累果实

以入口。

夏天，草地、林间还少不了各种蘑菇。赵应仙他们当然知道哪些能吃，哪些不能吃，那都是马帮们相互传授的。有现在很吃香很昂贵的松茸，有一窝菌、羊肚菌等。他们常吃的一种是白白的、嫩嫩的，因为丽江没有，就叫不上名字，只把它叫白菌。它的味道最好。

在田妥过去一点点的地方，在怒江边的牟门地方，居然出产葡萄，甜的葡萄，有食指头那么大，很好吃。赵应仙住在邦达的时候，曾经到过那里采买藏族自己酿造的葡萄酒，买了来过年喝。不知道那葡萄是当地人将野生葡萄驯化的，还是从外面引种的。我们在茶马古道沿途都见过野生的桃和梨，很小，都酸涩得无法吃。

牟门是个有百十户人家的大村子。那里还出产一种最好最体面的毛料，叫"牟门拉瓦"。

拉瓦就是毛料布的意思，完全用手工纺织成，在丽江很出名，丽江人去哪儿做客带上一点"牟门拉瓦"做礼物，就不得了啦。给人家做坎肩什么的，纳西女人最喜欢它。那毛料细细的，跟现在的细毛呢一样，"他们会搞呢，不得了呢。"多年后赵老先生还赞不绝口。那时牟门的好多人家都做"牟门拉瓦"，一般都是妇女搞。牟门的毛料好，与当地的羊有关。他们的羊毛最好了，羊绒长长的，比棉花都细，妇女们从早到晚都拿个纺锤纺线，然后再织成布，最后还自己染色，染得最多的是藏族最喜欢的紫色。僧侣们也大多穿绛紫色的袈裟。

在茶马古道沿途的草原上到处是鼠兔，不仅个大，胆子也大。高原鼠兔是一种小型非冬眠的食草哺乳动物，又称黑唇鼠兔，它虽然很像老鼠，其实是兔子一类，属兔形目鼠兔科。高原鼠兔身体浑圆，没有尾巴，灰褐色，是青藏高原的特有物种，数量大，多栖息在高原土壤较为疏松的湖滩和山坡上。因为藏族不杀生，它们就到处明目张胆地窜，一个个吃得又肥又大，将一片片草原打出无数的洞来，而且在地下洞洞相连，用百孔千疮来

遍及青藏高原的高原鼠兔

形容它们的作品，一点都不夸张。有时它们一群一党地在路上跑来跑去，几十只一窝，看了会让人打抖。

藏族更不愿伤害的一种动物就是旱獭，或叫"雪猪"，或叫"土拨鼠"，藏语把旱獭叫作"曲比"。高原上的旱獭更准确的学名是"喜

呆萌的喜马拉雅旱獭

马拉雅旱獭"。旱獭整个就是特大号的老鼠，叽叽地叫，经常坐在草原上它们的洞旁，两只手掬在胸前，像是作揖拜佛的样子，因此藏民族从不伤害它们。据说要是伤害它们的话，它们还会流泪哭泣呢！但我觉得它们表面上呆萌可掬，很令人同情，但实际上它们干的大多不是好事。它们把窝穴挖掘在草原上，把一个草原打得到处都是大窟窿，而且它们还把这些洞窟在地下全都连在一起，跟电影《地道战》一样，好像它们像我们那时一样，看过了无数遍的《地道战》，学到了在地下生存的绝技，烟熏水灌全奈何它们不得。据说在大跃进年代，政府发动机关干部消灭四害打鼠兔和旱獭。人们满草原折腾，结果如何你完全可以想得到。和平时期的人们也没有比山田和汤司令更厉害的手段，也还是用水灌，用烟熏，结果水都不见了，而在一个洞窟口点上火，整个草原都在冒烟，只不见旱獭和鼠兔出来。

不仅如此，旱獭的食量大得惊人，它们经常在冬天还未来临之前，就把草原啃得光光的，更要命的是，它们最喜欢吃草籽。我们1990年考察时，射杀过几只旱獭，剖开肚皮，里面一肚子草籽，而它们肚子里装的食物，常常超过它们本身的体重。吃那么厉害也就罢了，它们还会在洞窟里储存它们根本就吃不了的食物。就是旱獭和鼠兔，把西藏的草原搞得一塌糊涂，本来就很薄很脆弱的植被越来越糟糕。后来还听说，旱獭是传播鼠疫的最主要宿主，很危险。

要用枪打到旱獭也不那么容易，它们只在它们的洞旁附近活动，要停下不动的话，它肯定是坐在洞口的，一枪打不中，它就"噌"的一下溜进洞里，即使打伤了它，它要进了洞你也毫无办法。

赵应仙他们不是藏族，所以也打旱獭，为了得到它的油，还吃它的肉。不过他们把这家伙叫干獭。干獭的肉很不错，就是有点肥，草腥味重一点。

旱獭身上有一种好东西，那就是它的肥油。旱獭油据说可以治风湿，非常有效，只要抹在风湿处，它就能把风湿拔出来。起先我不相信有那么神，一点肥油怎么就能吸出风湿呢？我们将旱獭宰杀后，藏民族纷纷来讨肥油。那油简直没办法盛装，即使放在玻璃瓶里，它都会渗透出来，一下把其他东西黏得油乎乎的。只有用旱獭的肚子（胃），才能装住它的油不漏。这还是赵老告诉我的。我那时根本不知道，所以就没能带一点回来。蘸一点旱獭油抹在岩壁上，那油就会一直一直流下来，可见其油的质量之好。

赵应仙他们打猎最常打到的猎物还有雪鸡，味美可口。学名叫白马鸡，现在可是国家保护动物。它们通常二三十只一群群地活动，白天一起觅食，

被称为"雪鸡"的白马鸡

俗称"白屁股"的高原精灵藏原羚

晚上栖息在一起，但有一只有经验的老鸡不睡，担负着为鸡群放哨警戒的任务，一有动静，它就会发出警报。白马鸡很笨，既飞不高，又飞不远，长的又漂亮惹眼，味道又十分鲜美，自然就成了人们猎获的对象。别的狩猎对象还有白鹇，个子有点大，嘎嘎地叫，但是肉有点酸。

另外，还有俗名叫"白屁股"的藏原羚，个头比岩羊小，头上的角也更细小一点，最显眼可爱的是，它们的屁股上有一片白色的心形毛皮，因而大家都叫它们"白屁股"。至于兔子、獐子什么的就更多了。

有时候打不到什么野味，赶马人就挖开旱獭洞，于是往往能发现里面囤积着数量让人吃惊的草籽和一种叫延寿果的植物根茎。

延寿果也叫"人参果"，比花生米小一点，也像花生一样长在地下，但没有壳，更像细小得多的红薯，其实是一种学名为"蕨麻"的高原植物的草根，它是蔷薇科、委陵菜属多年生草本植物，根向下延长，有时在根的下部长成纺锤形或椭圆形块根，一节一节的，紫红色，有的长长的，是茶

延寿果的地面叶片

马道上最好吃的野果，而且名字也非常好。拉萨藏话叫"啜马"，康巴藏话叫"竹马"，在草原上经常可以见到它们，贴地面长着齿状的叶子。可以将它们扒来吃。在吉庆时节更要吃它，也是待客的佳肴。如果将它煮熟拌上酥油，放点糖就更好吃。德钦人最爱吃这种野果。马帮会带一点回丽江，大家也很爱吃，是馈赠亲朋好友的又一种珍贵礼物。

用酥油烹饪的延寿果是藏族待客的上品

无论是进西藏，还是从西藏回来，马帮们的行囊里从来不会缺乏各种稀罕古怪的物品，他们将各种各地没有的东西带来带去，大

大黄

鸟鼠同穴奇观

高原鼠兔视力不佳但擅长打洞

高原雪雀只能借住于鼠兔洞穴

大开阔了人们的视野,促进了各种各样的交流。

赵应仙在茶马古道上还见到一种奇异现象:西藏有一种小鸟会跟鼠兔住在同一个洞里,相互之间还很有义气。鸟儿可为视觉不佳的鼠兔提供全方位警戒,鼠兔可为没有树木做窝的小鸟提供巢穴。天冷的时候,鸟儿会背着小老鼠去晒太阳;没食物的时候,鼠兔就会把扒来的草籽和延寿果,与鸟一起分享。

我现在仍然认为赵老先生是我见过的最为诚实的人,在他跟我讲述的马帮故事里,我从未发现他掺有水分。他不是那种想象力丰富的人,更不是那种乱编胡吹的家伙。有时我还有些抱怨他的讲述太实在太干巴太缺乏文采。但听了这个鸟鼠同穴的故事,我不由得瞪大了眼睛。但老人向我保证那是他亲眼所见,绝非天方夜谭,茶马古道上的赶马人都知道这事。我那时没见过,只在别的书里读到有这样的现象。后来，在我经常行走茶马古道的行程中，尤其在世界屋脊的屋脊阿里，就不时看到这种奇异景象了。我还知道"鸟鼠同穴"这词儿并非赵老先生他们的创造，而出自《尚书·禹贡》中一句简短的话："导渭自鸟鼠同穴"，意思是说，渭河发源于甘肃一座名叫"鸟鼠同穴"的山。成书略晚的《山海经》和《水经》也是我国历史上最重要的地理学著作，它们都提到了"鸟鼠同穴"。我们说的则是青藏高原上的一种奇异生态景观。

我只能说，在那片高原上，也许什么都是可能的，什么奇异的自然现象都可能存在，就像那儿存在着许多奇异的文化现象一样。

茶马古道沿途还有不少为当地藏族和赶马人喜爱的温泉。当地人和马帮们都把温泉叫作"热水塘"。在有的热水塘里可以煮熟鸡蛋。如果不是亲自体验过的话，你很难体会出从耸入云端、冰天雪地的

在青藏高原上随处可见的温泉

高山上跌跌撞撞地跑下来,一整天的跋涉把你折磨得精疲力竭,这时眼前突然出现一汪热气腾腾、散发着硫黄味的温泉,你脱光了衣服跳下去泡着是什么滋味?

我们1990年走茶马古道时,曾经在扎玉出去一天路程的一个叫热水塘的小村子附近泡过这样的温泉。温泉从玉曲江边的一些石缝里汩汩冒出,在几块已经被无数人体摩擦光滑了的大石头中间形成水潭,泉水安详地在朗朗的夜色中冒着气泡,半躺在温泉中摩挲揉擦劳累了一天的皮肉,浑身滑腻舒畅,人立刻全部放松了,甚至可以清楚地感觉到一身的酸疼疲乏正从你的筋骨里往外逸出。我感到特别有意思的是,五十多年前,赵应仙也在那里泡过,而在更早之前,清末被贬的云贵总督蒋公蒋陈锡及其知遇杜昌丁也可能在那里泡过(他们就在热水塘住宿一晚)。进雪域求法的邢肃芝先生即洛桑珍珠喇嘛也在雪域高原泡过类似的温泉。

当地藏族人并不拒绝这种超凡绝俗(请原谅我这样形容西藏的温泉浴)的享受。他们会从四面八方汇集到温泉处洗浴,甚至还有专门的沐浴周节日,那是在秋收之后,男男女女,老老少少全跑到水边,一家一家架起帐篷,聚在一起享受一番被视为神圣而有医疗价值的温泉浴和露天天浴,同时也把家里的被褥、毯子、衣服等洗得一干二净,把自己和衣物晒得满是阳光的味道。

"藏客"和"主人家"

　　赵应仙至今已无法记清他曾多少次进入西藏草地。进藏时他们都很明确，那儿也是中国的地方，是中国的一部分。那跟翻过喜马拉雅山到不丹、锡金、尼泊尔的感觉完全不一样。去西藏就是在中国自己的国土上走动。从古到今，纳西族一直就在那里走来走去的，没有海关，没有边防，没有明确的界限。每次到那边做生意，只要上一点税就行。税是西藏地方政府收的，只有几道税卡。按汉僧喇嘛邢肃芝的记载，由四川经过西藏东部到拉萨，有四道税卡，分别是岗拖、昌都、洛隆宗和拉里宗。那税就是一点点，视货物的多少来收，没有一定的税率。因为数额很小，赵老先生现在已记不起具体的数目。做生意总是要交税的，从古到今都是这样子。从西藏返回云南时，就没有任何税收。进入拉萨，无论是从云南、四川这边去，还是从印度那边去，都不用上税。

　　因为云南和西藏两边来往历史悠久，赵应仙他们到西藏也就像到自己的家乡，语言相通，习俗差不多，纳西族和藏族像弟兄一样。在纳西族古老的东巴经里，就记载有这样的传说：藏族、纳西族、白族是一对父母生的三弟兄，他们分别住在金沙江流域的不同地方。马帮就把这三兄弟连在了一起。藏族也把纳西族马帮看作自己的弟兄，那些"主人家"就更是那样。

用赵老先生的话说，这叫作"一样的水养一样的鱼"。

而且，云南的马帮到了西藏，享有很高的地位，也很受尊重。比如，赵应仙这样的马锅头就可以与喇嘛寺的活佛高僧、与土司头人平起平坐，在一起喝茶聊天，而一般的藏族老百姓见到活佛高僧、土司头人连头都不敢抬，毕恭毕敬，唯唯诺诺，舌头吐得老长，到寺庙到头人家不能穿鞋戴帽，头都磕烂了。

藏族会以古老的吐舌礼表示对远方客人的敬重

那时在拉萨，汉人的地位很高，有"见官大一级"的说法。而藏人将云南去的马帮都视为汉人，所以尽管那时的西藏是一个等级极为森严的社会，丽江纳西族商人在那儿享有很高的地位和声誉。

黄俊生还在拉萨传昭大法会期间见过酥油花。那些酥油花是寺院僧侣们和一些贵族人

酥油花

家做的，放在八廓街临时搭起的架子上展出，酥油花展过后，各家就收回地窖里放起，到第二年又取出来重新加工，添油加彩，再抬出来展出。

　　赵应仙就没有见过这些场面，他更多的是与一路上的藏族打交道。

　　马帮经常路过藏族村寨，但茶马古道沿途的村寨都不大，不可能像丽江、康定或拉萨那样有马店或锅庄可供马帮歇宿，而且驻扎在村里也不方便，一方面人多马多，再一方面驮子货物多，不好管理。所以马帮一般还是打野。马帮营地往往设在离村子半里多路的地方。住在野外，货物东西一目了然，不会拉乱，也不会丢失，骡马也可以到山上打野，不至于吃了踏了庄稼。

　　马帮在路上肯定要采购一些东西，补充糌粑、酥油、马料等给养，

云南大理存留下来的马店旧址

从江孜迁往帕里的沙珍阿妈家就常常成为往来客商的主人家

于是，他们无一例外地要在沿途的一些村子里选择一些人家做他们的"主人家"，请他们为马帮提供各种便利服务。马帮们用藏话将主人家称为"乃布"。

赵应仙他们在每一个村寨都有他们自己信得过的人家做"主人家"，而这家人也愿意为马帮做事情，一般双方关系都很不错。马帮一到这个地方，在村外扎好帐篷，把骡马放到山上，人就熟门熟路地直奔主人家里去，带上些茶叶、红糖什么的，去换糌粑等等物品；马帮一到，主人家也马上知道了，并早有准备，很快将马帮需要的东西好好办齐交付。这样马帮既方便又放心，主人家也有好处，两厢得益，大家都很高兴。有时候，主人家还可以帮马帮代销一些货物，别的人家需要什么东西，就可以到马帮的主人家去买或换。最为重要的是，马帮要请自己的主人家将回程的粮草备好，他们一路给沿途的主人家留一些茶叶，定下所要粮草的数量，主人家一定会办好，很讲信用。

每个藏客在西藏的每个村寨都有这样的主人家，也有几伙藏客同时选择一个主人家的，反正他们能招呼过来就行。

尽管马帮跟主人家关系很好很密切，但赵应仙他们这伙赶马人里面，从没有跟主人家的姑娘好上结婚的，既没有把姑娘带回来的，也没有上门落户不走了的。赶马人就是在路上的人，因为要上路，怎么能留下不走呢！他们好像都没想过要留下来不走。赵应仙也没听说过别的马帮有跟主人家结亲的事。他们跟主人家关系好的，就是交成朋友。

但是在设在西藏的商号里做事谋生的人，由于长期住在一个地方，也由于生意和生活上的需要，就有跟藏族姑娘结婚的，不过这样的人不是很多。他们在拉萨等地方长住，就有了结婚成家的情况。在路上就没有这样的事。

赵老先生说，随便相识一些的就多了，也有跟当地女的相好的。赵应仙就见过有的丽江人在路上带了藏族女的一起走，一直领到拉萨。那些女的说是到拉萨朝圣，就跟着马帮一起走了下来。有的赶马人把女的带到拉萨就不管了，也有的又把她们带回她们的老家。到拉萨朝圣是许多藏族人一生最大的心愿，那是他们一生中最荣光的事情。有的女的自己无法到拉萨，就跟了马帮一起走，这样吃的有了，住的也有了，有的赶马人也乐意带她们一起走。

藏族往往有名无姓，而且名字翻来覆去就是那么几个，无非是"扎西"（吉祥）、"卓玛"（度母）、"达娃"（月亮）、"尼玛"（太阳）、"七林"（拉萨藏话为"次仁"，长命的意思）、"农布"（宝贝）这些，根本没姓。

家家差不多就这些名字，所以就得分清是哪儿的尼玛，哪儿的达娃，哪儿的扎西。女的就是什么什么"拉姆"（女神），什么什么"卓玛"。

赵应仙最好的主人家是在扎玉。那地方有一条小路通往印度阿萨姆邦的萨地亚，中间要过野人山，马帮走不了那条路，东西要人背起，或是用羊驮，更多的是赶着山羊到印度去卖，在那边价格比较好。赵应仙在扎玉又有一番奇特的经历，这一故事我们后面还会讲到。

有时赵应仙他们在村子外一扎下营，村子里的人就会跑出来，来找马帮换茶叶等等，然后就跟赶马人跳起舞来。应该说，藏族比纳西族更能歌善舞一些。他们无论男女，扯起嗓子随意唱一声都非常好听，跳起舞来的话，什么锅庄了，旋子了，跳得动心动情，一

羞涩的牧女

高兴就跳个昼夜不停。赵应仙不太会跳,就站在圈子外边看热闹。

在西藏居住的几年,赵应仙还见过不少天葬、水葬和火葬。

在邦达居住的那些日子里,赵应仙最喜欢做的事情就是钓鱼。当然,他在那儿时,也做一些小生意,他有牲口,就赶着到附近收购一些贝母、虫草,还有猪鬃。猪鬃是运到印度那边出售的。在抗战期间,云南的大宗出口物资中就有猪鬃,也不知同盟国要猪鬃做什么用,大概是扎刷子什么的,或是像人的毛发一样,用来制造炸弹。藏族也是养猪的,只不过放在草原上养,养不肥。他们更多还是养牛羊。

再没有比在西藏钓鱼更简单的事了。赵应仙只要用一根细细的麻绳,拴上从丽江带去的钓钩,裹上一小团面做鱼饵,再拴个石头扑通扔水里,一会儿就有鱼来咬钩,它们直率得简直要把人拖下水去,你只要有力气把它们拽上来就成。

赵应仙在扎玉的时候还见过天葬。天葬师把尸体一背到天葬的山上,燃起一堆桑烟,多得吓人的秃鹫和乌鸦就全飞来了,一点都不怕人。天葬师就把尸体割碎了喂它们,它们连砸小了拌了糌粑的骨头都可以吞掉。赵应仙那时又好奇又害怕,凭着那时年轻眼力好,远远地看,近了根本受不了。即使在远处看了,也好几天吃不下饭。

火葬就是堆一堆柴火,放上一点酥油,把尸体架上去烧掉。

至于一个人是天葬、水葬还是火葬,要由喇嘛卜卦决定。一般来说,塔葬是西藏最高的丧葬形式,像达赖、班禅这样的大喇嘛,要以传统手法将法体进行处理,然后趺坐封存于金碧辉煌、镶嵌着各种珠宝的塔里。布达拉宫红宫的灵塔殿里,就有自五世达赖喇嘛至十三世达赖喇嘛(六世达赖喇嘛仓央嘉措除外)的八座塔葬灵塔。

另外就是火葬的级别较高，要喇嘛等才能享受，有的高僧法体在火化后，再将其灵骨进行塔葬。天葬是大部分普通人的葬法，水葬则是社会及经济地位低下的人实行的葬法，如屠夫、铁匠、强盗等辈。有些地方少有秃鹫和鸦，也只有行水葬。而凶杀、得怪病凶死者，则行土葬。

青海南宗寺卓洛活佛之灵骨塔

这些所见所闻，足以让赵应仙终生难忘。

藏族也是喜欢享乐的。一有闲暇，除了唱歌跳舞，他们还打麻将和牌。西藏的贵族，很喜欢玩汉族的麻将。他们还有藏式"麻将"，就是一种骨牌，上面刻有九、八、七、六、五的点子，叫文武

掷骰子

藏族是擅长歌舞的民族

牌，文牌和武牌分开，文牌不能打武牌，武牌不能打文牌，各有讲究。丽江也打这样的牌，只不过规矩不一样。还有一种十八张的纸牌。赶马人在路上有闲暇时就玩这些游戏，打牌时也加一点赌注，这样气氛就来了。赵老先生说他们很少参加藏族打牌赌博，说是赌不起。但据我所知，赶马人有不少把自己的血汗钱赌得一干二净的。

在我跟赵老相处熟了以后，他才悄悄告诉我，他去印度的时候，曾经挣到一块很纯的金砖，有好几钱重的一块，黄黄的，亮亮的，但是后来赌输掉了。我拿不准这属不属于赵老的个人隐私，该不该在这本书里把它写出来。最后我还是把它写出来了。这应该是马帮走西藏草地故事的一部分，那也是他们的生活，不能故意漏掉它。我想赵老也会同意的。

变"客"为主，安居异乡

并不是所有走西藏草地的马帮都像赵应仙那样，在滇藏茶马古道上来来往往，来去匆匆，并且最终又回到丽江，回到那片美丽温馨的坝子，回到那座让人无比眷恋的古城。"藏客"中有不少人就在西藏结婚安家、扎根落户。赵应仙那死在德钦的伯父赵育杨，不过是其中之一。

西藏雪域有一种独特迷人的魅力。我想这种魅力并不仅仅来自那里姑娘的美丽。而这种魅力究竟是什么，恐怕谁也说不清。一直以来，西藏雪域是许多人梦寐以求的旅行目的地，甚至成为一些人栖居的家园。

当年四川、陕西和云南籍商人来到藏地，有些是随军来的，有的则是来淘金，有的是先从事泥、木、铁、革等手工业，完全从草根做起，以后逐渐积累资本，由摊贩、行商转为坐商，或者是与内地有实力的商号取得联系后，在这一带设立分号；有的则是与当地

雪域高原是能够安放人类灵魂的地方

藏民族通婚结姻，安下家来，寻找各种机会，由小到大，逐步兴家发达。

在茶马古道贸易兴盛的时候，许多马锅头和小伙计（商号的学徒帮工）以穿藏装和会说藏话为荣耀。而像赵应仙的老板李达三这样的人物，更是靠祖辈走西藏、融入西藏，变得比藏族还藏族，这才兴旺发达起来。李达三自己就十分通晓藏族人的习俗和生活，"聪本达三"的名字在藏地众人皆知。

有些纳西人干脆就在西藏娶妻生子，安家落户，虽然他们仍被人们视为"藏客"，但已经名不符实。

距丽江古城大研镇仅四五公里处龙泉束河一带的皮匠手艺人，就以走西藏草地并在那儿成家立业而著名。束河是出皮匠的地方，这里的纳西人往往从"一张皮""一根针"开始创业，散布到各地谋生。当地有一句俗话："只要乌鸦飞，必有龙泉人。"他们靠加工皮革、贩卖皮革制品致富后，就购买骡马，组建自己的马帮从事商业贸易活动。还在晚清时代，就有我们前面提到的智斗土匪强盗的杨开，从事马帮运输发起家来，成为丽江赫赫有名的大户，在故里建造了大宅院。就是这位杨开，还在西藏娶了一位藏族巨商的千金做妻子，并曾将她带回过丽江。杨开肯定不是丽江纳西人里娶藏族媳妇的第一人，更不是最后一个。

以我掌握的一些资料，那时的丽江普遍存在这样的婚姻家庭现象：走西藏草地的丽江纳西族商人、马锅头和赶马人，有一些在故乡与一个纳西族姑娘结婚成家后，又在西藏娶一个藏族姑娘，在西藏又安一个家。以现在的法律，这当然犯了重婚罪。但在马帮们走西藏时，还没有这样的法律，而且在时人心目中，那样的婚姻家庭是可以理解的，也是完全可以接受的。人们对那种双重婚姻并无非议，有人更认为那是可取的，是必需的。在丽江和西藏两头结婚安家，往往不仅是生理、心理上的需要，更重要的是生意上的需要。到过雪域高原的人都知道，在那里，要作为个人来生活生存是非常困难的，所以才有僧人将那里选择为苦修的场所。除非你想成为得道的僧人，要不一个人单独长时期在那里生活是难以忍受的。而如果没有当地藏族的帮助支持，在那里要想事业发达也不太可能。所以，一些藏客干脆就在西藏草地又安一个家，使自己成为那里的一员。我们不能完全否认这种选择的情感因素。我敢打赌，其中肯定有许多悲欢离合的感人故事。

据民国六年邵钦权所撰《卫藏揽要》抄本之卷三"风俗"记载,"西藏惯例,如吾内地之人之赴藏者,无论官民一概不准携带妇女,故驻扎西藏之官吏及商人等侨寓生地者皆娶土人为妇。"

像四川雅安以西各地,直到康定和金沙江流域的巴塘,陆续有川、陕、滇汉族移民安居,不少人就与当地藏族通婚,成为人们后来所说的"团结族"。甚至在僻远的藏北,现今还有陕西人的影子。

像西藏的昌都,清末民初时就已有 300 多家汉人定居下来,其中大部分是与当地藏族通婚建立的家庭,并以各自的职业组织了行帮组织,如三省会等,在当地深深扎下根来。

昌都老城区仅剩无几的老房子,当年有数百户汉人就在这里安家繁衍

四川巴塘陕、川、滇三省会馆上梁题记

今天在藏北,还能见到陕西装束的人

云南省文联的纳西族学者戈阿干,于20世纪80年代末就曾在拉萨邂逅过几位有着上述经历的藏客,其中一位是已有七八十岁的老人李玉三。李老先生是丽江束河纳西人,早年在丽江、维西一带做商号的小伙计,后来就到了德钦,在李达三家的永兴号当了近十年的雇员。他27岁那年在德钦结了第一次婚,第一个妻子是丽江束河老家的纳西姑娘。1943年,李玉三跟随仁和昌的赖敬禹经昌都来到拉萨,并为仁和昌的生意前往印度。那时他已有32岁。他在印度前后逗留了三个月,到过噶伦堡、加尔各答等地。从印度返回西藏后,他受命驻守在西藏最南端的边境口岸亚东县的帕里镇,负责进出口货物的转运事务。在那座被人们称为世界最高之镇的地方,李玉三一待就是三年。其间他只因为丽江的母亲病故，回过老家一趟，第二年又来到拉萨赖家仁和昌供职。到西藏做事的第二年，李玉三就在拉萨娶了第二个妻子——藏族妻子。随后西藏和平解放，李玉三也就在拉萨栖身下来，在那里做农民，当石匠，跟他的藏族妻子生活在一起，生养了两男两女，并有了四个孙男孙女。在丽江的纳西妻子也给他生了个儿子，现在云南昭通工作。

李玉三的运气好，他不仅活了下来，还在拉萨享得高寿，天天到离家不远的八廓街转转，在广场上晒晒太阳，找几个当年在茶马古道上走动过的老伙计聊聊那远去的往事。

一些云南商人和马锅头、赶马人就这样两头结婚安家，使他们将遥远的异乡作为家乡，得以度过艰难的时日，在严峻的西藏高原上生存了下来。

丽江束河古镇的杨沛诚先生，就曾述及他的外公白晟及藏族外婆的故事。他的外公自幼丧父，过着贫苦的生活，15岁时就跟随从大理鸡足山朝佛归来的德钦藏族，到德钦当皮匠学徒，然后赶马帮到康区做生意闯荡，一直到了拉萨。他先在丽江听家人之命结了婚，没有圆房就又进了西藏，并在拉萨娶了一个藏族妻子，生下了杨沛诚先生的母亲和大舅。6年后他花钱在丽江建了两院房，7年后又与原配王氏结婚，并由王氏在丽江

丽江束河杨沛诚先生的祖父白晟很早就赴藏经商并在西藏安家

云南落籍西藏亚东的
赶马人噶玛丹增

奉养其老母。王氏生下杨先生的二舅。1912年，白晟将杨先生的母亲和大舅从拉萨带回丽江。杨先生的母亲1921年举办婚礼嫁人时，她的拉萨藏族母亲还专门到丽江来为女儿祝福，但回西藏后不久便去世。杨先生的外公倦鸟知返，放弃在西藏的生意，返回丽江养老终老。

1947年，丽江大商人赖敬庵为仁和昌谋求更大的发展，决定与西藏大贵族擦绒·达桑占堆合股经营生意。仁和昌请德钦奔子栏的土官本登，驮去最后一批银子共计83驮，每驮两千两，共计十六万六千两，除在康定购买了700驮砖茶外，把银子全交给擦绒作为股本经营。没想到两三年之后，时局急遽变化，解放军进军西藏，西藏一下子处于全新局势中，生意已停顿下来。具体经手这笔大生意的赖敬庵五弟赖敬禹，后来落籍印度加尔各答，娶一藏女为妻，有一男一女。

当然，并不是所有在西藏立足的藏客都能做到安居，一个名叫登巴的中甸马脚子就没能在西藏得到善终。

那还是清末的事情，登巴跟随十三世达赖喇嘛的随从达桑占堆，在十三世达赖喇嘛出走印度的时候，冒死在曲水的渡口与追来的清军骑兵作战，掩护达赖喇嘛一行乘船渡江，立了大功。三年后达赖喇嘛重返拉萨，重赏立功的人马，达桑占堆摇身一变，被达赖喇嘛亲自封为贵族，入赘擦绒家。达桑占堆在拉萨街头认识的登巴也跟着沾了光。但登巴一是康巴人，二只是个赶马的马脚子，是个粗人，按当时西藏不成法的法规，康巴人是不能当官的，于是登巴就没封着什么，只是成了新贵擦绒的达桑占堆对他许诺，他在拉萨需要什么，就尽管找他达桑占堆，登巴的吃、穿、住、用他全包了。抗日战争期间，擦绒·达桑占堆曾重用登巴，让其率领多达1200匹驮骡的超大马帮，满载货物抵达登巴的老家迪庆和丽江，为达桑占堆赚取到多达60万英印卢比的利润。抗战胜利后，茶马古道的生意冷清下来，于是登巴就不再赶马，成天在拉萨闲混，过着不愁吃穿的闲汉日子。拉萨人就把他叫作"擦吓登巴"，意思就是擦绒家的仆人登巴。登巴就这样一晃多年，好像越来越混不下去。后来他在去后藏扎什伦布寺的路上抢人，还杀死了一个扎什伦布寺的大商人。登巴惹事之后就跑到锡金，被西藏地方政府要求锡金政府把他抓了起来，引渡回拉萨。此时，权力式微的擦绒也救不了他，他被判处用皮鞭活活抽死。大家都说他是贼性不改。

  大研镇有名的杨家的故事更像一部长篇小说。杨家世代都在西藏草地赶马做生意，而且每一代人都有两个家：一个在丽江，一个在藏地。杨家在茶马古道上的故事实在纷繁奇绝。

丽江杨家在西藏的传奇

在滇、藏、印茶马古道上著名的杨家的后人,现仍住在云南丽江古城大研镇五一街下段。杨家祖祖辈辈五代人在茶马古道上的故事,就是一部长篇传奇。

杨家世代都前往西藏草地赶马帮做生意,从五代前的高祖杨泗芹在西藏山南地区入赘藏家始,每一代杨家人都安有两个家——一个在丽江,一个在藏地。在藏地娶的当然是藏族妻子,在丽江娶的自然是纳西族媳妇。到了杨训知、杨以知两兄弟这一代,这一传统在杨以知那里稍有变化。

早在清嘉庆年间,丽江大研镇光义街的杨永蠼为避乱,循着丽江藏客的足迹进藏,带着两匹骡马,辗转到了西藏山南泽当。那是吐蕃王朝的发祥地,松赞干布的前人最早就是在那里的雅砻河谷进入较先进的农耕文明,势力发展,从而最终统一全藏,建立吐蕃王朝。但杨永蠼多年后到那里,发现他们还没有水磨,于是在那里建起一排水磨房经营，由此发达起来。杨永蠷的侄子杨钟杰（字聚贤）于道光年间出生在丽江，不幸13岁时父母双亡，他就跟随进藏的马帮，到西藏泽当投靠他二叔杨永蠷。杨聚贤没再开设水磨坊，而是在泽当做起了药材生意。后来他到了拉萨，开设了一家很大的主营药材的商号，那就是永聚兴，来往于茶马古道各条线路做生意。据说杨聚贤是个奇人，精明而有耐心，不几年便生意大旺，转而做皮毛生意，几乎垄断了从青海到拉萨一线的皮毛生意，并在拉萨最热闹的地段盖起很大的房子开店，房子是西式洋房，由英国人修建，还在拉萨首次用上了马赛克。后来西藏人把杨聚贤的永聚兴叫作"夏罗"，意思是南方生意家，其生意越做越大。杨聚贤在清末经商于拉萨时，曾与当时的驻藏大臣李有泰和十三世达赖喇嘛都葆有密切关系，并给予经济资助，缓急相应，交往日密，得到两方面的赏识与信任，所以，杨家在西藏一直很有势力。1904年，在反击英国侵藏的战争中，驻藏清军给养发生困难，因路途遥远交通不便，清政府一时难以接济，杨聚贤即慷慨借资垫支，支持三个月之久。清光绪三十二年（1906），清政府新任驻藏大臣联豫在拉萨推行新政，拟开办学堂、医馆等，于是杨聚贤又以各种形式先后捐助了白银7000余两，帮助联豫开办起了藏文说习所、中文读习所各一所，初级小学堂两所、白话报馆一所、施医馆一所、商品陈列所一所，为汉藏等民族的友好关系作出了贡献。

因在达赖喇嘛和驻藏大臣之间的政治关系上，杨聚贤也能起协调作用，从而得到双方的信任和支持，于是其营业范围大为扩展，设分号于印度加尔各答，经营进出口业务。杨聚贤命小儿子到新加坡开号，可惜他早早病逝在那里；派四川人李某驻广州，杨蕴民驻上海，陈少清驻北京，往来于西安采购绿松石；派外甥李建民设分号于康定、雅安、成都，采办四川砖茶、丝和土杂，走川藏茶马古道大北路，利用西藏贵族特权所享有的乌拉差役，在康区收购山货药材，运销成都、广州、上海、香港等地及新加坡。杨聚贤本人往来于滇、藏、印之间，筹划指挥，到清末民初，其家产已有百万两白银。杨家还拥有巨大的马帮驮队，据说杨家的马帮队伍头骡到了丽江大研镇的家里，尾骡还在城外数公里的黄山哨。

不幸的是，正当永聚兴生意极盛时，杨聚贤在拉萨去世，其继承者能力不逮，做砸了几桩大生意，又碰上康巴人的邦达昌兴起，排挤打击永聚兴，杨家的生意迅速衰落下来。

像许多藏客一样，杨聚贤年轻时回丽江老家娶了鲍氏之女，但她从未生育，一直生活在丽江，直到去世。同时杨聚贤在拉萨还娶了一个藏族姑娘，生了三个儿子，长子杨愉忠厚老实，小儿子20来岁就死在新加坡，二儿子杨恢曾被李徽典奏封为五品蓝翎，据说还能列席西藏地方政府噶厦的会议。杨恢也在丽江娶了一个纳西族妻子，也没有生育，又在拉萨娶藏族妻子，生了一个

出生于西藏但大半生生活在丽江的杨之瑚先生

儿子取名杨之瑚，因为珊瑚是藏族所爱的饰物。杨家生意衰落后，西藏地方政府的噶伦们落井下石，查封了永聚兴商号。据说是十三世达赖喇嘛把杨恢夫妇及其儿子接到罗布林卡住下，并在杨家门口贴了说明，说在一个月之内由他解决杨家的事，一月之后噶伦们才能碰这事。在此期间，达赖喇嘛派人给了杨恢一些盘缠和几匹马，并派了一个叫尼玛的仆人随行，送他们回丽江。不幸的是杨恢死在路上，只有杨之瑚母子回到丽江。几年后，杨之瑚那出身于拉萨藏香制造商之家的藏族母亲去世，杨之瑚靠他的纳西族妈妈煮酒、养猪及收一些地租养大，学会了纳西话，后历尽坎坷，终得以在丽江古城里安享晚年。

夏罗的杨家还有一个儿子在西藏山南的一个贵族家做上门女婿，生了几个孩子，其中一个成为十三世达赖喇嘛的大厨师，由他全权负责达赖喇嘛的饮食，直到十三世达赖喇嘛圆寂。这是一个很有影响的位置，属于达赖喇嘛最为宠幸的人物。由于有进入西藏贵族家庭和服务最高上层的履历，杨家在西藏更是声名显赫，而且在山南有相当可观的田产和房产。新中国成立后，杨守其的哥哥杨训知和侄子杨象禹急急忙忙由丽江赶回西藏，也跟这些田产、房产有一定关系。

杨训知、杨以知两兄弟的父亲名杨萃吉，很早就生活在西藏，担任杨氏在拉萨的永聚兴的分号主管。杨萃吉也是一个藏族一个纳西族两个太太、一个西藏一个丽江两个家。杨萃吉与西藏的藏族妻子在拉萨生下大儿子杨训知和一个女儿，与丽江的纳西族妻子生下次子杨以知和一个女儿。

丽江纳西族母亲于1892年生下次子杨以知，字守其，丽江人都

在滇、藏、印茶马古道贸易中声誉卓著的
杨守其先生

叫他守其，他的名字杨以知反而没几个人知道。杨守其的名字在滇西商人和行走茶马古道的马帮里无人不晓，在藏地和印度也相当著称。他以他的传奇经历和菩萨一样的为人，在滇、藏、印茶马古道一线赢得了很高的声誉和名望。

杨守其本人的生活更是可歌可泣。他19岁先在丽江结了婚，娶的纳西族姑娘牛彦喜，是丽江大研镇著名的牛家的千金，但婚后才一个月，杨守其就在1911年辛亥革命爆发的那一年，随父亲的马帮匆匆去了西藏，想在拉萨的永聚兴商号当学徒。由于辛亥革命后的动乱，他不得不躲避去了印度。没想到，杨守其这一走就是整整30年，等他1939年回家探亲，跟丽江的纳西族妻子牛彦喜见第二次面时，已经是30年后的事情。正因此，他在丽江没有一儿半女。

就这样，杨守其去到拉萨，到了才知道，父亲杨萃吉已经去了成都。过去闭塞的通信使他们根本无法知道其他人的情况，哪怕是亲父子。而那时，杨家的永聚兴已经败落。虽然杨家是丽江最早在藏地做生意的商家之一，并得到西藏上层的支持，但因为有一大批羊毛在印度无法及时出手，导致羊毛霉坏，结果吃了大亏，从此生意每况愈下，最后完全垮了，人财两空。杨守其孤身一人在拉萨，很难立足，只有辗转到印度投靠他的三叔乾吉，不巧的是，他三叔按家族习惯回丽江娶亲，已经离开印度，更不幸的是，他三叔才由印度经缅甸回到云南腾冲，便感染瘴气病死。进退两难的杨守其不得已，只好在印度噶伦堡和加尔各答落脚，接手杨家的事情，并且自己开了个丽丰商号，主要经营西藏的山货药材，经过缅甸的港口首都仰光，跟新加坡的胡文虎、胡文豹兄弟合伙做生意，为其提供制药原料。

在印度长期侨居做生意的那些年里，杨守其没像其他家人一样娶藏族妻子，而是娶了一个缅甸妻子。其实那位小姐也是华裔云南人的后代，其祖父姓黄，是云南腾冲洞山人氏。黄老曾是缅甸最后一个国王锡波手下一个很亲信的重臣，而他的女儿又是缅甸末代王室的妃子之一。锡波国王曾率领自己的军队与英国殖民军作战，抵抗英国殖民者的侵略，不幸被英国人俘虏，押送到印度孟买监禁。黄老在那场失败的战事中逃脱出来，带着他的缅甸妻子和女儿逃到了印度的阿萨姆，但在那里也不好立足，最后一家人就到了

福建永定胡文虎纪念馆里的塑像

加尔各答。那时杨守其已经从拉萨到加尔各答经营那里的生意,正是青春勃发、年轻力壮的时候,黄老到了加尔各答后,因为都是云南老乡,很快就认识了在那里做生意的杨守其,据说两人虽有年岁差距,但相处十分投机,黄老十分赏识杨守其的为人,就主持着要将自己15岁的孙女黄云泰(缅甸名玛银泰)嫁给杨守其,杨守其告诉黄老,他在丽江家中已有纳西族妻子,但仍无法推避这命中注定的又一次姻缘。黄老完全把他当成亲人,并把自己的后事都交代给了杨守其。

因黄老在缅甸生活多年,十分熟悉那里的情况,就指点着杨守其将产于滇南西双版纳勐海一带的云南普洱茶,陆路经过缅甸,再由海路跨过印度洋运到印度加尔各答,最后由陆路向北翻过喜马拉雅山脉运销西藏。翁孙婿俩甚至实地探查过这条线路,但当时这一

杨守其和其缅甸太太以及现旅居美国的长女杨丹桂(1930年代摄于印度)

带边境地区很乱,路根本走不通,他们就只好又返回加尔各答。后来,滇、缅、印边境一带情况好转,相对比较安定一些,杨守其就联合着大理鹤庆张家恒盛公、中甸马铸材家铸记,直接到普洱茶原产地之一的勐海,与当地官员兼茶商李拂一合作,制造贩运藏销茶,开辟了直接由西双版纳普洱茶山经缅甸,渡过印度洋到印度,再进入西藏的新茶路,一起在滇、缅、印这条线上做起了茶叶生意。由此,杨守其就成了茶马古道上滇、缅、印、藏一线云南商帮的开山祖师。这条路,其实就是历史上著名的西南丝绸之路,并与海上丝绸之路相连。它在宋代后已经萧条落寞。20世纪20年代,在杨守其这些商人们的努力下,这条古老的道路再次焕发生机。

有记述表明,杨守其心胸宽广,心肠极好,与人为善,随时为别人着想,而且知识也很丰富,虽话语不多,但大家有什么事都愿意找他。后来在台湾一直活到110岁高龄的李拂一先生撰文强调:"沿途千数百里,赖以生活者众,守其先生倡导之新茶路,开创了一条运送普洱茶至西藏的新

在思普地区从政经商的李拂一先生

道路,对十二版纳茶叶之发展,与滇西南边内外之繁荣,贡献殊巨,功不可没。"铸记创始人马铸材先生的长子马家夔也说:"守其先生为数十万的藏民作出了极大贡献。藏民们会永远怀念他的功绩。""我这一生见的人算多的了,但像杨守其这样的好人还没有见过",恒盛

公最后一代掌门人张乃骞曾这样跟我说,"杨守其人很好,是个菩萨。"

在印度生活工作了整整35年的张乃骞先生认为,遍及全世界的所有华侨中,印度的华侨是最穷最惨的,湖北人只管镶牙补牙,还有做纸花;广东梅县人做皮匠;山东人挎着个包包大街小巷地游窜着卖布。其他省的人都有个会馆,像广东人就有好几个会馆,梅县的就叫嘉映会馆。云南人没有同乡会,也没有会馆,大家有事就去找杨守其。到1942年滇缅道路被日军封锁后,大量的云南茶只能由大理、丽江、迪庆的茶马古道老路进入西藏。不管走哪条路,杨家在印度的商号便成了云南各民族商号的根据地和代理商,像李达三的达记,赖家的仁和昌,牛家的裕春和,都附设在杨家的商号里,据说每年经常往来的就有数百人之众。杨守其在印度的家就成了云南人的会馆。

杨守其自己的大部分时间就住在印度噶伦堡和加尔各答,经营西藏地区的来往生意,抗战时期曾回丽江老家住了一两年。他20世纪50年代中在印度加尔各答购置了一幢洋楼,不想却被对方欺骗,忧愤之中于1956年逝世。其缅甸妻子黄云泰早在1943年就不幸死于难产。杨守其与小他15岁的缅甸妻子黄云泰共同生活了22年,养育有4个子女:长女杨丹桂、长子杨象文、次子杨象康、小女杨桂兰。20世纪60年代中印关系破裂,他们的儿女统统被赶出印度,至今散落在世界各地——杨丹桂、杨象文在美国,二儿子杨象康在英国,小女儿杨桂兰在加拿大。

杨守其的大女儿杨丹桂1922年出生于印度加尔各答,在国外受的教育,懂多国语言文字,还通藏语、纳西话、粤语和上海话。1939年抗战爆发后随父亲第一次到老家丽江,从那以后便将自己当作纳西族女儿，结婚成家后一直在中国香港及美国等地做生意。中国改革开放后，她数度回中国、回云南丽江老家。1991年，她将父亲杨守其的骨灰从印度迁回丽江祖茔安葬。杨丹桂年老后，还不时由国外回到丽江老家，积极支持赞助纳西族文化事业，直到90岁高龄难以长途旅行为止。杨丹桂还在云南设立了纳西学子奖学金，每年资助30名纳西族学子上学。现在由其女儿娄连竺继续其助学事业。

杨守其的哥哥杨训知（字秉臣）则按照他们杨家的传统行事。杨训知本来出生在西藏拉萨，生母是藏族，但长大成人后，仍按杨家规矩，千里迢迢回到丽江老家，娶了一个纳西族妻子，后来返回西藏又在雅鲁藏布江南岸的贡噶县（现拉萨机场所在地）金顶区娶了一位富有的藏族媳妇，名叫伍堆，与藏族妻子生养了许多孩子。其中老大叫江巴江增，出家为僧，后为山南借地旭村督木却寺堪布。三儿子叫江巴饶吉，也出家在布达拉宫当喇嘛，1959年平叛时下落不明。四儿子杨象汤在印度噶伦堡马铸材等人创办的中华小学任职。其大女儿出嫁到山南扎晋村，二女儿招婿在家，三女儿诺晋在家务农。1959年西藏民主改革后，杨家在西藏被划为富裕农奴。我们在此着重要讲的是杨训知二子杨象禹的事情。

早在1980年，杨象禹在丽江的儿子杨庚福就历经艰难进入西藏，寻找他几乎未谋过面的父亲。杨庚福生于1947年11月22日，是杨象禹与纳西族妻子生育的三女一男中唯一的儿子。在拉萨，杨庚福到他父亲曾经工作过的拉萨市农牧局，找到了他父亲于1961年撰写的一份长达万言的"自述"。那是杨象禹写了呈交给拉萨市东城区人民政府农牧部的，里面或清晰或含糊地记述了其坎坷曲折的一生历程。

杨训知与藏族妻子伍堆于1924年在山南生了第二个儿子，取名杨象禹，字甸川，别名八三，藏名次仁措品。杨象禹从小就在西藏山南放羊，1934年10岁时，跟随丽江客商，被送回丽江内地祖父家，接受正式教育。由于家庭条件较好，杨象禹得以在丽江念完小学、初中和高中，并在大研镇兴仁小学当了一年的小学教师，同时听从父母之命（当然主要是其纳西族妈妈的话，她就是牛家的姑娘），在19岁那年，也即1943年，与自己的亲表妹牛海燕结了婚。婚后仅约两个月，杨象禹接到叔父杨守其来信，要侄儿到印度学商，于是，杨象禹也踏着杨家前辈的足迹，跟从云南腾冲巨商协树昌做小伙计，从滇藏茶马古道走向了西藏高原。杨象禹到西藏在拉萨作短暂停留后，就径直到印度，投靠叔父杨守其。杨象禹在叔父杨守其的商号

现仍居住在丽江杨家大院里的杨庚福先生

丽江杨家经过几代人在茶马古道上的努力，终于发家致富，在老家兴建起豪宅（此为老宅刚建好时的家人合影）

里一边学习经商贸易，一边学习英语，一待就是4年。抗战胜利后，生意有些清闲，杨象禹才返回西藏拉萨，回到自己父亲杨训知家里。1947年，杨象禹在叔父杨守其的劝说下，送父亲杨训知回丽江养老。而这时，他已经离开丽江，离开他的纳西族妻儿5年了。

杨训知、杨象禹父子经茶马古道长途跋涉回到丽江后，于1947年着手在大研镇杨家巷（现五一街）建成了一幢壮观的宅院，占地近440平方米，建筑面积600多平方米，有大小3个天井及河边的东花园，共有23间房，另有卫生间、储物室和厨房。建房费用是杨守其从缅甸寄回的印度卢比，换成中国的银元后才建成房子，约合30万大洋，另外还花费了6根金条从印度购置了玻璃装窗子，这在当时的丽江恐怕是第一家。房子建成后还没来得及刷油漆，全家就在新宅正房前照了张合影，时间是中华民国三十八年（1949）二月十二日。为维持一大家人的生计，杨家还开了个商店，做杂货生意，同时经营滇藏茶马古道上的茶、糖、粉丝、洋烟等生意，并往返于丽江、下关和昆明之间。

1949年，丽江陷入少见的混乱，各种势力犬牙交错。杨象禹参加了当地的抗击土匪活动，并当了中共地下党的民兵小队长，卷入地方上的各种事务。一年后，解放军42师进驻丽江，积极谋划，准备进军西藏。杨氏父子和其他在西藏经过商的人被请去协助解放军学习藏语、介绍沿途站口、藏族风土人情等，并在地图上指示昌都地区以至边境国防线路情况。1951年下半年，杨象禹还被军队情报部门转送昆明西南军区培训了约10个月。1952年2月，上级领导为杨象禹分配了工作，要他以商人身份，由西藏察隅地区进入印度建立工作点。杨象禹随即由丽江到德钦，直至西藏察隅边防地区，却因其特殊隐蔽身份而屡遭挫折，最后被当地公安局以逃跑地主（杨家在丽江土改中被划为地主）的罪名逮捕并遣返丽江，经过一番申诉澄清，才终于脱身。时至1952年底1953年初，领导又征求杨象禹的意见，要调他到西藏工作。经再三劝导教育，杨象禹父子也许还记挂着在西藏的房产和田庄，当然，还有他们在西藏的藏族妻子和家，1953年，父子俩又以经商名目，返回西藏到了拉萨。回藏后，杨象禹先后从事过各种工作，甚至脱离政府工作经商打工，在争取回内地工作未果后，1956年进入拉萨中学工作，后参加平叛，最后落脚在后来划归拉萨市农牧局的农业试验场或叫农科所和种子推广站。从那以后，杨象禹与其藏族妻子拉央就生活在拉萨，就住在八廓街附近的吉日巷，那是云南纳西人扎堆住的地方。不知为何，他再没有回过丽江。倒是杨象禹在美国的堂姐——杨守其的大女儿杨丹桂，在1982年回国期间，到拉萨看望过他。

杨象禹19岁第一次到印度噶伦堡时，就认识拉央。拉央是昌都地区芒康县的藏族姑娘,一说是四川巴塘的,年轻时到拉萨朝圣,后来又越过喜马拉雅山,前往印度的佛教圣地朝拜,她甚至到过释迦牟尼成佛的圣地"夺金迪"(汉语称"菩提伽耶")。杨象禹碰到她的时候,这位奇特而能干的藏族姑娘正在噶伦堡的街头摆摊做小本生意呢。两人可以说是一见钟情,很快就结婚又成了一个家。也许就是解放西藏的工作需要,还有这位叫拉央的藏族姑娘和他们在西藏的家,又使得杨象禹再次由云南丽江回到雪域西藏,并且再也没离开。

最后,杨象禹他父亲和他本人都在西藏拉萨过世。杨训知逝世于1961年,其藏族妻子伍堆在三年前的1958年去世。杨象禹大约逝世于1986年,他的藏族妻子拉央则一直生活在拉萨,他们没有生育子女。

就这样,杨家有不少人就埋骨藏地。曾在西藏红火多年,很受十三世达赖喇嘛看重的永聚兴的老板杨聚贤的继承人杨恢,在生意被邦达昌挤垮后,就在回家的路上,在过梅里雪山时,心力交瘁,把自己的灵魂永远留在了茶马古道上,连他的乘骑也死在了雪山上。

1996年2月,我在丽江大研镇采访大地震时,无意之中转到了五一街一幢白壁青瓦、宽敞漂亮的纳西族三坊一照壁院落里,并为那宅院少见的壮观气势而惊讶——那就是杨守其和杨训知、杨象禹父子在丽江的家宅。上屋的中堂恭敬地挂着杨守其和他的缅甸妻子的照片。当时杨象禹已经76岁的纳西族妻子牛海燕还生活在那幢大宅院里,也许由于流泪太多,老太太的双眼红红的,几乎完全失明了。丽江还有杨象禹的三个女儿和一个儿子,以及一大群孙儿女。那所大宅院经历1996年2月3日的大地震,又缺乏必要的维修,显得有些凋敝破败。看着说起往事就老泪纵横的牛海燕老太太,看着那一群亭亭玉立的杨象禹从未见过的后辈,我不知说什么好。这其间有着怎样的悲欢离合、有着怎样的酸甜苦辣，或许只有当事人才能面对和隐忍。

2000年后，经过海内外杨家人的热心张罗筹措，杨家大院经过精心修葺，又焕然一新地矗立在丽江古城五一街下段27号，并挂牌为"印度华侨杨守其故居"。杨守其虽为印度华侨，其实杨家的生意，大多做的是藏地与内地茶叶、麝香等山货药材的贸易，印度无非是他们的一个侨居落脚点而已。他们做的是经过印度往来藏地的过境生意，他们的血脉，还在中国内地与西藏之间。

杨象禹在丽江的儿子杨庚福退休后就住在那所大院里，打理着有关事宜。每次到丽江，我都要去找杨庚福大哥坐坐，聊聊他家过去和现在的事情。

印度华侨杨守其家族在丽江古城的老宅

奇特的俄桑措一家

　　每年七月中旬,玉曲江畔扎玉一带的山坡坡上,苦荞花竞相开放,粉粉的,红红的,一片一片的,在蓝天之下美丽得让人心动。

　　赵应仙前后在茶马古道上的一些地方住了两三年时间,仅在扎玉就住过一整年,不仅看到了苦荞花怒放的景象,还曾经历了那儿的隆冬——要用水取水时,得用斧头砍开河面的结冰。他在扎玉就在藏族家里借住,付一点点费用。赵应仙没想到的是,这一段在藏地生活的日子,成了他一生中最难忘的经历。直到如今,他在扎玉落脚的那一户藏族"主人家",大

每到夏季,高原上就开满了很像荞花的铃兰

小一家人都还栩栩如生地在他眼前。

那是一个奇特的一夫多妻家庭。这一家庭有五个姐妹，只有一个丈夫。藏族没有像汉族这样父系的姓氏，只有家户之名，家族里的长者，不分男女，都可以作为该家族的传承人。这一家的名称就叫"俄桑措"，是个头人世家的样子，在当地有点名气，别人要说起这家的人的话，就说是"俄桑措家的"，就像丽江人说"赖家的""牛家的""杨家的"。俄桑措家的房子就在村头上，房子盖得大大的，特别大，所以赵应仙他们的商号就把这家选作"主人家"。那是个四合院子，是两层楼的土掌房，楼下照例关养牲口。赵应仙有单独一个住处，还有一间厨房。

这家五姊妹中的老大叫阿姆，大家都"阿姆""阿姆"地叫她，老二叫央卓，老三叫娜佳拉姆，老四叫伦吉拉姆，最小一个叫玉西群则。我真佩服赵老先生，在这么多年后还记得住她们的名字，可见她们给他留下的印象很深。这家五姊妹共有的那个丈夫，叫次土，身材高大，是扎玉邻近觉玛村人，比赵应仙大10岁的样子，跟老大阿姆的岁数差不多。1990年，我们的考察队曾经在觉玛停留过，在那里的供销社里买了一些荷兰黄油权充酥油，还在那里的小学校里了解了一些当地双语教学的情况。也许那些孩子里就有次土的什么亲人。

俄桑措家还有一个儿子，是阿姆的弟弟，其他几个姊妹的哥哥。他生来就双目失明，所以从小就到扎玉寺当了僧人，但也经常回家里来，骑家里给他用的一匹马，他无法自己摸回家，那马能把他带回家里。这使得俄桑措一家在宗教上更为虔信，房屋顶上经幡飘扬，家里有专设的经堂，每个月还要请喇嘛到家里来念经。大户人家才有这样的事。小家穷户的就只有自己到寺庙里去上酥油拜佛。

赵应仙住在扎玉负责马帮货驮转运的时候，村里正在建一尊两层楼高的佛像，家家户户都捐出金银铜铁什么的，连赵应仙他们都捐了一点。1990年我们到扎玉寺考察时，没见到那尊大佛，各种各样的小佛像倒是有好几百，摆满了几面墙。别以为茶马古道沿途偏僻遥远，"文革"风暴照样席卷到那些地方。在一些很小的几乎就没有外人到过的村落，我们看到了已经废弃不用的高音喇叭。

跟其他藏族人家一样，俄桑措一家是道地的农牧民，有自己的青稞地，自己的牛场，还有许多羊。他们就靠种地养牛羊为生，一点不会做生意。

阿姆她们五姊妹各有各的卧房。小的两个就经常睡在暖和的厨房里，次土要到哪一房睡觉，就将左手大拇指上戴的一种东西——藏话叫什么赵老先生想不起来了，总之次土要到哪一房歇房，就把那个圈圈套在那个门上钉的一根木钉上，要不就会搞乱了。赵应仙注意到，次土一般是在下晚一点的时候才挂那个圈圈。那个圈圈是藏族男子随时都戴着的，藏话叫"朱孜"或"次果"，如果是金子做的，就叫"色朱孜"或"色次果"，玉做的叫"玉朱孜"或"玉次果"，天珠的就叫"斯朱孜"或"斯次果"，现在他们还戴朱孜或次果，那其实就是游牧民族射箭用的扳指，古代各民族都有，以玉、象牙或牛骨等制成，戴在大拇指上便于开弓射箭，现在则成为戒指一样的装饰物。赵应仙那时还年轻，对俄桑措家的夜生活感到很难为情，所以一直没搞清楚，次土是根据什么选择决定挂圈圈的房间。次土要在哪一房多待几晚上也可以，但大部分情况下好像是轮流着去。

赵应仙在他们家住了很久，并没有发现他们因为一夫多妻的事情而有矛盾吵闹。恰恰相反，他们一家就是玩玩笑笑地一起过，随随便便地没有什么讲究。

不过那时候五姊妹中的老四、老五还有点小，最小的玉西群则也就是十二三岁的样子。老四伦吉拉姆十五岁左右，她也有残疾，是聋哑，讲不清楚话，还有点呆，只会呜里哇啦地叫。

顺带说一下，也许由于地方偏僻，通婚范围有限，更缺乏外面的交流，再加上没有什么医疗卫生条件，茶马古道沿途的一些地方，天生的残疾人比较多。我们走过的时候，就发现不少村庄有不少残疾人。

赵应仙住俄桑措家的时候，只有老大阿姆生有一个儿子，其他几个姊妹都没有生育，但她们似乎也不分什么，照样都叫那孩子宝宝，照样你背我抱的，一起带那孩子，不分彼此。至于娃娃多了以后这个家庭会是什么样子，那就不知道了。

在赵应仙看来，五姊妹中就是老大阿姆聪明能干，阿姆那时三十岁左右。五姊妹中一个漂亮的都没有，起码赵应仙觉得他家没什么美女，只有最小的玉西群则清秀一点。这家人的家长就是老大阿姆，老人都不在了，家里的一切事务完全由阿姆做主，财

普通的藏族人家

产全部掌管在阿姆手里。这五姊妹的生活还有一个奴隶丫环伺候照顾。次土虽然是丈夫,但他基本上是甩着两只手来俄桑措家上的门,所以就没有什么权力。一般来说,藏族的家庭生活里并没有男尊女卑,或是女尊男卑之类的观念,嫁出娶进都一样。男女都可以进出,而且一视同仁,但你所拥有的财产才能决定你在家庭中的地位和权力。

次土在这个家庭里的地位,按理说应该像有些男子所羡慕的那样,威风凛凛,一人有五个女的伺候。他的角色在赵应仙看来却并不那么美妙。他只是有时背着手到地里田边看看农奴雇工帮他家做活的情况,尤其在收割的时候监督监督。然后就是成天闲着,无所事事,大多数时间就是在家里打瞌睡、念经。这个丈夫有点像蜜蜂世界里的雄蜂。他一天就是跟赵应仙他们待在一起,谈天说地,打打瞌睡。

跟其他藏族不一样,次土是最爱吃鱼的一个,碰到赵应仙钓鱼回来,做好了鱼,喊一声"主人家,来来来,"他的瞌睡就醒了,揉揉眼睛搓搓手,就和赵应仙他们一起大吃起来。他还喜欢喝他们自己用青稞做的"呛",就是一种水酒,像汉族的甜白酒,只是又有些酸味,不辣,

母子情深

藏族妇女在家庭中起着很大的作用

很好喝。现在的人们把它叫作藏啤酒。每年青稞收下来，几乎家家户户都做：把青稞加水煮到八成熟，晾上二三十分钟，然后乘温热拌上酒曲，装在锅里或陶罐里，用皮袍、棉被之类包裹起来，保持一定温度，发酵个两三天就成青稞酒了。他们喝青稞酒都是一桶一桶地喝。

如果次土长时间只垂顾五姊妹中的某一个，其他人会不会因受了冷落或耐不住寂寞而到外面去找相好的？对此赵老说那就不知道了。不过他笑着告诉我：恐怕会去找的吧，可能。

赵应仙还注意到，有的人结婚生子后，又出家去做僧人，留在家里的女人就去找别的男人，对妻子这样的事情出家人并不管，也不管他自己生育的孩子，只要家里人负担他在寺庙里的生活就行。"不懂不懂，"赵老先生连连摇头。

赵应仙他们看着俄桑措一家很觉得奇怪，这跟汉族地方的风俗完全不一样，虽然汉族有三妻四妾的，丽江纳西族也有在无后的情况下讨小老婆的，但这跟藏族几兄弟共娶一个老婆，几姊妹共嫁一个男人的一夫多妻、一妻多夫的现象完全是两回事。

熟悉藏文化的人都知道，生息于藏东的康巴人，大约包括今西藏昌都地区、四川甘孜藏族自治州大部、云南迪庆藏族自治州，以及青海玉树藏族自治州的藏族，在整个藏族中以擅长经商著称。他们经商的足迹，常常遍及所有藏族地区，甚至延伸到其他国家和其他民族地区。就在这些康巴人生活的一些地区，世代盛行一种比较奇特的婚姻家庭形式，那就是一妻多夫。当然，也有很少采取一夫多妻家庭制的，那一般是家里只有几姐妹，然后共同招一夫婿入赘，构成一夫多妻，严格说是多妻一夫的家庭。

其实过去在西藏，一妻多夫或是多妻一夫的家庭并不少见，尤以一妻多夫的家庭为多。这在藏族，原已是源远流长之事。仅从汉文史籍来看，就有藏族先民之一的苏毗人保留许多母系氏族社会痕迹的记载，他们重女轻男，实行一妻多夫制。《隋书·女国传》就说："其俗贵妇人，轻丈夫，而性不妒忌"，故称其"女国"。《唐会要》记载："其女子贵者，则多有侍男。男子贵不得有侍女。虽贱庶之女，尽为家长，尤有数夫焉，生子皆从母姓。"据学者研究，现代藏族大概由

藏传佛教僧人辩经练习

吐蕃、象雄、苏毗和吐谷浑四大部族融合而成。松赞干布时，受命前往长安迎娶文成公主的吐蕃权臣禄东赞就是苏毗人。苏毗人起源于青藏高原西北部，又称"孙波"，他们最早的故乡应在西藏日喀则地区南木林县的襄曲河谷。后来他们逐渐向东迁移，一直抵达拉萨河流域和昌都西北部。到公元7世纪，生息于雅鲁藏布江中游雅砻河谷的吐蕃部落迅速崛起，北伐西征东进，建立起庞大的吐蕃王国。其间参与征伐的吐蕃军队，主要由苏毗人组成。他们随着吐蕃的扩张，不断向东迁移。据《两唐书·东女国》记载，一部分苏毗人从西藏昌都迁入四川西北，建立了"东女国"。也就是说，苏毗人东进的路线，与茶马古道是吻合的。至今，在四川西北至云南西北，以泸沽湖为中心，仍保留浓厚的母系氏族家庭痕迹，人称"女儿国"。在横断山系的高山峡谷地区，则保留着许多一妻多夫的家庭模式。2004年5月，《中国国家地理》的记者和专家们在采访川、滇、藏"大香格里拉"区域专题时，注意到了从大渡河流域的金川县、小金县和丹巴县，到雅砻江流域的新龙、雅江、九龙和木里等地，直到四川与云南交界处的泸沽湖"女儿国"，形成了一条"女性文化带"，多多少少保留着"走婚"的习俗，而古代的"东女国"也就在这一地区。再往西，在澜沧江、怒江的峡谷地区，则有大量一妻多夫家庭存在。

我到过一次的茶马古道上的左贡县东坝乡，位于怒江峡谷的一片冲积台地上，土地的贫瘠和狭窄自不待言，但他们却盖起了十分宽大甚至可以说恢宏的住房，生活相当富裕。他们的主要收入，就来自于大规模外出经商运输，而不是守着土地。很突出的是，那里一妻多夫家庭占到绝大多数，角荣村的一妻多夫家庭占百分之九十以上。一妻多夫的家庭结构，给了他们外出经商跑运输的条件，因而都比较富裕。

这一特殊家庭模式的分布地带，与茶马古道的走向大致相当。

我在考察茶马古道时早就注意到，生活在泸沽湖地区的摩梭人，在茶马古道盛行的时期，男人多有赶马帮走西藏的经历，甚至连土司总管，都亲自带队行走茶马古道进行贸易运输。他们实行的"走婚"方式，一方面可能与"东女国"的传统有关，另一方面是否与在茶马古道常年行走有一定关系？资深民族学者宋恩常、周裕栋、詹承绪、杨学政等先生的调查，给出了肯定的答案。在茶马古道途经的许多藏族村寨，尤其在横断山系高山峡谷地区的村寨，几乎都有一妻多夫的家庭。像在云南德钦县、西藏左贡县，这样的家庭是很常见的。有些村寨一妻多夫或多妻一夫的家庭，占到总家庭数的百分之三四十。

值得注意的是，在相距十分遥远的喜马拉雅山区，尤其是与尼泊尔交界处，也大量存在一妻多夫或多妻一夫的家庭。当地人都比较推崇这样的家庭模式，因为这样的家庭，生产生活都搞得比一夫一妻家庭好。在这么一个广阔的地域里，藏族社会都同样强烈地表现出对一妻多夫或多妻一夫的家庭的认可甚至是推崇。美国人类学者巴伯若·尼姆里·阿吉兹在其《藏边人家：关于三代定日人的真实记述》里，就通过大量个案分析，深入研究了这一奇特的婚姻形式。巴伯若在定日记录了430起婚姻，其中122起是一妻多夫或多妻一夫婚，占百分之二十八。巴伯若发现，"这类婚姻几乎都发生在村里最富的人家里；在地位较低、属于'堆穷'阶层的农村人口中几乎见不到这类婚事。"他们认为"住在一起便兴盛，分为两家则贫穷"。经济利益的考量是一妻多夫或多妻一夫婚姻的主要原因。而由

云南泸沽湖摩梭人的母系家庭制，跟马帮生涯有关

于村里"平均每个人和同村人中的百分之六十五沾亲并因此使他和他们之间不能通婚或发生性关系"，"但只要没亲属关系就可以结合"，于是"与自己的亲属分享其配偶乃是天经地义和令人向往的事。"

1990年，我与木霁弘、王晓松、陈保亚等六人第一次正式考察茶马古道时，所雇请小马帮的马锅头多吉就是与他哥哥一起共有一个妻子。我们上路的时候，做哥哥的让他们的妻子跟着多吉和我们走了几天，晚上那妻子就和多吉睡在一个帐篷里。看得出那女的比较喜欢多吉，但多吉对她爱搭不理的。他们的妻子还带着一个几个月大的小婴儿，多吉也从来不背不抱，尽管山路十分崎岖难行。到溜筒江，在翻越梅里雪山之前，那女的才折回家去。后来熟悉了，多吉才告诉我们，他无法知道那孩子是不是他的。他自己在外村有一个相好的姑娘，他一直在争取跟她结婚，但作为家长的哥哥说什么都不答应。鉴于传统和兄长的权威,多吉只能和哥哥维持一妻多夫婚姻现状。多吉真要结婚分家出去,家产如何分配?家里的马帮由谁来赶呢?

在我看来,藏族之所以采取这种奇特的婚姻制度,当然是出于经济生产方面的考量。一方面藏地山高水寒,农作物产量不高,而且还要面对多种多样的自然灾害,要投入很多劳力;另一方面,藏地大部分地区的家庭都采取半农半牧的生产方式,而且牧业一般都采取半游牧的方式——春夏季上高山牧场,秋冬季下到定居谷地。牛羊放养在高山牧场的半年时间里,都必须有专人看护,并挤奶、打酥油等。任何一种单一的生产模式,都无法应对那里的自然条件,一个家庭同时要从事农业和畜牧业,那就需要人手;如果他们再要经商跑运输,那就得有人经常在外面奔波;再有,过去西藏在很长的历史时期里,实行严苛的"乌拉"差役,西藏地方政府、土司头人和寺庙等,每年都会大量征用乌拉差,派到谁家,谁家就得无偿地出差。所以,一夫一妻制的家庭,很难应对家庭经济和社会权势的需求。而且,如果实行一夫一妻制,兄弟姊妹就得分家。以西藏传统的家庭继承制,并无男女之分,而以长为尊为主要继承人,其余也能酌情分享一份家产。这样的话,当长辈去世甚至还在世时,一个实力雄厚的家庭就会分裂成几个脆弱的小家庭,很难与西藏高原那恶劣的自然环境对抗,甚至连生存都成问题,所以他们就采取兄弟姊妹共有一个妻子或一个丈夫的办法,尽力避免分家,以保持家庭的经济生产能力。

美国人类学家、藏学家梅·戈尔斯坦曾分析比较了印度巴哈里和西藏的一妻多夫家庭,他认为:"西藏一妻多夫制明显地与经济因

尽管雪域高原也有农区，但由于山高水寒，农作物产量有限

素相关，它本质上不是对生存的适应，而是对生产力和经济水平导致的社会结果的适应。"

著名经济学家、1992年诺贝尔经济学奖得主加里·斯坦利·贝克尔，更"把微观经济学的研究领域延伸到人类行为及其相互关系"（瑞典皇家科学院授奖词），在家庭范畴全面应用了传统上只用于研究企业及消费者的分析框架，探讨了家庭内的劳动分工和一夫多妻制现象，"认为家庭是由多个人组成的生产单位，不同成员的商品、时间、货币和技能等生产要素的投入会产生联合效用，当一个家庭的时间和货币为既定时，为了使家庭行为最大化，家庭成员就在户主的组织下，对有限的资源进行最合理的配置，进行家庭生产，因此家庭就是一个有效率的经济单位。"而这，也正是家庭能够亘古已有、绵延长存的原因。汉藏间的茶马古道上不少家庭实行一妻多夫的模式，显然是对其有限资源的一种合理配置，这种配置，使得他们的一些家庭成员走出家门，去进行更有效率的生产，给这个家庭带来更多的生计财富。

总之，喜马拉雅山区和横断山系地区一些地方，特殊的地理生态环境和条件，迫使其保留某种程度上的"集体"所有制形式，如过去的"房"、一妻多夫的复杂家庭；核心家庭在这些地区是难以生存的，更提不上发展。我是赞成这样的解释的，它符合人类学最一般的规律。任何一种存在的文化现象的背后，肯定有它实现并存在的原因，而这原因往往就是人类要怎样适应自然环境，用最经济的手段，以利于自己的生存发展。再说，它还有那样一个历史传统。

这样，那些从一妻多夫家庭里走出来经商的人，就加入了茶马古道上的商旅队伍，长时间脱离农村的农牧业劳动，成为在城镇和市场里流动的人群。我自己就经常在茶马古道各条道路上遇到这群人。其实过去在西藏，一妻多夫或是一夫多妻的家庭并不奇特少见，尤以一妻多夫的家庭为多。赵应仙他们走西藏草地时就注意到，在途经的每个村寨，几乎都有这样的家庭。在田妥，赵应仙就见过一家兄弟四个共娶一个女人的，后来一个去做了僧人，只剩下了三个丈夫。他们家在印度那边还做一些生意。赵应仙跟他们家不是很熟，现在都叫不上名字了，但是上上下下都要从那里经过，有时也会住在他们家。

但西藏有一种现象，我以为肯定是与上述规律不吻合的，那就是众多的男人以及一些女人出家做僧侣尼姑。据我们的调查，在20世纪60年代以前，仅在西藏康区，男子出家做僧侣的比例高达百分之十到百分之十五。就是说，十个男子就有一两个在寺庙里学佛念经，由他的家庭供养。有的地区这一比例甚至还要更高,十个男子里就有三四个出家。一些地方还有大量女子出家为尼。

不过疑问归疑问,赵应仙跟俄桑措一家相处得极好,时间久了,跟他们一家人都有了感情,所以半个多世纪后还记得起他(她)们的名字,也很记挂他们。"不知他们现在怎样了?"赵老先生很关切地说。我要是还有机会去到扎玉,一定要想办法找一找这家人,看看他(她)们现在的情况,转达赵老先生对他们的挂怀,不知他们还记不记得这些远方的马帮?

人神同欢共乐的节日

为了做达记所运送货物的中转事务，赵应仙曾经在西藏的邦达和扎玉等地住了好几年。说起在西藏生活的那几年，除了在沿途主人家逗留留下的奇异而美好的回忆，赵老先生印象最深的，还要数在那里经历的好多次节日。那是与内地完全不同的节日。现在回想起来，赵老先生仍然感叹万端。

事隔五十多年，邦达寺每年在冬月末举行的格冬节仍在赵老先生眼前：那高原上特有的灿烂耀眼的太阳、喇嘛寺那橘黄色的墙壁、绛红的藏氆氇僧衣、从四面八方涌来的藏族人民

藏族妇女头饰

黑红的脸庞和妇女们那五颜六色、无比鲜艳的头饰……当然，寺院舞者们戴着的各种羌姆面具更在眼前晃动。

格冬节又称"羌姆"，汉译过来就是"跳神节"。在每年的冬月末，藏传佛教格鲁（黄教）等派寺院都要举行这种十分热闹隆重的跳神驱鬼活动。也许它来源于藏族古老的传统宗教——本教。活动一般要延续三整天，头两天为颂经法会，大小僧侣集中在寺院里，击法鼓、吹法号、法螺，时而高亢，时而低回，念诵起各种经文，从清晨直至深夜。那人声与各种法器发出的音响，混合为神秘而动人心魄的和声，在冬季高原那苍茫的大地上悠远回荡。

届时，信教的人们放下手里的一切活计，穿戴一新，潮水般涌到寺院里，向各种各样的神佛们添酥油焚香，顶礼膜拜，感谢神灵们在过去一年里赐予的福分，祈祷来年更加平安和顺。

在节日的最后一天，僧人和来自四面八方的信众更麇集在寺院主殿前的场院里，连墙壁上都爬满了人。这一天举行的跳神面具舞会才将节日气氛推到高潮。

当太阳从东山上高高升起，随着雄浑悠长的法号声，大殿的彩色幕帏掀了起来，四个骷髅装扮的舞者抬出一块象征污秽鬼祟的黑布包，放置在场院中央，继而佩戴各种面具的舞者一队队相继出场，手持法器，随着鼓、号沉缓的节奏，围绕黑包翩翩起舞。那些面具五花八门，多种多样，有马、鹿、猴、牦牛，还有狗、猪、虎和乌鸦，更有各种狰狞恐怖的造型。舞者们伴着凝重的乐声，以有力的舞蹈，驱赶不吉的鬼魔。驱鬼除秽的仪式即将结束时，又出来一个小丑打扮的人，在舞场里胡搅蛮缠，插科打诨，逗得场外的群众哈哈大笑、乐不可支。于是一场庄严隆重的宗教活动洋溢出欢快轻松的人间气氛。场外的男女老少也忙着买吃买喝，谈笑风生，青年男女相互注视追逐，一派欢乐。

就这样，人敬神，神娱人，人神同欢共乐，驱走了一年的不吉，迎来了欢乐的新日子，使高原严酷的冬季有了生机和活力。

在邦达驻扎转运货物时，赵应仙还目睹了草原甸子里盛大的赛马会。那是邦达草原上最好的日子，青草长得旺旺的，天气暖洋洋的。为期五天到半个月的草原上最盛大最隆重的节日就在这时举行。那里有一种跟云南的山间谷地形成极大反差的文化景观。

蓝得发青的天上是擦着头皮飘过的白云，坦荡无垠的草原上是云朵般的千座帐篷。从邻近各地各部落涌来的马队、人群扎满了整片草原，他们大多是逐水草而居，以帐篷为家

格冬节的羌姆神舞

赛马节上的骑手

赛马节上的帐篷城

赛马会上的华丽帐篷

藏族牧民的黑牦牛帐篷

的牧民。他们的节日盛会自然也在草原上和帐篷里进行。奇怪的是，那些鲜亮豪华的夏帐，天生适合搭在草原上，使绿色的草原倍增了活力和美丽，一点不像城里的铁皮屋顶显得那么突兀，与草原格格不入，也不像牧民们平时居住的牦牛毛毡帐，黑黢黢，油乎乎的，似乎本来就是草原的一部分。

一年一度才好不容易聚集在草原上的人们穿上了最漂亮的衣服，佩戴上了最贵重的装饰品。男的英气逼人，皮袍裹腰，腰插漂亮的银鞘长刀，貂皮、豹皮、水獭皮镶满一身；女的端庄华贵，黑色的长发仔细地梳成了"百缕"辫子，挂满大颗大串的绿松石、黄蜜蜡和红珊瑚。从打扮，就能看出一个人、一家人的身份和贫富。大家成群结队，摩肩接踵地来来往往，比赛炫耀着，以此为荣。

最好的食物，包括青稞酒、酸奶子和风干肉，也都在自家帐篷里摆了出来，热情地邀亲请友品尝。显然，大家不仅仅是来看赛马的。这些好几个月，甚至一整年都没见过一张同类陌生面孔的孤独的人们，平时看够了升升落落的日月星辰，厌腻了与牛、马、羊的对话，约好了在草原上最好的日子里相会和交流。人毕竟不是野狼。

在这之前，人们首先要到赛马场附近开设的帐篷经堂里念经祈祷，要礼拜喇嘛活佛们。赛马前，还要举行盛大庄严的祭山仪式，骑手们驰向神山，由活佛讲述神山的来历及法力，祈求山神保佑吉祥平安、人畜兴旺。人们诵咏经文，在山顶垒好嘛呢堆，

藏族康巴男子

藏北牧女的百缕辫子

赛马会上的寺院帐篷

节日的神秘气氛

换挂上新的风马经幡，然后争先恐后驰向赛马场。这时，各地各寺各派僧侣都赶来大展神威，他们最先进场，轮番吹响雄浑粗犷的法号，敲响庄严的法鼓，摇动清脆的法铃，披挂着各式各样的袈裟，佩戴着各种各色狰狞恐怖的面具，手持法器凛然而过，使赛马盛会平添了神秘超然的气氛。

这些生活在神山下草原上的人们，似乎自然而然就能够跟神灵亲近。神话对于他们来说就是现实，他们生存的现实也就是一种神话。他们的信仰，他们的世界似乎就是对常识和现实的挑战。

天性乐观开朗、辛勤劳作了一年的藏民族，似乎更喜欢赛马场上的各种洋相和娱乐。赛马一开始，他们就叫啊喊啊笑啊，伴着声震大地的马蹄轰鸣，还伴着震天作响的呼哨。有的骑手从马背上摔了下来，有的马跑出了场地，乱蹿乱跳，全场顿时一阵骚乱，这些意外似乎使他们更为高兴。当然，他们也关注优胜者，跑得第一名的骑手和骏马很快就成为草原上的传奇英雄，人们给他献上哈达，抬起他，牵着他的马，绕场一周接受大家的欢呼致敬。最后一名也有奖品——挂在他脖子上的一串马粪,他被称为"捡马粪的人"。

精彩的比赛一项接着一项:跑马射箭、赤膊摔跤、在狂奔的马上俯身拾哈达、把巨石扛到肩上直到没有第二个人能抱动你抱起的石头……

人们念经、拜佛、跳神、做生意、打牌、游戏……

分散生活在广袤雪域上的农牧民们更需要出售自己的劳动所得,包括酥油、皮毛,还有山上的虫草、贝母、麝香、熊胆,等等,从商人那里买到自己及家人一年里必需的物品:茶叶、盐巴、糖、锅碗瓢盆、布匹、针线……于是,从拉萨,从日喀则,从青海、甘肃,从四川、云南,商人们不远千里,带着各种物品云集邦达,在赛马场旁摆成了一圈又一圈摊子,与转来转去、手里捏着出售畜牧产品和各种山货换来大把银两和大把票子的农牧民,做成大笔大笔的生意。

农牧民们也乐于在各种吃食摊上品尝他们平时难以吃到的美味。

赛马会更是青年男女谈情说爱、"打狗"求欢的好时机。牧民们没有"恋爱"这样的说法,他们管恋爱叫"打狗"。因为草原上的小伙子要得到别人家帐篷里的姑娘,必过的最大关口就是得对付每家都养着的以凶猛狂暴著称于世的藏獒。现在,藏獒留在家里看护牛羊,姑娘们完全暴露在小伙子的眼皮底下。他们对唱欢舞,相互挑逗暗示,眉目传情。小伙子们还不时拉拉扯扯,碰一碰姑娘们,姑娘无情,就会生气讨厌地避开,要是有意,姑娘就一脸羞答答的样子,小伙子就可以大胆地追求了。

夜幕降临,这时真正漂亮的姑娘才会露面。当点燃起堆堆牛粪火,小伙子们就借篝火甚至点起火把仔细观察。午后便开始了的"果谐"

舞会达到一个又一个高潮。男女青年各排一边，合成圆圈，边跳边唱：

> 雪山的这面和那面都岿然不动，
> 现在该摇动起来夸耀一下了，
> 该亮出你佩戴玛瑙的狮子般的长辫。
>
> 岩石大山的这边和那边都坚定不移，
> 现在该摆动起来展示一下了，
> 该露出你野牛似的锐利尖角。
>
> 上游的两条河总是分道流淌的，
> 现在该融汇在一起奔腾了，
> 金鱼也该炫耀一下自己的彩翅。
>
> 两座村落的人们总不能相会，
> 现在所有的青年都聚集在这里，
> 该是歌手纵情欢唱竞赛的时候了。

来自牧区的青年男女

以后的几天，人们仍继续赛马游玩，尽情嬉戏，然后才渐渐散去。他们似乎要用这一个接一个热热闹闹的节日，来对抗那严酷的大自然，用一个又一个的神灵，来调节人与自然之间的关系，寻求出一条人神同乐

节日期间欢乐无比的牧民

共欢的通道。

有一年正月初三,在扎玉停留时,赵应仙还有幸赶上了扎玉寺一年一度的"默朗钦波",也就是"祈愿大法会",或称"传召法会"。这一节日起源于藏传佛教格鲁派创始人宗喀巴为纪念释迦牟尼,在拉萨大昭寺组织的一次发愿祈祷大法会。康区各格鲁派喇嘛寺随之举办,数百年来形成惯例,每年于藏历的正月初三至二十四日举行。"祈愿大法会"期间,扎玉寺的所有僧人都集中到大经堂内,在寺主堪布的主持下举行供佛、诵经等宗教活动。在正月十五一早,寺院里的僧人们还将早已用酥油精心塑造的各种神像、人物、动物、花卉等添上各种色彩,布置出来,高的有丈余,小的仅数寸,在寺院里举行酥油花展,赵应仙他们看了觉得十分有意思。而那儿的僧俗大众更是熙熙攘攘，一边顶礼膜拜，一边品头论足，看得兴致勃勃。这也是藏族最大最热闹的节日之一。

接近中午时分开始进行盛大的迎佛游行。穿着节日盛装的游行队伍抬着一尊巨大的强巴佛（未来佛）像，在配有大长号和锣鼓等吹奏乐的乐队引导下，从大经堂缓缓走出，按顺时针方向围着寺院转悠一圈。这时，佛像周围挤满了世俗民众，成千上万的人们跟随着佛像挪动，群情激动，大家都尽力往佛像跟前挤，以便能摸一摸佛像，或是扛上一小段路程。只要簇拥着强巴佛像这么转上一圈，据说就能得到佛的保佑，得享百岁长寿。

法会最后以送鬼仪式结束。

多年后，赵老先生感慨地说，如果不是亲自在藏地看到这一切，

节日上的民众

就很难领会藏族民众那虔诚而至于有些狂热的宗教感情。那些一个接一个的节日，大多与宗教有关，人们的宗教生活和世俗生活，密不可分地融合在一起，有时简直分不清哪是宗教、哪是世俗。每一个节日，都是人们和神同欢共乐的日子。当然，神们欢乐不欢乐人们无法知道，但世俗民众的确在那些节日中享受到了平时少有的轻松欢乐。

而每一个这样的节日，总形成藏地少有的热闹市场。这是赵应仙他们最好做生意的时候。来参加节庆活动的农牧民往往趁着这机会，为家人也为自己购置平时难能买到的各种生活生产用品，他们出手格外大方，赵应仙他们运去的货物往往一下就被卖个精光。人们毕竟不能仅仅只靠自己那一片地方的出产过生活。物资的交流从古至今都是人们的需要。

说来也是件怪事，赵应仙在神秘苍凉的茶马古道上走了那么多年，也没见过什么神奇鬼怪的事情。他们在路上又不住店，很少讲什么故事，更不敢提神啦鬼啦的，就这么清清净净地走回来了。

从拉萨到印度

拉萨，一提到这个神圣而美妙的地方，人们就会莫名地兴奋。它不仅是西藏政治、经济、文化的中心，更是整个藏地人们向往的圣地。它也是商业繁荣的城市。抗日战争期间，国内外商贾云集那里，使这座古老的城市充满了勃勃生机。国内就有上百家大商号设在那里，有北京帮、四川帮、青海帮，更有云南帮。云南帮设在那儿的商号比其他地方都多，丽江、鹤庆、大理喜洲、中甸德钦、保山腾冲等地的商家，都在那里有自己的盘子，一共四十几家，其中仅丽江人在那儿开的商号就有二十几家。这些商号都是在那儿租房子做生意，地点都在八廓街附近。有些商家虽然没有派人住在拉萨，但他们的马帮商队一样进出这里，其中甚至有滇南石屏人的，有沙甸回族的。这些商家的马帮络绎不绝地涌入拉萨，给拉萨的商业带去了空前的繁荣。

瞧，一队队马帮唱着赶马调，欢腾着进入拉萨城：

马帮夏季抵达拉萨时,往往正好赶上盛大的雪顿节晒大佛

一路铃声一路歌,
歌声铃声做伴当,
风餐露宿三个月,
整整走了九十天。

春去夏至花正开,
赶马来到拉萨城,
两旁树木绿茵茵,
夹道鲜花把人迎。

来到拉萨八廓街,

如回到自己家乡。
好像天空格外蓝,
好像太阳格外亮。
样样都感到亲切,
样样都觉得新鲜。
……

趁着抗战期间的商业机遇,一些喇嘛寺和拉萨的一些贵族也大做起生意来,他们都派有专人到各地做各种生意,有的还有自己的庞大马帮。他们都很有实力。巴塘人太猾,做不成生意。理塘一带的康巴人生意做得却非常红火。据说拉萨的财政紧不紧,就看康巴人中的两家人,一家是甘孜人开设的"桑多昌",此家族被称为"周康巴",曾经捐资修建了甘孜著名的达吉寺——达吉贡巴,千百年来就做西康打箭炉到拉萨的生意,后来他家的人当了后藏的税官,那一带的羊毛都归他家经营,一年有两三万吨羊毛运到英国的毛料公司,西藏吃的大米也是他家买进来卖的,云南帮要吃的米都要到他家买。

另一家更大更著名的就是邦达昌,它是老家在康区芒康盐井附近的邦达家族开设的,到民国时期,由邦达三兄弟共有,老大邦达杨宾专门掌管生意,老二邦达饶噶学识很好,既参与生意,又与中央政府关系密切,老三邦达多吉则是西藏地方政府派驻芒康一带的军事长官,他还做过蒋介石委任的"西康宣慰使"诺那活佛手下的军事部长,又做过四川军阀刘文辉委任的川康边防军骑兵大队长。他既与川军交过手,又与藏军打过仗,还在红军北上的途中阻击过红军，但后来又在甘孜中华苏维埃博巴政府里担任财政部长。据说他的枪法非常好，还有一对虎牙长出嘴唇外。2003 年，我沿茶马古道到邦达昌的老家邦达乡的时候，见到了邦达多吉当年的贴身警卫平洛老人，他说多吉并不是传说中那种凶相。20 世纪 50 年代，平洛还跟着邦达多吉一起到北京参加过国庆庆典，见过毛主席并同他老人家一同进餐。因种种关系，邦达昌在三兄弟的父亲邦达列江手上时就已发迹起来，被地方政府特许独家经营许多种商品，占尽了生意的便利。邦达昌最兴盛的时候，马帮多达 2000 匹骡马，在各条贸易路上做土杂、洋货和山货生意。它的总部就在拉萨八廓街。现在这两家的人和财产大多在印度和英国。

另外，实力雄厚的还有当时西藏的摄政热振活佛手下人开设的"热振昌"，它的先生贡培拉是十三世达赖喇嘛的亲信侍从。

拉萨那时还见得到青海人赶着马来卖，一来就是两三千匹，由达赖和贵族们挑剩后，就上市出售，同时还卖顺带带来的西宁产的

邦达昌总号在拉萨八廓街的大院

拉萨八廓街上围绕大昭寺的朝圣者 　　来自藏地远近各地、汇集于拉萨大昭寺的朝圣者

醋和酒。西宁醋在高原上非常受欢迎。还有一些小商小贩在拉萨买了藏马，然后赶到印度去卖。一年大约有 2000 匹藏马卖到印度。印度每年有一个很盛大的牲畜交易会，地点在比哈尔邦一个叫孙补克的小镇，就在恒河边上。牲畜交易一般在冬季举行。

还有人把一些牦牛尾巴贩运到印度去卖，尤其是黑色的牦牛尾巴。因为南印度有一个地方的妇女习俗上要剃光头，而在有些场合她们就要戴假

从青海磕长头去拉萨朝圣的藏族妇女

发，那些牦牛尾巴就是做假发用的。

跟这种浓重的商业气息形成鲜明对比的，是拉萨的宗教气氛。你可以看到成群结队的朝圣者围着整座城市，围着布达拉宫，围着大昭寺转经，有的则长时间停留在大昭寺门前的广场上，磕数以十万计的五体投地长头。他们有的来自青海、甘肃，有的来自云南、四川。有的带上家里所有的钱财来到这里，把毕生的所有奉献给喇嘛寺，奉献给菩萨，以求得到来世的解脱和幸福。

拉萨就是这么一座奇怪的城市，至今它仍然是如此奇怪。世俗和神圣搅在一起，清净与污浊混在一起，美丽跟丑陋并在一起，你有的只是无数的新奇和诧异。它会让你喘不过气来，又会让你屏住呼吸。

拉萨不仅有藏传佛教格鲁派六大寺中的三座（哲蚌寺、色拉寺、甘丹寺，另外三座是后藏日喀则的扎什伦布寺、甘南的拉卜楞寺、青海的塔尔寺），也有伊斯兰教穆斯林的清真寺，甚至有纳西族的"三朵"神像。据传，1864年时，丽江纳西族周献奇、牛星田等人到西藏经商，在拉萨八朗学地方筹建了一座云南会馆，藏族人把它称为"云南拉康"。多年后，他们委托西康乡城商人，请来一位姚姓的汉族佛像雕塑师，在会馆里塑了"三朵"和关帝两尊塑像。在"三朵"塑像的顶上还有书写着"雪石北岳安邦景帝"的横匾，两边的对联是："向白袍而助阵,秉火剑以斩妖"。

位于拉萨八廓街的清真大寺

至1940年代末,"三朵"塑像及横匾对联俱在,但赵老先生没有见过。

一般情况下,马帮将茶叶等货物运到拉萨,就算到了目的地。他们在那儿一般都要停留20来天,甚至个把月,在那儿交割出售运去的货物,同时置办要运回云南的货物,这一卖一买,就差不多要一个月时间。马帮们住在自己所属的商号里,不慌不忙地等待着最好的商机,以便将自己的货物以最理想的价格出手。如果运气好,还能以最低的价格采购到要带回云南的货物,那么,跑这么一趟就算是满载而归了。

大多数马帮都在拉萨买进从印度来的各种洋货,但有一些将商号一直设到印度去的商家,会让自己的马帮,翻越喜马拉雅山到印度的噶伦堡或加尔各答去运货。

有一次,商号有一批货物要运到印度,那边也有货物要运回丽江,于是,赵应仙就踏上了翻越喜马拉雅山、走向印度平原的路。

羊卓雍措湖和乃钦康桑峰

从拉萨出去，顺着吉曲（拉萨河）往南，在拉萨河汇入西来的雅鲁藏布江的曲水地方，用方方的大木船渡过东去的雅鲁藏布江。过江后，盘旋翻上一道很高的山岭（岗巴拉），在这里向东、西、南三面看，全是光秃秃的大山，眼下就是美丽的羊卓雍措，湖水清碧得发绿，那是西藏第二大湖（近年退为第三大湖，第一大湖由藏北的色林措取代，原来名为第一的纳木措退为第二），弯弯曲曲地隐现在群山之中，湖对面海拔7000多米的乃钦康桑峰闪着银光，碧水映着洁白的雪峰，使人不由得想象那是一方仙境，有许多神仙在那里悠游。

西藏浪卡子桑顶寺，这里是西藏唯一的女活佛——多吉帕姆的住锡寺

继续沿湖边往西南走，经白地，过湖畔的浪卡子宗。而在湖的南岸，还耸峙着一座玲珑清丽的寺庙，那便是西藏唯一的女活佛多吉帕姆的住锡寺。至羊湖的西端，再翻越高峻的卡若拉山口，山上是很深的积雪，几道雪山融水成溪而下，注入羊卓雍措，道路就从溪边的乱石中纵横穿过。下山经过几道峡谷，就是广阔的江孜平原，沿途村寨人烟多了起来，那里素来也是西藏粮仓，也是畜牧业发达的地方。江孜城人口稠密，向来是前后藏、藏印通商的要冲。甘甜的尼洋曲灌溉着这一片富饶的平原。马帮们知道，以前还有英国的商务官和一个营的兵力驻扎在那里。但马帮一般不进江孜城，虽然他们远远就可以看见屹立在宗山上的雄伟的城堡炮台，那是江孜宗政府的衙门及关押人犯的地牢。我后来采访过的边多老师就曾因为

逃避藏军的兵役而被关过这里的地牢，出狱后他就赶起了从日喀则、江孜到不丹、锡金一线的骡帮，再后来传奇般地成为西藏自治区歌舞团团长，深受人们的爱戴。20世纪初，藏族军民曾在江孜宗堡英勇而惨烈地抵抗过英国侵略军。有人将这一传奇历史改编为电影《红河谷》。宗山下是有名的白居寺，藏族称之为"八廓曲德"，意为"吉祥轮大乐寺"，是一座始建于15世纪初的藏传佛教萨迦派、夏鲁派、格鲁派共存的寺院。寺里还有一座尊胜的寺塔合一的吉祥多门塔，有多达108所佛堂，更有十余万尊壁画或雕塑佛像，也叫十万佛塔。

江孜宗堡

年轻时的边多老师也投身过茶马古道的马帮运输，走的就是日喀则、江孜到亚东一线

由热龙向西南到康马，过辽阔而荒无人烟的帕里草原，翻帕里唐拉山，在噶拉坝塘经过一个大湖（多庆措），过堆纳和古鲁木塘，意为牦牛走不动要哭的地方。这样才到重要的帕里小镇。这一大段路总的叫白塘，冬季千万不能走这里，在这一段赶骡子走，死亡率相当高，云南帮的许多骡马和人

就死在这一路段上。

　　帕里是印藏交往的必经之地，也是印度、不丹、锡金和中国西藏的物资储存及交易市场，海拔4300多米，有西藏人、汉人、尼泊尔人、不丹人、锡金人、印度人和英国人常住这里贸易。我们前面提到的丽江束河人李玉才先生就在这住过两年。这里有宗政府的堡垒，有边防的城寨，仅隔一座则马拉山与不丹接壤，不丹的大米、木材等由此进藏，而云南茶、布匹等出口不丹。当地居民种一点粮食和草，供应马帮马料，建筑大多是简陋低矮、平顶泥墙的平房，但邦达昌、桑珠昌等几家大商号的房子都是石砌的深宅大院，有着高大的落地门窗，以便马帮进出。云南商帮的铸记、恒盛公等，都在此设有分号，负责销售和转运各种货物。

　　在高寒的帕里稍事休整

江孜白居寺的十万佛塔

茶马古道如它所经过的卓木拉日峰一样，面向着南亚次大陆

海拔4300多米的帕里镇是通往印度、不丹、尼泊尔的大驿站

后,赵应仙他们就经过亚东进入春丕河谷。当年,亚东商贸繁荣,英国人还在这里建了商务代办处。在这里,我曾经拜访过亲历当年外贸的尊杰先生和可爱而长寿的赶马人格桑老人。春丕河谷南连不丹,西接锡金,被称为喜马拉雅山中的乐园。这里的人脸上已经没有了"高原红",而是身材纤小,皮肤白润。河谷里更是一派山清水秀的迷人风光——环绕高空的峰顶上,还戴着白雪的帽子,山腰上则绿松密布,云雾缭绕;山麓水边,早已是桃红柳绿,木莲和石楠

帕里的大宅院更有着宽敞的大门,
供马帮进出

花丛丛点点，草地上各色繁花更是开得如毯似锦，河谷里蝴蝶飞舞，和风习习，让人留恋难以离去。

由春丕河谷翻过则利拉山口就是锡金和印度。还有一条路是翻乃堆拉山口出境。从建有不少洋房的亚东向南一出去，放眼都是横空出世、夺人魂魄的奇境。过乃堆拉山口，然后翻过渐渐低下的喜

亚东的街道，
至今还保留浓厚的商业气息

英国殖民者 1936 年
建于亚东的商务代办处

亲自参与过亚东口岸
进出口贸易的尊杰先生

93 岁的格桑老人
当年走遍了南亚诸国

马拉雅山,到达这一伟大山脉的南麓,上下山谷几次后,就到了小小的锡金王国,那里山不是那么高了,天气也热了起来,树木葱茏,生长着许多果树。

这时有两条路,一条路通往锡金首都甘托克(岗拖),从甘托克已有汽车公路通往印度。甘托克建在一座马鞍状的山岭的左侧,北高南低,已是喜马拉雅的余韵。另一条路直到噶伦堡。在锡金、不丹、印度三国交界的地方,全是大森林,叫达赛拉,那里的山顶上有一个大土堆,据说埋着三个玻璃瓶,每一个瓶子里装着不丹国王、锡金国王和东印度公司三方面立下的边界图。

穿过锡金,一直下山,天气已经很热。很快就进入小山包上的印度边境城市噶伦堡,在高原大山中跋涉了半年的中国云南马帮,真正来到处于低缓山丘的异国他乡。但那里的一切也并不陌生,那里不仅生活着大量藏族,也聚集着许多中国商号和中国马帮,到拉萨的各种货物,就是先从这里送往中国的边境口岸亚东、帕里的。噶伦堡一直是印度交通西藏的中转站。在20世纪三四十年代,这座既有殖民地味道,又有浓厚移民色彩的城市,其规模跟拉萨不相上下,约有2万人口。从噶伦堡乘车3个小时就能到大吉岭,向南3个小时也能到西里古里,那里已有火车通往印度各邦。那一带已全是热带大森林,像中国的西双版纳一样。

赵应仙他们的马队并没有就此停下,而是继续前行,经过印度东北部重镇西里古里,直下印度东部、孟加拉湾海滨、恒河边上的大都市加尔各答。那是一座比拉萨大得多的大都市,当时是英印殖民地的首府所在,总督府基本是英国风格,总督府前的广场辐射出多条街道,海关、邮局和银行等重要机构都集中在这里。1600年便开始营运的、

在噶伦堡经商的中国各商号家眷在中国办事处（原邦达昌大宅）门前庆国庆

庞然的、实际上主宰着整个印度的东印度公司的贸易总部也设在这里。那时的印度还是英国的殖民地呢。赵应仙平生第一次看到那么大的城市。二战时期，同盟国的各种货物就从海上汇集到这里。城市里到处是英国人，警察、军队、官员大都是英国人；城里还到处是英国殖民者的雕像。在那些塑像背后又是些寺庙，金碧辉煌的。最新型的英美汽车在路上飞驰。城里还有轰隆隆驶过的有轨电车。

加尔各答的气候热得让人受不了，那里已经接近海平面。到处都是水，海水、河水包围着这座巨大的城市。密密麻麻的街上挤着同样热得受不了的牛群。在印度，牛是神物，它们可以不受宰杀、到处游荡。随便动一动就浑身是汗，这让从雪域高原上下来的马帮简直无法忍受，他们更忍受不了的是城市的肮脏。四下都是垃圾、污水和灰尘。但还是有人在脏兮兮的恒河里沐浴,还一脸的幸福!还有就是满街的乞丐。乞丐的数量肯定超过拉萨。黑黑的印度人只在身上披一块宽松的、轻飘飘的粗布,他们把这种东西叫作"托绨",女人披的则是"莎丽"。女人和数量更多的男人都在脑门上贴一片金片,或是用金黄色的香料点一下,有的人在鼻孔上扎一个洞,戴上纯金的鼻环。

赵应仙他们看得目瞪口呆,差点忘了气候的炎热。

李达三的达记在加尔各答有分号,赵应仙他们直接去到商号里,交接调运去的货物,而商号早已给他们准备好了运回丽江的货物,赵应仙他们就没有耽搁停留,又马不停蹄地踏上回返之路。一个因为实在受不了加尔各答的炎热和肮脏,另一个因为时间已经不多,再拖延的话,就难以在严冬之前回到丽江。他们要原路先返回拉萨,再从拉萨走茶马古道回丽江。

从拉萨到加尔各答,要整整走上一个月,其中仅从1894

昔日加尔各答英国总督府

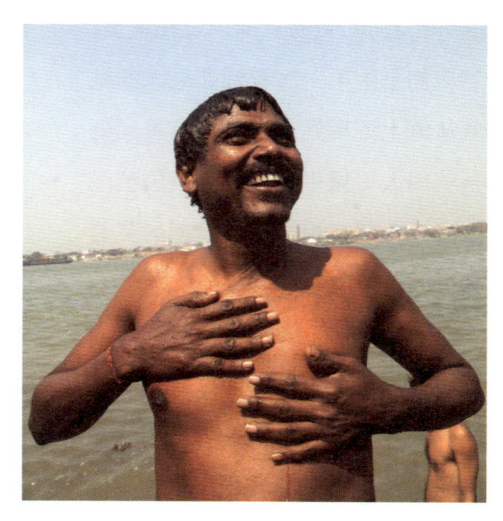

在恒河水里沐浴的印度人

年就开辟为商埠的亚东到拉萨就需要 18 天。加上从丽江到拉萨的漫漫旅途，这样来回一趟，就要走上七八个月，如果顺利的话，马帮要到十二月间才能回到丽江，刚刚可以赶上过年。

遗憾的是，那条路赵应仙就走过一趟，由于都是匆匆赶路，语言又不通，无法东问西问，除了一些城市表面的东西，就没有留下多少印象。

在路上这半年多的时间里，他们无法跟家人有任何联系，家人也根本不知道他们什么时候回来。赵应仙他们就这

戴鼻环的印度少女

样常年出门在外，家人也慢慢习惯了他们的不在，习惯了他们杳无音讯地消失半年多，习惯他们在一个和暖的冬日突然出现在家门口。到了西藏，就无法与家里联系，甚至无法请先回去的马帮带个信。大家返回的时间都差不多。只有在德钦当学徒的年月，才有机会给家里写个信，由邮差把信送到丽江。他们只需要七天时间，就能从德钦走回丽江。

有些马帮运气特别好，他们一路走一路做生意，有时到半道上就卖完了带去的货物，也收购好了要带回的货物，于是中途就可以回家。

冰天雪地返故乡

返乡的路途常常被大雪覆盖

常常地,当赵应仙他们将茶叶等货物运到拉萨等地交割完毕,准备好运回云南的货物往回返时,已是深秋时节。山上早已是白雪皑皑,穿越垭口和一些高海拔地段的道路已被冰雪覆盖,有时碰到严酷的寒流,连汹涌的怒江都会冻上。赵应仙就曾经历过那天寒地冻的痛苦,用他的原话说:冻得老实难受啊!

有一次,晚上仍是开亮露营,睡到半夜浑身生疼,被冻醒过来,"怎么这么冷呢?"把手从毡毯里伸出来一摸,才知道外面已经结冰了。赵应仙觉得连自己的骨髓都冻成冰了。原来有水流下来,就把毡毯都冻在地上。于是一动都不敢动,也动弹不得,一动就会把衣

壮丽无比的雪域高原其实是"地球的第三极"

服和毡氆弄断裂了。一直要等到天亮太阳出来,温度上升了,人才能从毡窝里慢慢挪出来。

就是这样的露宿,使得赵老落下了严重的风湿病痛,这也是茶马古道上马锅头和赶马人最普遍的病痛。老了以后,这病痛给了赵老最大痛苦,现在遇到天冷下雨什么的,连腰都直不起来。

在那冰天雪地之中,人受罪,牲口的日子也不好过。它们再强壮,皮毛再厚,也挨不

只有富有经验的老马才能觅到食物

沿途的主人家会为马帮提供备好的草料

起那份冻，所以赶马人在晚上给骡马卸掉驮子后，不再让它们光着身子，要给它们扎上垫子，怕它们挨冻受凉。而且冬天百草凋敝，一片荒凉，只有那些富有经验的老骡子，能够用蹄子刨开厚厚的积雪，找到一些草根啃啃。有时实在没得吃的，地皮上什么东西都没有了，那些骡马连赶马人垫的盖的毡子都会扯去嚼吃。赶马人还得把皮条好好藏起来，否则那些饥饿的骡马也会把皮条都嚼着吃掉。

路过村寨的时候，马帮就跟"主人家"买一些干草喂牲口。那些干草是藏族主人家在夏天草好时，到高山草场割来备好的，一条

马帮驮队从雪山下走过

条像辫子一样编在一起，储存起来卖给回程的马帮。

有时雪太厚，骡马无法行走，就要请藏族的牦牛出动，踩出一条路来，然后马帮再跟着走。结冰的路上很滑，但那些骡马居然也能走得过来。而且，当时走的人很多，路总是踩得很明显，不至于掉到雪窝里或悬崖下。

回来的时候，因为骡马没有吃的，马帮就是一天天埋头赶路，一点都不能耽搁，不像去的时候，等于是一边放牧骡马一边走，尽量让骡马保持肉膘和耐力。回程时一天差不多要赶百十里路。否则一碰到大雪封山，就回不了家了。最主要的是，回来的马帮很多，骡马找不到吃的，即使要买都买不到马料马草，所以无论如何都要尽快赶回来，有时甚至还要走夜路。那些骡马都能走夜路，人也只有跟着走。所以就有摔下悬崖的人和骡马，而且这样的事情还经常遇到。见到这样的事后，都会让赵应仙他们心惊肉跳好几天。后来

位于金沙江臂弯里的玉龙雪山

我们走茶马古道，在悬崖下瞄到一些白骨，仍使我们悚惧不已。

有时骡马走得比人还快，尤其是快要到丽江的时候。骡马们都知道只要回到丽江，它们就能舒舒服服地待在家里，主人自会买草料来喂，有时它们还可以到附近的山上找吃的。

从拉萨返回丽江，大约需要两个月时间，有时候也会走到七十天。七十天怎么着也能走回来了。往西藏去的时候却要三个月，有时也会走到一百天左右，如果赶紧一点，三个月不到一点也可以赶到拉萨。

翻上铁架山，终于，玉龙雪山出现在眼前，拉市海出现在眼前，丽江坝出现在眼前，离家已经半年多的赶马人热泪盈眶，心头更是热乎乎的。有人又忍不住唱了起来：

> 赶马出门回家转，
> 一天翻过九重山。
> 牦牛尾巴红艳艳，
> 栗色头骡颈上拴。
> 马蹄生风，铜铃声脆，
> 回家路上马儿心也欢。
>
> 在远离家乡的百里外，
> 我闻到了故土的芳香；
> 在远离亲人的九山外，
> 我见到了爹妈亲切的面庞。
>
> 我的声音慢慢嘶哑了，

八个马铃伴随我的歌唱，

飘向幽深的山谷，

飞到可爱的故乡……

这一路终于又走了过来。各种各样的艰难困苦都过来了，腿脚还在自己身上，脑袋还在自己肩上，这一切是多么的不易啊！

甫一抵达云南境内的德钦，在拉萨求法多年的汉僧喇嘛邢肃芝先生就忍不住总结道："经七十余天的行程，亲身体验了藏滇道上骡帮生涯的种种艰辛，磨炼了意志，经受了考验。虽感身疲力尽、遍体伤痛，然心中甚是愉悦与感恩。"

回到丽江后，赵应仙他们照例要到财神爷像前烧个香，对能够找钱回来表达谢意。商号的老板照例要请所有回来的人大吃一顿，庆贺一番，庆贺大家和骡马都能平安归来，也庆贺他们自己有钱赚了。对表现好的马锅头和马脚子，老板也会给一些奖励，给多给少，就看老板的心意。

这样，一笔还是有些可观的钱在丽江坝里等着马锅头和马脚子他们去领取。他们终于可以拿到那笔钱了。而这一切的代价是那么的高。尽管一驮茶叶运到拉萨可以有十倍的利润，再把一驮货物运回丽江又有一笔利润，但这是以极大的风险和人们难以想象的艰苦换来的，还得以一年的时间为代价。这跟现在的经济运作是同样的，利润越大，风险也越大，而时间就永远是最稀缺的资源。赵老先生用马帮们当年的话来说，利害利害，有利就有害，利小害就小，利大害也大。有些马帮回到丽江，连一半的骡马都没剩下，有的把自己的命都挂在了那儿。碰到发大水，冲掉就冲掉了；碰到泥石流，埋掉就埋掉了；碰到豺狼虎豹咬死了牲口，也只有哭天喊地一场；更不用说土匪强盗的袭击。

像鹤庆商帮恒盛公，他们最兴旺的时候，商号约有200匹骡马，但从1942年到1945年抗战结束，他们的骡马仅剩下30来匹。三年半的时间，200匹骡马只幸存下百分之十五。其他商号和马帮的情况也大致如此，有的甚至更糟。

赵老先生认为，这是个人的运气和命，不能勉强。有的人什么倒霉事都会碰上，弄得两手空空，负债累累，甚至赔上了命；有的什么事都没有，顺顺当当回来了，去拿那一份利润或工钱。

我觉得这不仅仅是运气的问题，而是这条路实在太过遥远太过艰险。事情似乎应该这样来看：云南的马帮，尤其是走西藏草地的马帮，有着许多跟常人不一样的地方。由于长年出门在外，什么地方都要走，什么人都要打交道，苦吃了那么多，亏也吃了那么多，

心中有敬畏，路途就坦荡

要生存、要发展，他们就必须总结各种经验，摸索各种窍门，从而使自己更加聪明能干。在走西藏草地的马帮里，就普遍传诵着这样的歌谣："察雅蛮子惹不得，芒康门前待不得，巴塘老婆讨不得，昌都戥子秤不得。"察雅人以凶悍好斗著称，像前面我们提到的西藏骑兵大队长邦达多吉的部下，绝大部分都是察雅人，所以最好不要惹他们；芒康是高原大草甸，风特别大，所以不能在那儿久留；巴塘的女子比较看重钱财，男人一没钱，她们就会抬腿走人，这样的老婆谁敢要？当然，并不是所有的巴塘女人都这样；昌都的生意人精于小算计，总要在秤上做手脚，所以不能用他们的戥子秤东西，尤其是像麝香这样的贵重东西。

从这些歌谣我们也可以看出，马帮们并不是跟这些不利的因素对着干，他们更多的是回避，化不利为有利。这比样样对着干要聪明得多。

这也可以看出，马帮们往往富有进取心和冒险精神，不仅胆子大，而且心细，眼界宽阔，敢想敢说更敢做。胆子小就没法出门上路。他们精明能干，要有随机应变的能力，脑子要好用，遇事要能拿主意，要能很好对付，否则根本应付不了路上随时会有的想不到的事情。在茶马古道上，不确定的因素和无法想象的事情实在太多太多。在那里，偶然就是必然，须将所有偶发事件当作必然发生之事来对待。马帮还要讲信誉守信用，哪怕贴本吃亏都得自己兜着，否则在外面就混不下去——哄人说假话只能一次；他们还要讲团结，懂合作，因为在那么艰险的路上，个人闹情绪使性子根本行不通，大家必须相互密切配合，互相帮助，人人一条心，生死与共，因为单干只有死路一条，连勾心斗角、闹点矛盾都不行；他们还得守规矩，因为在路上顺利的时候很少，一乱套就更搞不成了，所以大家只能齐心协力，服从锅头指挥，说走就走，说停就停，不可能像在家里那样，可以睡个懒觉，要站就站，想坐就坐，在马帮里要那样的话，那你就死定了。而且大家都是出门人，走的又都是一条路，所以马帮们都能理解别人，不会嫉妒小心眼，谁有本事挣了钱大家都心服口服；更由于他们经常出门在外，随时要跟各种人打交道，所以马帮们都能通情达理，宽容大度，这样路上也才能顺利。马帮们这些在艰苦环境下锤炼出的本事和精神，实在是一笔难能可贵的财富。

回首往事，赵老先生只是认为自己的命还好，自己的运气也还好。虽没发什么财，但也没损失什么，平平安安走了回来。他并不认为自己有多大本事，自己做了什么了不起的事情。

要是在以前，我也许完全不同意赵老先生的观点。但只要在茶马古道上走过，你就明白，除掉自己的努力，除掉自己的本事，除掉马帮的精神，那些不可知、难以把握的因素实在太多了，人能支配驾驭的毕竟有限，人必须有所敬畏。

所以，走上茶马古道这条路，就是一次真正的探险。只有回来看到玉龙雪山的时候，你才知道自己赢了。这也正是我钦佩那些赶马人和马锅头的地方：去到一个遥远而陌生的地方，在世所罕见的艰难困苦环境下，把自己的身家性命赌进去，没有任何可取巧之处，没有任何能用嘴巴解决问题的可能，路要一步一步走，坎要一个一个跨，山要一座一座爬，江河要一条一条过，完全凭自己的意志、毅力、能力和运气生存，而且日复一日，年复一年。这才是真正的汉子。这也是一种有意义有品位的生活。

别了，马帮生涯

随着抗日战争胜利结束，滇、藏、印茶马古道上的马帮运输贸易一下子衰落下来。好多人都没想到萧条来得这么快，因为谁也不知道战争会什么时候结束。内地及沿海交通的迅速恢复，使地处偏远的丽江再度远离贸易主线。起码，大量来自印度的物资交流，不再需要用马帮这种世界上最昂贵、最缓慢的交通运输方式来进行了。

所以，抗战胜利后，许多滇、藏、印一线的马帮就歇了业，或是转到其他线路做小规模的经营。但赵应仙仍走西藏草地，一直走到1949年。进去还是运茶，只不过，出来不再运回从印度进来的洋货，只运西藏出产的各种山货。随着中国各条陆路和海路的恢复，洋货都从上海、香港、广州等地进来，滇藏、川藏茶马古道又回到古老时代的状况，继续它那茶叶与山货的贸易。不管有没有战争，藏族总是要喝茶的，而西藏的山货内地总是需要的。可是生意越来越不景气。在随之而来的内战中，日益严重的通货膨胀，再次给茶马古

昔日的赶马人只有在回忆中
找到往日的辉煌

道的贸易以沉重打击。

1949年后，私人性质的民间贸易基本就难以为继，走西藏草地的马帮结束了他们的旅程，茶马古道结束了它上千年的历史。

由于要进行土地改革，许多滞留在西藏的藏客，包括已经在西藏落脚的手艺人都纷纷回到丽江，以等待和观望自己的家以及财产的命运。而到1950年代中期以后，随着公路网的建成，尤其是青藏、川藏、滇藏公路通车，由内地到西藏的各种货物运输多用汽车来完成，千百年来走西藏草地的"藏客"们真的终止了他们的历史使命，一段延续了上千年的故事戛然而止。

但我觉得，"藏客"们所做的一切不会就这么完结，也不该就这么完结。

遥远而漫长的古代我们就暂且不说，仅仅抗战期间茶马古道马帮贸易运输的鼎盛阶段，就给我们留下了一笔巨大的遗产。由于当时缺乏统一而确切的统计数字，我们今天已很难搞清楚，当年在茶马古道上究竟有多少马帮走过？这些马帮共动用了多少骡马？又有多少牦牛参加到这场史无前例，恐怕也是空前绝后的骡马运输中来？这些骡马和牦牛以及羊和人的运输量有多少？

早已离休在家的袁基宏先生在他的《抗战中后期西南国际商道》一文中作了个大概估计:"马帮最大者一百多马匹,最少的也有三四十匹,那么从丽江启程的商家马帮和承运马帮 4000~5000 匹,按长途骡马承受力,每匹驮运货物重量为 100~120 市斤(50~60 公斤)。其他通过藏族地区牦牛承运的有 3000~4000 头,按照去拉萨行程三个月,返回两个多月,加之养牧骡马,除去准备工作时间等外,大致每年可来回三个单边(这是最大的估计),两年来回三次计算,每年到丽江的货有一万至一万二千驮,合计 120 万~150 万市斤(60 万~75 万公斤)。"

抗日战争期间多次行走茶马古道的袁基宏先生

大理恒盛公的张相时先生后来著文称:"在极盛时期,来往于丽江、拉萨之间的马帮由四五千匹牲口,增加到一万多匹,双程运输量达一千多吨。"

顾彼得先生在他的《被遗忘的王国》中的估计数字是,这场马帮运输曾使用了八千匹骡马和两万头牦牛。

《纳西族社会历史调查》一书,以及已故和志武先生的《近代纳西族的历史发展》,对抗战期间每年来往于滇、藏、印的马帮数目,都称有 25000 匹。

应该说,这些估计都不很确切。据赵老先生和一些老人回忆,

文化保护和旅游深度开发后，马帮成为人们怀旧的主题

每年进出西藏草地的马帮骡马有 4000~5000 匹是没问题的。但袁基宏先生与顾彼得先生对牦牛数的估计出入太大。而袁基宏先生的"最大的估计"，说马帮两年可来回三个单边，也不是常态。大多数走西藏草地的马帮一般都是一年一个来回。不管有多少骡马和牦牛，也不计它们的运输频率，有一点大致可以肯定，那时每年都有 2 万多驮货物在滇、藏、印之间的各个地区运来运去，运输量超过 100 多万公斤。很遗憾我在这里无法给出一个相对准确的数据。

那么多的马帮，那么多的货物在那雄峻神奇而又苍茫博大的雪域高原上往来，那是一种什么样的景象？

那是一场无比伟大的运输运动，大量的物资在那条古道上来往，缓和了抗战后方的物资紧张，为抗日战争作了一份不可多得的贡献。而穿越横断山系，在世界屋脊上用人类最为古老、最为原始的运输方式——骡马驮运，并且又是那么庞大的数量，这在人类历史上肯定是独一无二的，是空前绝后的。但愿我写出了这一点。

我真正感兴趣的，并不在于有多少骡马走过茶马古道，马帮运输货物有多少，而在于马帮这种独特的交通运输形式，在于茶马古道这条神奇的道路，在于马锅头和赶马人那传奇般的生活方式，在于他们身上那富于冒险进取、勇敢务实、坦荡广博、团结合作……伟大、珍贵而美好的精神。

马帮们在茶马古道上所体验到的人生境界，也许能为一头扎入现代社会，成天陷于忙乱和焦虑之中的人们提供某种有益的启示。马帮的一些副产品，亦成为今天文化产业开发的源泉。

马帮的副产品在现今的文化产业开发中亦发挥出作用

在茶马古道上，你也许会感到过于艰苦、粗野和不太文明，但是，那种茁壮的、无所顾忌的生命力，赋予在路上的一切一种原始的宏壮气氛。在那辽阔的开满野花的草原上，常常弥漫着一种欢乐时光的浪漫情调，并有一种古希腊古罗马传说中的牧神们狂欢时的充沛活力。夜幕降临，巨大篝火的火焰将周遭照得辉煌灿烂，一切都好像一幅斑斓的油画。头顶上的星空更是令人着迷，你尽可以驰骋你的想象，尽可以往最无限的地方遐想……

自20世纪50年代起，由于种种原因，马帮就基本不走茶马古道了。

1953年丽江地区实行土地改革的时候，成百上千，包括已经在外地安家落户的藏客纷纷从各地返回丽江，因为那里有他们的宅院和土地，因为这些房宅和土地可能要收上去重新分配。据龙泉村的老人回忆，当时从茶马古道沿途返回的人家计达100多户。这还仅仅是龙泉一个村的情况。紧接着就是实行农业合作化，人们不可能再自己从事马帮运输这样的事情。藏客们不得不丢弃他们使用多年，

一些山区的日常生产和生活依然离不了马帮，
马帮至今还出现于云南人的生产生活中

赶马帮的妇女

有的甚至是他们祖上就使用过的赶马用具，有的又回到农村，成为道道地地、最基本意义上的农民；有的失去过去的谋生手段，成为城镇里的临时小工，仅仅靠出卖力气过活。从那以后，再没有马帮走过茶马古道。赵应仙和许多丽江人一样，结束了自己的马帮生涯。马锅头和马脚子这样的人不再有了，"藏客"这个名词就此从大地上消失。

后来，茶马古道上的一切一下子像沉到了深深的水底，静悄悄的几十年没有人提起。

但在一些僻远山区，马帮仍是人们日常生产生活的必需。后来，甚至有女性赶马人。

赵应仙原想通过自己的努力奋斗，拥有自己的骡马，有自己的生意，让一家人过上好一点的日子，手头充裕一点，置一点家产，像他爷爷赵怡过去做到的那样。如果运气好的话，也许还能像赖家或是其他人家一样发达起来。这样的理想并没有什么出格怪异之处，那时走茶马古道的人都怀抱着这样的梦想。没有这样的梦想，谁都很难忍受那条路上的种种艰难困苦，谁都不愿意去冒那么大的险。但这条路一下子断了。世上毕竟没有不散的宴席。辛辛苦苦在茶马古道上奔波了那么些年之后，赵应仙又回到了起始的地方。

可叹的是，除了对往事岁月的深切回忆，赵老先生没有为那一段非凡的经历留下什么，也没有保存下什么实物，哪怕一只马铃铛，哪怕一根马鞭子。"一切都像一场梦一样，" 50年后赵老先生这么跟我讲。老人家说完捋着雪白的长髯哈哈一笑。

而在50年前，赵应仙却怎么都笑不起来。回到丽江的赵应仙有些茫然而不知所措。祖祖辈辈以之为生的生路断了，从未想过也未做过其他事情的赵应仙，不得不重新改变自己以及全家的生存生活方式，另起炉灶，从头开始，开始一种对他们来说很陌生的生活。

后来赵应仙就到了丽江地区中学工作，不是教书，而是打杂，买买菜做做账什么的，后来到师范学校也干过同样的事，这样总算有一点微薄的工资，也算是自食其力的人了。再后来，就是在大研镇里的一些合作社做工，在粉丝厂做过粉丝，做过豆腐，还做过酱菜，在酿酒厂酿过酒，在织布厂织过布。走茶马古道完全成了过去的事情。赵应仙这样的马锅头再没有什么用武之地，只有到处做工，他就这样干到了70岁才退休。在我访谈他的1998年，赵老一个月能领到100多元退休金。当然，这100多元真要过起日子来，哪里够用？好在，20世纪80年代后期丽江有了纳西古乐会，赵老每天晚上去参加演奏，担任低音胡琴手，同时兼带打锣，一月也有几百元的收入。

像许多纳西人一样，赵应仙很小就跟着家人学习各种乐器，懂一些音律。以前也就是自己玩玩，自得其乐，没想到这玩意儿晚年还派上了用场。看来多一点才艺和本事并没有什么坏处，就像俗话说的："艺多不压人"。当年赵应仙从茶马古道上走回来以后，逢年过节什么的，都要到剧团里去唱唱戏。他不仅会乐器，还会唱，唱滇戏，唱的是大面，什么西皮、二黄都会唱一点。其他各种游戏玩法他也都会，"不过不精"，赵老先生后来这么跟我说。我不知道他精不精，但我知道他把一块印度标金赌输给了别人。但这也许跟玩得精不精没有关系，谁没有个输的时候？

多年后，赵老先生回顾往事，感慨多多。有时候，他们几个走过茶马古道的老人聚在一起，就会不由自主地说起过去，说起在茶马古道上的种种遭遇，怎么也说不完。

马帮与拖拉机、摩托车以及人力背运，成为今天茶马古道的景观

不管怎么说，赵应仙他们在马帮路上经历了太多事情，度过了许多很有意思的时光，虽然非常非常苦，但奇怪的是，那些苦的东西，后来回忆起来就变成甜的了。就像普洱茶老茶叶一样，喝的时候又苦又涩，过后回甘无穷。赵老先生认为，这就叫没有功劳也有苦劳，值得。现在一想起来，他的坐骑红比那温顺听话的样子还在眼前，马脚子七甘那张黑红的脸、黑亮的眼睛近在眼前，还有俄桑措一家，还有雪峰和星星，还有旱獭和延寿果，还有……在赵老先生看来，那还有点像一场漫长的探险旅游，好的也经过了，坏的也经历了，苦也受了，人生不就是这么一回事吗？赵老笑问。

人的一生真不容易。"我们这一生真是什么事都经历过，什么都过来了，以前走西藏草地，后来做各种工，饿过肚子吃过野菜……嚯，什么都走过来了。"赵老先生最后跟我说。

在两个世纪之交的年月，年已80多岁高龄的赵老先生还随纳西古乐队到北京、香港，甚至英国、挪威演出过，都是坐飞机去的，没有赶马帮去。那完全是另一种出门了。

主要参考文献

[1] 马汝珩, 马大正. 清代边疆开发研究 [M]. 中国社会科学出版社, 1990.

[2] 杨聪. 中国少数民族地区交通运输史略 [M]. 人民交通出版社, 1991.

[3] 赵云旗. 中国古代交通 [M]. 新华出版社, 1993.

[4] 汪宁生. 中国西南民族的历史与文化 [M]. 云南民族出版社, 1989.

[5] 杨毓才. 云南各民族经济发展史 [M]. 云南民族出版社, 1989.

[6] [俄] 顾彼得. 被遗忘的王国 [M]. 云南人民出版社, 1992.

[7] 姚荷生. 水摆夷风土记 [M]. 云南人民出版社, 2003.

[8] 李拂一. 镇越县新志稿 [M]. 台湾复仁书屋印行, 1984.

[9] 李拂一. 南荒内外 [M]. 云南人民出版社, 2020.

[10] 陈渠珍. 艽野尘梦 [M]. 任乃强, 校注. 西藏人民出版

社,1999.

[11] 邢肃芝.雪域求法记(一个汉人喇嘛的口述史):第2版[M].张健飞,杨念群,笔述.生活、读书、新知三联书店,2008.

[12] 邢肃芝(洛桑珍珠).雪域求法记(续编):第1版[M].张志雯,整理.生活、读书、新知三联书店,2022.

[13] [美]罗伯特·彼·埃克瓦尔.西藏的地平线[M].西藏人民出版社,1992.

[14] 谢天沙.康藏行[M].工艺出版社,1951.

[15] 西藏风俗志[M].汪今鸾,译.出版社不详,1929(中华民国十八年).

[16] 著者不详.西藏艳异记[M].上海时报出版.

[17] 青木文教.西藏游记[M].唐开斌,译.商务印书馆发行,1931(中华民国二十年).

[18] 向尚,李涛,等.西南旅行杂写[M].中华书局印行,1939(中华民国二十八年).

[19] NicolSmith.滇缅公路[M].亢德,云玖,译.上海亢德书房出版,1941(中华民国三十年).

[20] 艾芜.想到漂泊[M].广西师范大学出版社,2006.

[21] 西藏地方历史资料选辑[M].三联书店,1963.

[22] 张宇光,赤桑.山神之地:藏北聂荣牧区民俗考[M].西藏人民出版社,1987.

[23] 加央西热.西藏最后的驮队[M].北京十月文艺出版社,2004.

[24] 廖东凡.雪域西藏风情录[M].北京燕山出版社,1991.

［25］王恒杰.迪庆藏族社会史［M］.中国藏学出版社,1995.

［26］木霁弘,陈保来,李旭,等.滇藏川大三角文化探秘［M］.云南大学出版社,1992.

［27］王明达,张锡禄.马帮文化［M］.云南人民出版社,1993.

［28］纳西族简史［M］.云南人民出版社,1984.

［29］郭大烈,和志武.纳西族史［M］.四川民族出版社,1994.

［30］佟柱臣.中国边疆民族物质文化史［M］.巴蜀书社,1991.

［31］黄万纶.西藏经济概论［M］.西藏人民出版社,1986.

［32］续云南通志长编（交通卷）［M］.云南省志编纂委员会办公室,1986.

［33］卢勋,李根蟠.民族与物质文化史考略［M］.民族出版社,1991.

［34］刘荣安.云南少数民族商品经济［M］.云南人民出版社,1989.

［35］云南地方民族史论丛［M］.云南人民出版社,1986.

［36］滇海虞衡志校注［M］.云南人民出版社,1990.

［37］中根千枝.从人类学观点看汉藏关系［M］//费孝通.中华民族研究新探索.中国社会科学出版社,1991.

［38］解乐三.云南马帮运输概况［M］//云南省政协文史委.云南文史资料选辑（第九辑）.云南人民出版社,1999.

［39］马金.略论历史上汉藏民族间的茶马互市［M］//国家民族事务委员会政策研究室.中国民族关系史论文集（上）.民族出版社,1982.

［40］冯汉镛.川藏线是西南最早国际通道考［J］.中国藏

学,1989,1.

[41] 张雪慧,王恒杰.从几份档案中看滇藏经济贸易[J].中国藏学,1989,1.

[42] 陈汛舟,陈一石.滇藏贸易历史初探[J].西藏研究,1988,4.

[43] 甘典.我所了解的擦绒·达桑占堆其人[M]//西藏文史资料选辑(第五辑),1985.

[44] 李汉才.玉龙毓秀[M].云南民族出版社,1995.

[45] 杨曾烈,石高峰,搜集整理.赶马歌(纳西族)[J].山茶,1988,2.

[46] 牛相奎,搜集整理.赶马之歌(纳西族)[J].山茶,1988,5.

[47] 王志泓.纳西族与滇藏贸易古道[M]//南方丝绸之路文化论.云南民族出版社,1991.

[48] 李瑞泉.丽江旅马店[M]//丽江文史资料(第12辑),1992.

[49] 夫巴.丽江古城格局探秘[N].光明日报,1996.

[50] 袁基宏.抗战中后期西南国际商道[M]//丽江县政协文史组.丽江文史资料(第11辑),1991.

[51] 戈阿干.滇藏川纳西文化考察[M]//丽江县政协文史组.丽江文史资料(第9辑),1990.

[52] 赖敬庵.赖耀彩事略[M]//丽江县政协文史组.丽江文史资料(第4辑),1987.

[53] 赖敬庵.我的自述[M]//丽江县政协文史组.丽江文史资料(第11辑),1991.

[54] 夫巴.丽江与茶马古道[M].云南大学出版社,2004.

[55] 杨沛诚.束河的皮匠和藏客[[J].丽江志苑,1988,1.

主要参考文献

［56］周发春.纳藏贸易概况［［J］.丽江志苑,1988,2.

［57］木霁弘,王可,校辑.中甸县志编纂委员会办公室.中甸县志资料汇编:汉文历史文献有关中甸史料辑录［M］.1989.

［58］迪庆文史资料委员会.迪庆州文史资料选辑（第三辑）［M］.1994.

［59］杨卓然."喜州帮"的形成和发展［M］//云南省政协文史委.云南文史资料选辑（第十六辑）.云南人民出版社,1999.

［60］张竹邦.滇缅交通与腾冲商业［M］//云南省政协文史委.云南文史资料选辑（第二十九辑）.云南人民出版社,1999.

［61］张相时.云南恒盛公商号史略［M］//云南省政协文史委.云南文史资料选辑（第十八辑）.云南人民出版社,1999.

［62］赵琴修.抗日战争时期丽江与印度贸易情况［J］.丽江志苑,1988,2.

［63］陈松年.云南解放前的驿传和交通［M］//云南省政协文史委.云南文史资料选辑（第二十九辑）.云南人民出版社,1999.

［64］纳西族社会历史调查［M］.云南民族出版社,1983.

［65］云南边地问题研究［M］.云南省立昆华民众教育馆,1936（中华民国二十二年）.

［66］西双版纳傣族自治州委员会民族文史资料工作委员会编.版纳文史资料选辑［M］.昆明市政协印刷厂印装,1986.

［67］云南工商史料选辑（第一辑）.

［68］石屏文史资料选辑（第一辑）.

［69］汪曾祺.受戒:汪曾祺自选集［M］.漓江出版社,1987.

［70］董森.民间情歌［M］.中国民间文艺出版社,1981.

后　记

埋头工作了近一年时间，耳畔都回荡着马铃声，似乎又亲自将茶马古道走了 N 遍。翻检当年在各地访谈各位老马锅头和赶马人的笔记，检视在各地拍到的马帮影像，思绪里全是茶马古道上马帮的事情，不由得兴奋激动不已。我知道，这是自己写作的最佳状态，这也是我的人生最令我满意之处。不时有哪里哪里被封闭静默的消息，但对我毫无意义。我都封闭在书房里，每天上 10 小时地坐在电脑前。我跟朋友开玩笑说，我在闭关修炼——闭户即是深山，笔下处处净土。修得的结果是，双眼皮搞成了三眼皮，当然，还修出了这本关于马帮的书。

曾经盛行于大西南的马帮是一个非常特殊的群体，马帮生涯是一种令人着迷的传奇。我非常肯定的是，我从那些颠沛跋涉了一生，生活得坎坷而又那么平和充实的马帮老人们身上学到了许许多多东西。我非常喜欢而且敬佩这些老人。我希望自己老了的时候也能像他们一样，回顾一生，有那么些东西可以咀嚼，坦然自然，怡然欣然。我也希望那时我像他们年老时那么好看。对此我有信心，而且似乎已经提前有所印证。

在此，我特别要感谢已仙逝的赵鹤年（应仙）老先生。要是没有他，就不会有这本书。当年我三番五次拜访他，赵老先生都详详细细地跟我讲述他所知道、他所能记住的关于茶马古道、关于马帮的一切，并不厌其烦地回答了我所有的问题。有时连我都累得不行，赵老先生还精神抖擞的。有些实在记不起来的地方，赵老先生还不好意思地向我道歉，好像他欠了我似的。我到哪儿能找到这样的合作？我想，是赵老先生走茶马道时的运气传给了我，使我得以认识他，并从他那儿得到了我想要的一切，包括赵老先生正直诚实而谦虚的为人，包括他平和坦荡的胸襟，还有他自然达观的人生信条。这一切都是我为人为文的宝贵财富。

要特别感谢的还有，当年我幸运地得到云南省社科院老前辈赵橹先生介绍，多次拜访了云南鹤庆商帮恒盛公的最后掌门人张乃骞先生。这位四五岁时便在驮马背上经历茶马古道的老人，其丰富精彩的人生阅历，其亲历者身临其境地讲述，其少见的远见卓识，其鞭辟入里的分析，更使我了解并认识到茶马古道上商号和马帮的艰辛命运及其高贵精神。这位生于1923年、当年已80多岁的老人一讲起那一段非凡的经历就激动不已，滔滔不绝。我十分感激他慷慨为我提供的大量材料和生动故事，以及宽阔的视野。但在张乃骞先生于2008年过世之前，我忙于其他，未能完整地对他和他家的恒盛公商号进行访谈记录，留下一个天大的遗憾。

后来我又再三到翻修一新的丽江五一街杨守其故居，承蒙杨家后人杨庚福大哥厚爱，向我提供了杨家更翔实的资料，并允许我翻拍使用他家珍藏的老照片，在此一并致谢。

我要感谢的老人还有黄钟杰、袁基宏，西双版纳勐腊县易武乡老乡长张毅先生，以及大理巍山县第一中学退休老校长郑育和老师、西藏歌舞团退休老团长边多老师等。他们对马帮生活的熟稔、渊博的学识、非凡的经历和真诚的讲述，为本书提供了非常精彩的故事和材料。

当然还要感谢我在书后《主要参考文献》里罗列的所有极有价值的文献和它们的作者，是这些前辈和同道的卓有成效的劳动给了我极大的帮助。

这本书最初得以完成，得力于我曾供职的云南省社会科学院文学研究所的邓启耀、范建华和田野考察群其他同道的扶持，得益于美中艺术交流中心"云南民族文化合作计划"项目的支持。为更直观精彩地再现茶马古道马帮的风采，供职于云南画报社的好友张有林帮忙扫描制作了插入书中的图片。而这本书现在的出版，得力于青海人民出版社几次三番的盛情邀稿，并在王凤莲、马丽娟的精心编辑后，隆重将之推出面世。在此深表感谢！

也许，像小说那样虚构的人生故事更能吸引读者，但我现在还不想写那样的故事。这些年我经常回溯历史，在过往的人生中，我发现许多逝去的事物比虚构的东西更能感动我，更能充实并满足我的求知欲和精神需求，更能对我的生活有所助益。我当过14年大学教师，很早我就明白我所受的教育有许多令人痛心的缺憾和误区，直到我踏上茶马古道，我才真正走了出来，后来又专事行走、体察和研究社会现实和人文历史，那是一片广阔无垠而真实的天地。所以我暂时放下了文学拿起了人类学。

这些年我开口闭口都是马帮马帮的，弄得茶马古道和马锅头都成了我的名号。我想，要是我早生50年，我大概真的会成为一个像样的赶马人或马锅头。我还一直有一个梦想：什么时候买两匹马骑着在茶马古道上随意游荡。眼下我的奢望是，以这本小书再现出茶马古道上马帮的风采，再现出马帮的过去，尽量以其"原生形态"自身去述说那一段传奇历史，那一种独一无二的生活。

滇南茶马古道遗存的一只饮水石缸上的造像，
生动再现了马帮由石桥跨过激流的惊险景象

把这本书稿一交，我又要到雪域高原去了，最近这些年我几乎每年都要去个三五趟，不去就有点失魂落魄。在某种意义上可以这么说，是赵老先生他们的足迹吸引着我去的。我总想去那里看看赵老、张老他们提到的那些景观，寻找一下他们商号在拉萨八廓街的旧址，听那里的人们讲述他们对自然的认识、对人生的感悟、对神性的信仰和对死亡的态度，走完那些我还没有走过的路段……

2022 年 04 月起
2022 年 12 月讫
2023 年 5 月再三改定